CHWI

TECHNOLEG A LLENYDDIAETH

Rw 5/11

CHWILENIWM

TECHNOLEG A LLENYDDIAETH

golygwyd gan

ANGHARAD PRICE

Cyhoeddwyd ar ran
Pwyllgor Iaith a Llên Bwrdd Gwybodau Celtaidd
Prifysgol Cymru

GWASG PRIFYSGOL CYMRU
CAERDYDD
2002

Manylion Catalogio Cyhoeddi'r Llyfrgell Brydeinig

Mae cofnod catalogio'r gyfrol hon ar gael gan y Llyfrgell Brydeinig.

ISBN 0–7083–1723–5

Dyluniwyd y clawr gan Neil James Angove
Cysodwyd yng Ngwasg Prifysgol Cymru
Argraffwyd yng Nghymru gan Wasg Dinefwr, Llandybïe

CYNNWYS

Rhagair   vii

Y Cyfranwyr   ix

1. CYFLWYNIAD: TECHNOLEG Y SLEFREN FÔR   1
   Angharad Price

2. ORALITY AND LITERACY IN EARLY WELSH   17
   LITERATURE
   Helen Fulton

3. CYFRINACHAU AR DAFOD LEFERYDD: IDEOLEG   36
   TECHNOLEG YN AIL HANNER YR UNFED GANRIF
   AR BYMTHEG
   Jerry Hunter

4. ANN GRIFFITHS: O LAFAR I LYFR   54
   E. Wyn James

5. WYTHNOS YNG NGHYMRU'R BYD   86
   Grahame Davies

6. BARDDONIAETH A THECHNOLEG   101
   Gwyneth Lewis

7. 'CAN THERE BE SUCH A THING AS A WELSH   108
   LARA CROFT?'
   Jean-Jacques Lecercle

8. ADDASU LLUNYDDOL   121
   Eurgain Haf

9. ADDASU Y MABINOGI YN FFILM ANIMEIDDIEDIG   139
   Martin Lamb a Penelope Middleboe

10. 'THE FREQUENCIES I COMMANDED': RECORDIO   157
    R. S. THOMAS
    Damian Walford Davies

11. FERSIYNAU ELECTRONIG O'R MABINOGION   170
    Mick van Rootseler

12. LLEDAENU'R WE-FENGYL   189
    Ceri Anwen James

13. A CHADW I'R OESOEDD A DDÊL . . . Y TRYDAN   199
    A FU?
    R. Arwel Jones

Mynegai   215

RHAGAIR

Seiliwyd y gyfrol hon ar gynhadledd o'r enw *Chwileniwm: Technoleg a Llenyddiaeth* a gynhaliwyd ym Mhrifysgol Cymru, Caerdydd, fis Mai 2000. Diolch i'r Athro Sioned Davies a gweddill staff Adran y Gymraeg, Caerdydd, am eu cefnogaeth i'r gynhadledd honno. Diolch hefyd i holl siaradwyr y gynhadledd, a phawb a'i mynychodd, am wneud y diwrnod yn un diddorol a hwyliog.

Braf yn awr yw cael cyhoeddi ffrwyth y diwrnod hwnnw, ynghyd â chyfraniadau pellach, yn y gyfrol hon. Penderfynwyd cyfieithu penodau 9 ac 11 i'r Gymraeg ar gyfer y gyfrol hon.

Hoffwn ddiolch yn fawr i'r Bwrdd Gwybodau Celtaidd am ariannu'r gyfrol, ac i Susan Jenkins a'i staff yng Ngwasg Prifysgol Cymru am eu cydweithrediad parod. Yn olaf, diolch i Llion Pryderi Roberts yng Ngwasg y Brifysgol am ei waith golygu gofalus ac am ei holl gefnogaeth.

Y CYFRANWYR

Damian Walford Davies: Darlithydd yn Adran Saesneg Prifysgol Cymru, Aberystwyth. Prif faes ei ymchwil yw llenyddiaeth cyfnod y Rhamantwyr, ynghyd â dwy lenyddiaeth Cymru. Ef oedd golygydd y gyfrol *Waldo Williams: Rhyddiaith* (2001) a bydd ei gyfrol, *Presences that Disturb: Models of Romantic Identity in the Literature and Culture of the 1790s*, yn ymddangos yn fuan.

Grahame Davies: Yn wreiddiol o ardal Wrecsam, fe'i haddysgwyd yng Ngholeg Celf Caergrawnt a Phrifysgol Cymru, Caerdydd lle enillodd ddoethuriaeth yn y Gymraeg. Mae'n awdur dwy gyfrol o farddoniaeth, *Adennill Tir* (1997) a *Cadwyni Rhyddid* (2001), cyfrol ar y mudiad gwrth-fodern yng Nghymru, *Sefyll yn y Bwlch* (1999), ac mae'n olygydd dwy gyfrol arall, *Oxygen* (2000) a *Wales and the Jews* (2001). Ef sy'n gyfrifol am wasanaeth Rhyngrwyd Cymraeg BBC Cymru.

Helen Fulton: Athro yn Adran Saesneg, Prifysgol Sydney, lle mae'n dysgu llenyddiaeth yr Oesoedd Canol a theori lenyddol ac ieithyddol gyfoes. Hi yw awdur *Dafydd ap Gwilym and the European Context* (1989) a *Selections from the Dafydd ap Gwilym Apocrypha* (1996), ynghyd â nifer o erthyglau ar lenyddiaeth ganoloesol a theori olygyddol.

Eurgain Haf: Yn wreiddiol o Benisarwaun yn Arfon, graddiodd mewn Cymraeg a Drama ym Mhrifysgol Cymru, Aberystwyth. Enillodd Goron Eisteddfod Genedlaethol yr Urdd yn 1994. Cwblhaodd draethawd MPhil ar addasu llyfrau ar gyfer cyfrwng y ffilm yn 1997. Mae bellach yn swyddog y wasg gydag S4C.

Jerry Hunter: Wedi'i eni a'i fagu yn Cincinnati, Ohio, mae'n awr yn uwch-ddarlithydd yn Adran y Gymraeg, Prifysgol Cymru, Caerdydd. Ef yw cyfarwyddwr Canolfan Uwchefrydiau Cymry America yn yr adran. Mae'n awdur nifer o erthyglau ar farddoniaeth Gymraeg yr Oesoedd Canol, ar lenyddiaeth fodern ac ar theori lenyddol. Enwebwyd ei gyfrol, *Soffestri'r Saeson: Hanesyddiaeth a Hunaniaeth yn Oes y Tuduriaid* ar gyfer gwobr Llyfr y Flwyddyn yn 2000.

Ceri Anwen James: Yn frodor o Lantrisant, graddiodd mewn Cymraeg ac Almaeneg o Brifysgol Cymru, Abertawe. Mae bellach yn hyrwyddo llenyddiaeth gyda'r Academi Gymreig.

E. Wyn James: Uwch-ddarlithydd yn Adran y Gymraeg, Prifysgol Cymru, Caerdydd, lle mae'n arbenigo ar lenyddiaeth y cyfnod modern. Ymhlith ei ddiddordebau ymchwil y mae byd y faled, llenyddiaeth Fethodistaidd, hanes argraffu a chyhoeddi, a rhwydweithiau diwylliannol llenorion hanner cyntaf yr ugeinfed ganrif. Ef yw golygydd *Bwletin Cymdeithas Emynau Cymru* ac awdur y cyfrolau poblogaidd, *Dechrau Canu: Rhai Emynau Mawr a'u Cefndir* (1987) a *Carolau a'u Cefndir* (1989). Yn 1998 cyhoeddodd Gwasg Gregynog ei olygiad safonol o emynau a llythyrau Ann Griffiths.

R. Arwel Jones: Brodor o Ros-y-bol ym Môn. Graddiodd mewn Cymraeg ym Mhrifysgol Cymru, Aberystwyth, cyn mynd i weithio yn Gynorthwy-ydd Ymchwil yn Llyfrgell Genedlaethol Cymru, gan ddod yn Archifydd yno yn ddiweddarach. Ef oedd golygydd y gyfrol *Dal Pen Rheswm: Cyfweliadau gydag Emyr Humphreys* (1999).

Martin Lamb a Penelope Middleboe: Mae Martin Lamb a Penelope Middleboe – sy'n briod â'i gilydd – yn rhedeg *Right Angle* yn Ninbych y Pysgod, sef cwmni cydlynu ymchwilio, ysgrifennu a chynhyrchu. Mae'r ddau ohonynt wedi gweithio ym myd teledu ac yn y byd animeiddio ers dechrau'r 1980au.

Jean-Jacques Lecercle: Athro yn Adran Saesneg, Prifysgol Cymru, Caerdydd. Mae'n arbenigo yn llenyddiaeth oes Fictoria ac mewn athroniaeth ieithyddol. Ef yw awdur, ymhlith cyfrolau eraill, *The Violence of Language* (1990), *Interpretation as Pragmatics* (1999) a *Deleuze and Language* (mewn llaw).

Gwyneth Lewis: Awdur pum cyfrol o farddoniaeth yn y Gymraeg a'r Saesneg, gan gynnwys *Sonedau Redsa* (1990), *Parables and Faxes* (1995), *Cyfrif Un ac Un yn Dri* (1996) a *Zero Gravity* (1998). Enillodd ei chyfrol ddiweddaraf, *Y Llofrudd Iaith* (1999), wobr Llyfr y Flwyddyn, Cyngor Celfyddydau Cymru. Derbyniodd gymrodoriaeth NESTA am ei gwaith.

Angharad Price: Cymrawd ymchwil yn Adran y Gymraeg, Prifysgol Cymru, Caerdydd, yn ymchwilio i ryddiaith cyfnod y Dadeni. Mae'n gyn-olygydd y cylchgrawn *Tu Chwith* ac yn awdur nofel fer, *Tania'r Tacsi*, yn ogystal â chyfrol ar waith Robin Llywelyn yng nghyfres Llên y Llenor yn 2000. Bydd ei chyfrol *Rhwng Gwyn a Du: Agweddau ar Ryddiaith Gymraeg y 1990au* yn ymddangos yn fuan.

Mick van Rootseler: Graddiodd mewn Astudiaethau Celtaidd a Saesneg ym Mhrifysgol Utrecht yn yr Iseldiroedd. Treuliodd gyfnod yn fyfyriwr ym Mhrifysgol Galway yn Iwerddon. Ef yw perchennog y cwmni ICT Bradán Feasa Internet & Database Design, ac mae'n arbenigwr y Rhyngrwyd yng ngholeg politechnig Arnhem.

CYFLWYNIAD: TECHNOLEG Y SLEFREN FÔR

Angharad Price

Bodau technolegol ydym. Technoleg yw ein genesis: cymhleth-dod o gynlluniau, deunyddiau, peiriannau a mecanweithiau a roes anadl einioes inni. Technoleg a'n dug wrth ein rhywogaeth i ffrwytho ac i amlhau. Megis gweddill creadigaethau'r byd naturiol, mae inni lasbrint oesol sydd yn newid o hyd. Araf a diwrthdro yw esblygiad technoleg natur, y fecanyddes fawr, a'i chynllun yw creu amrywiaeth. Technoleg y llinell grom sydd ganddi; technoleg yr hyblyg a'r hylifol.

Cyflymach yw datblygiad technoleg dyn, unffurfiol, a mwy anwadal. (Mae ffuglen wyddonias yn dathlu'r cyflymder a'r anwadalwch; ac yn dyffeio'r unffurfioli.) Technoleg yr ongl sgwâr ydyw; technoleg caledrwydd, a'r cylchdro. Dyfais, cysyniad, model yw ei ffurfiau crai. Profi, lledaenu, gwella yw egwyddorion ei bod. Mae'n ddigynllun a digyfyngiad, oni bai am gyfyngiadau athrylith dyn, a deunyddiau a nawdd parod. Yn groes i dechnoleg natur, gall technoleg dyn greu newid a chynnydd aruthrol mewn amser byr, yn enwedig os yw cymdeithas a chyfalaf yn gefnogol iddi, megis yr oedd i dwf mecanyddoliaeth gorllewin Ewrop a'r Unol Daleithiau yn y bedwaredd ganrif ar bymtheg, neu i dwf electroniaeth y byd datblygedig ddiwedd yr ugeinfed ganrif.

Hyrwyddo a hwyluso allanolion ein bywyd a wna technoleg dyn; gwyddor y taclau ydyw. Ond gyda'r mewnolion y mae a wnelo technoleg natur; hon yw gwyddor y genyn. Ac ond yn ddiweddar – gyda thwf biotechnoleg – y daeth argoel o gyfuno technolegau Duw a dyn, a hynny gyda chreu Doli, y ddafad dechnolegol fyw.

Y mae sawl peth yn gyffredin rhwng y ddwy dechnoleg, fodd bynnag. Nid yw technoleg natur, mwy na thechnoleg dyn, yn rhydd o ddylanwad economeg, er enghraifft. Cyfoethocaf treched, a pharodïo'r hen air; mae ymorol am dechnolegau'r corff yn costio arian: mae angen bwyd maethlon yn danwydd iddo; moddion meddygol i'w gynnal a'i gadw; moethau i'w iro. Yn yr un modd, mae damweiniau a chyd-ddigwyddiadau hefyd yn gallu bod yn hwb i ddatblygiad y naill dechnoleg a'r llall. Ond efallai mai prif nodwedd gyffredin y technolegau hyn yw rhan ganolog cynllun – sef storfa wybodaeth – ynddynt. Gradd eu defnydd o wybodaeth sy'n eu gwahaniaethu.

Wrth gynllunio dyfais dechnolegol mae dyn yn defnyddio gwybodaeth a gasglwyd ganddo, neu gan ei ragflaenwyr. Yr wybodaeth hon yw sail ei ragdybiaethau am y ddyfais newydd, a'i ddisgwyliadau ganddi. O brofi'r ddyfais newydd, a'i gweld yn methu neu'n llwyddo, ychwanegir at y storfa wybodaeth a fydd o gymorth â'r cynllun nesaf. Gellid dweud, felly, mai gwybodaeth yw hanfod technoleg dyn: po fwyaf yr wybodaeth, gorau y dechnoleg.

Felly hefyd dechnoleg natur – ond i raddau llai. Mae gan wy a ffrwythlonwyd, egin creadur dynol, 10,000,000,000 (10^{10}) tamaid o wybodaeth yn ei DNA. Fodd bynnag, cymharol ychydig yw hynny, medd y biomecanydd, Steven Vogel, gan nodi bod nifer y celloedd yn ein corff, er enghraifft, rhyw 10,000 gwaith yn fwy na hynny.[1] I ddynodi tri dimensiwn creadur dynol yn ei holl fanylder, gellid disgwyl rhif a fyddai filiynau o weithiau'n fwy na 10^{10}.

Cynllun cymharol fras sydd i'r creadur dynol, felly. Dyna pam y mae ein cyrff wedi eu ffurfio o gyfuniad o gelloedd bychain (cymharol debyg) sydd yn creu un strwythur mawr: cymharol ychydig o wybodaeth ychwanegol sydd ei hangen i greu celloedd newydd. Mae hyn yn ffordd i'r corff gynilo gwybodaeth. Yn yr un modd, mae ffurf helics-dwbl DNA, ffurf 'helics-alffa' rhai proteinau, a strwythurau helicsol microdiwbiau a microffilamentau mewn celloedd, yn ffyrdd i gynilo gwybodaeth, a'r helicsau'n syrthio i'w lle heb fawr ddim cyfarwyddiadau ychwanegol. Ymhellach: gall un set o gyfarwyddiadau fod yn gyfrifol am fwy nag un strwythur yn y corff: perthynas maint y llaw a'r droed, er enghraifft; ffurfiant dau lygad. Yma: po gynilaf yr wybodaeth, gorau y dechnoleg.

Mae *cynildeb* gwybodaeth yn rhan annatod o'n ffurfiant dynol, felly. Hyn, ynghyd â galwad tras a hanes ar y genynnau sy'n ein gwneud, yw'r prif wahaniaeth rhyngom a'n dyfeisiadau, y dyfeisiadau sydd yn ffynnu gyda chynnydd mewn gwybodaeth. Diffyg gwybodaeth, ar un wedd, sydd yn ein gwneud yn fodau dynol ac nid yn beiriannau.

Mae gwahaniaethau pellach rhwng technoleg natur a thechnoleg dyn. Anaml, er enghraifft, y gwelir cynlluniau natur yn cydymdreiddio: ni welir un rhywogaeth yn benthyg gwybodaeth gan un arall. Anamled y digwydd hyn yn y byd naturiol nes peri i Steven Vogel drafod – mewn un enghraifft eithriadol – y modd y mae un math o wlithen fôr yn gallu cyffwrdd â slefrod môr gwenwynig heb gael ei heffeithio gan y gwenwyn hwnnw. Yn wir, â ymhellach, gan ddefnyddio'r slefrod i ymochel oddi tanynt, bwyta oddi arnynt, a hyd yn oed ddefnyddio'r gwenwyn i'w hamddiffyn ei hunan. Meddiannir technoleg y slefren gan y wlithen, a'i hadleoli.[2] Fodd bynnag, mae'r benthyg cydymdreiddiol hwn, o fewn ffiniau cyfraith a hawlfraint, yn rhan ganolog o ddyfeisgarwch dyn.

Dyma rai ystyriaethau sydd yn dangos cymhlethed yw perthynas technoleg natur a thechnoleg dyn.

Gan ddod at gelfyddyd, a dod yn nes at bwnc y gyfrol hon, gellid dweud mai defnyddio ffurfiau'r naill i fynegi ffurfiau'r llall a wna artistiaid yn aml. Mae celfyddyd Fodernaidd, er enghraifft, yn llawn ongli cromliniau natur, a chelfyddyd swrrealaidd, dyweder – yn llawn crymu ar onglau dyfeisiadau dyn.

Ymhellach: gellid honni mai craidd celfyddyd – a llenyddiaeth yn enwedig – yw'r ffin ffurfiannol honno rhwng cyflenwi gwybodaeth a chynilo gwybodaeth. Trwy hynny y tanseilia celfyddyd ein hoffter technolegol o fesur gwybodaeth. Onid y tanseilio hwn yw ei swyddogaeth gymdeithasol hollbwysig?

Yn wir, tybed nad celfyddyd yw gwir fan cyfarfod y technolegau sy'n hynodi ein hil? Onid mewn celfyddyd, yng nghreadigaethau anymarferol mwyaf aruchel dyn, y gwelir amlycaf fecanweithiau naturiol a mecanweithiau dyfeisiedig yn cydymdreiddio? Tarddodd y gair 'technoleg', wedi'r cyfan, o'r gair Groeg, τέχνη ('techni'), sydd yn golygu celfyddyd neu grefft; 'technoleg', yn ffilolegol, yw astudiaeth o gelfyddyd arbennig, neu ei gwyddor, ac (yn ddiweddarach), ei geirfa. Dim ond yn lled ddiweddar y daethom i ddefnyddio'r gair i olygu dyfais neu wyddor neu fecanwaith a ddatblygwyd gan ddyn, yn aml i rwyddhau, hybu a chyflymu prosesau ein bywyd bob dydd.

Erbyn heddiw, daeth technoleg nid yn gymaint yn astudiaeth o wybodaeth, ond yn gyfrwng amlhau a lledaenu gwybodaeth; nid yn ddetholiad ohoni, ond yn ddathliad.

* * *

Cyfeiliornus, yn sicr, fyddai haeru bod technoleg (yn yr ystyr mecanyddol, modern) a chelfyddyd yn endidau sydd ar wahân: y naill yn cynrychioli pragmatiaeth uniongred (ddynol), a'r llall yn cynnig noddfa (ddwyfol) rhagddo. Onid yw celfyddyd, wedi'r cyfan, yn ddynol a dwyfol yr un pryd?

Mewn erthygl o'r enw 'One culture and the new sensibility' yn 1965,[3] soniodd Susan Sontag am y gred ddofn sy'n hydreiddio gwareiddiad y gorllewin ers y Chwyldro Diwydiannol, o leiaf, fod gwyddoniaeth (a thechnoleg yn ei sgil) ar un llaw yn ddi-foes (os nad, yn wir, yn anfoesol), ond bod celfyddyd (a llenyddiaeth yn ei sgil hithau) ar y llaw arall yn foesol. Meddylfryd gor-syml ydyw: un elfen ymhlith llawer mewn celfyddyd yw moesoldeb, wrth gwrs; ac fel y gwelwn yng nghyd-destun biotechnoleg, mae'n elfen ganolog mewn gwyddoniaeth hefyd. Nid hawdd yw deuoliaethu felly.

Yn y cyd-destun hwn, nid anghymwys, yn sicr, yw cyfeiriad gwyddonol-ei-naws Marshall McLuhan at artistiaid fel 'experts in sensory awareness',[4] wrth iddo haeru mai echel gorfforol, nerfol sydd i effaith celfyddyd arnom.

Mae datblygiad mudiadau celfyddydol fel *pop art*, a pherfformiadau celfyddydol amlgyfrwng sydd yn tynnu ar y diwylliant poblogaidd, wedi tanseilio am byth y ddeuoliaeth rhwng gwaith celfyddydol 'unigryw' a'r gwrthrych masgynyrch-edig, technolegol. Mewn ysgrif ddylanwadol sydd yn dwyn y teitl, 'Y gwaith celfyddydol yn oes ei atgynhyrchu technolegol', soniodd Walter Benjamin am y modd y mae grym atgynhyrchiol technoleg yn tanseilio 'awra' draddodiadol y gwaith celfyddydol unigryw.[5] Yr 'awra' hwn, medd Benjamin, yw ei bwys cym-deithasol, ac fe'i pennir gan ystyriaethau sydd ynghlwm wrth draddodiad breiniol. Rhyddfreinio gwaith celfyddyd a wna technoleg, medd Benjamin, drwy ei ryddhau o'i fodolaeth barasitig yn nefodaeth traddodiad. Ac fe'i harweinir gan hyn i ddatgan y trawsffurfir y gwaith celfyddydol, trwy gyfrwng y dechnoleg atgynhyrchu, o fod yn endid diwinyddol i fod yn endid gwleidyddol.[6]

Nid hawdd yw meddwl am unrhyw sail hanfodol nac amgylchiadol dros osod technoleg a llenyddiaeth benben â'i gilydd. Yn wir, fel y dadleuodd Susan Sontag bron i bedwar degawd yn ôl, mae potensial creadigol gwerth chweil i dechnoleg electronig, er enghraifft, wrth iddi gynyddu ac ehangu effaith celfyddyd ar ein bywydau bob dydd. O wneud yn fawr ohoni, gall technoleg drawsffurfio am byth ein syniadau am natur a swyddogaeth celfyddyd, a chreu'r 'new sensibility' y soniodd Sontag amdano. Yn sgil technoleg gyfoes, meddai, cawn ffarwelio â'r hen bwyslais ar ffurf a rheolau traddodiadol, ar sefydlogrwydd, ar 'athrylith' yr unigolyn yn ei fyfyrgell/stiwdio, ac ar ystyriaethau yn ymwneud â lle. Ac yn eu lle hawliodd hithau ddyrchafu'r gwaith celfyddydol 'agored' ddemocrataidd, celfyddyd gydweithredol, celfyddyd amlgyfrwng ac aml-ffurf, celfyddyd luosog sydd yn ffynnu ar ansefydlogrwydd, a chelfyddyd nad yw ynghlwm wrth na lleoliadau na chynulleidfaoedd arbennig.

Anodd yw gorbwysleisio perthnasedd hyn i lenyddiaeth Gymraeg, a'r Gymraeg ei hunan – ysywaeth – yn dod yn fwyfwy dibynnol ar rwydweithiau, yn hytrach na chymunedau. Yn sicr, mae'n sylweddoliad a ddaw'n amlwg drwodd a thro yn y gyfrol hon. Rhydd technoleg gyfle i lenyddiaeth Gymraeg fod yn llenyddiaeth lythrennol fyd-eang, gan greu cymunedau llenyddol Cymraeg yn rhyngwladol, gan gynnwys cymunedau o ysgolheigion, fel y sonia Mick van Rootseler yn y gyfrol hon wrth iddo drafod gosod fersiwn electronig o'r Mabinogion ar y We. Rhydd technoleg gyfle i lenyddiaeth Gymraeg gydymdreiddio â ffurfiau diwylliannol poblogaidd eraill: dyna a welir mewn addasiadau ffilm ac addasiadau animeiddiedig o weithiau llenyddol, er enghraifft, fel y sonia Eurgain Haf, a Martin Lamb a Penelope Middleboe amdano yn eu herthyglau hwy. Rhydd technoleg gyfle i greu cyweithiau rhwng beirdd a llenorion waeth pwy neu ble y bônt, a rhydd inni'r cyfle – daufiniog, efallai – i gofnodi agweddau ar bersonoliaeth bardd neu lenor: y llais, yn ôl profiad Damian Walford Davies yma, a'r 'llawysgrif' electronig, yn ôl yr archifydd R. Arwel Jones.

Yn olaf, fel y mynega Ceri Anwen James a Grahame Davies yn eu herthyglau hwy, rhydd technoleg gyfle i ledaenu a masnachu llenyddiaeth Gymraeg yn rhwyddach dros y byd i gyd, gan alluogi darllenwyr a llengarwyr i ymgysylltu a thrafod perthynas llenyddiaeth Cymru a llenyddiaethau gweddill y byd. Wedi'r cyfan, fel y dywed Gwyneth Lewis yn ei herthygl ar farddoniaeth a thechnoleg, 'diwylliant yw pa mor bell y mae eich llais yn cario'.

Ar sawl ystyr, gellid dweud bod technoleg a llenyddiaeth Gymraeg wedi eu hieuo ers canrifoedd. Fel mae'r Americanwr Walter J. Ong wedi dadlau, nid yw'r dechnoleg 'newydd' yn ddim ond cam diweddar yn natblygiad hen dechnoleg llythren-nedd (o'i chyferbynnu â llafaredd): y datblygiad o ysgrifennu â llaw, i argraffu, ac erbyn hyn i deip electronig.[7] Olrhain y datblygiad hwn – a'i oblygiadau o safbwynt grym cymdeithasol – a wneir gan Helen Fulton, Jerry Hunter ac E. Wyn James yn y tair erthygl sydd ar ddechrau'r gyfrol hon. Ond mae'n dra phwysig nodi mai ffafrio rhai ieithoedd ar draul ieithoedd eraill a wna unrhyw dechnoleg newydd sydd yn ymwneud ag iaith. Fel y sonia Jean-Jacques Lecercle yn ei erthygl bryfoclyd ef yma, mae hyn yn dra pherthnasol i ddyfodol llenyddiaeth Gymraeg sydd mewn perygl o gael ei diarddel ddwywaith: ei diarddel ar sail iaith (y Gymraeg anfreiniol), a'i diarddel ar sail ffurf (llenyddiaeth, sef defnydd anfreiniol – erbyn hyn – ar iaith). I lenyddiaeth sydd wedi chwarae rhan mor ganolog mewn diwylliant a gwleidyddiaeth erioed, oni fyddai'r diarddel hwn yn ddigon amdani?

Fel y gwna'r wlithen fôr, rhaid meddiannu technolegau grymus (megis technoleg y slefren), a'u hadleoli. A thybed nad hanes gwneud hynny yw un o hanesion pwysicaf llenyddiaeth Gymraeg o'i dechrau hyd heddiw?

* * *

Cyhoeddwyd y llyfr Cymraeg cyntaf, *Yny lhyvyr hwnn*, dros bedair canrif a hanner yn ôl, yn 1546, ond yn Llundain anghyfiaith y cyhoeddwyd y mwyafrif o lyfrau Cymraeg am flynyddoedd lawer. Buasai'r gwahaniaeth daearyddol ac ieith-yddol hwn wedi ategu'r ymdeimlad – a oedd yn rhwym o fod wedi bodoli ar ôl canrifoedd o ddiwylliant llawysgrifol – o'r pellter rhwng llawysgrif wreiddiol, a'r gwaith mewn print; rhwng y weithred unigol o greu'r testun a'r cynnyrch màs gorffenedig. Mae llythyrau Morrisiaid Môn yn y ddeunawfed ganrif, er enghraifft, yn frith o gyfeiriadau at y trawmâu a oedd ynghlwm wrth y broses o argraffu gwaith Cymraeg gyda chyhoeddwyr Saesneg.[8]

I ddamcaniaethydd llenyddol ôl-drefedigaethol, byddai drwgdybio print yn rhwym o fodoli oherwydd statws an-swyddogol, anfreiniol y Gymraeg mewn perthynas â thechnoleg argraffu dros y canrifoedd. Tan yn gymharol ddiweddar, Saesneg, ar y cyfan, oedd iaith brintiedig yr awdurdodau, iaith dogfennau a chofnodau statudol, iaith cyfraith a threfn. Ond Cymraeg llafar oedd iaith bywyd 'go-iawn' cyfran helaeth y bobl, iaith hen draddodiadau a ffurfiau diwylliannol. Ac er bod y Beibl wedi rhoi i'r Cymry destun Cymraeg printiedig holl-bwysig, roedd ei natur arbennig – yn destun a darddai yn union-gyrchol o air Duw – yn golygu mai testun eithriadol ydoedd.

Yn ôl awduron y gyfrol, *The Empire Writes Back*, mae ad-feddiannu strwythurau ysgrifen neu brint – strwythurau ieith-yddol gorthrymus y 'concwerwyr' – yn un o dechnegau mwyaf grymus a phellgyrhaeddol llenyddiaeth ôl-drefedigaethol, ac mae'r frwydr i feddiannu ac ailgynysgaeddu cyfrwng y print yn frwydr dros einioes diwylliannol y gyn-drefedigaeth:

> [T]he appropriation which has had the most profound significance in post-colonial discourse is that of writing itself. It is through an appropriation of the power invested in writing that this discourse can take hold of the marginality imposed on it.[9]

Sonnir yn y cyd-destun hwn am gyfrol Tzvetan Todorov, *The Conquest of America* (1974), sy'n haeru i'r trefedigaethwr Sbaenaidd, Cortez, goncro diwylliant yr Azteciaid yn America Ganol drwy 'drosleisio' eu diwylliant llafar hwy â thechnoleg grymusach print. Yn ôl damcaniaeth Todorov, tanseiliodd Cortez yn llwyr berthynas lafar dyn a'r byd drwy osod yn ei lle berthynas brintiedig dyn a dyn; yn lle cymuned llafaredd, caed unigolyddiaeth print; yn lle ymgorffori y clywed, caed ynysigrwydd y gweld. Roedd hon, meddir, yn berthynas gwbl anghyfarwydd i'r Azteciaid brodorol, a'r unig noddfa iddynt hwy yn wyneb hyn oedd tawelwch.

Wrth sôn am goncro diwylliannol yn gyffredinol, hyn yw casgliad awduron *The Empire Writes Back*: 'The presence or absence of writing is possibly the most important element in the colonial situation.'[10]

Mae'r syniad fod technoleg ysgrifennu – a phrint yn enwedig – yn gyfystyr ag awdurdod a all fod yn ormesol, yn syniad canolog yng nghyfrol ddylanwadol Walter J. Ong ar berthynas llythrennedd a llafaredd, *Orality and Literacy*. Diffiniwyd print gan Ong fel 'the commitment of the word to space',[11] ac mae'r pwyslais hwn ar ddimensiwn y *gofod* yn dra chydnaws â'r wedd drefedigaethol ar brint. Yn groes i'r Azteciaid gorchfygedig, yr hyn a wneir gan awduron ôl-drefedigaethol yw dwyn cyrch ar brint a'i feddiannu. Hynny yw, defnyddio dulliau cyfathrebu y gorthrymwr ar gyfer eu llais gorthrymedig eu hunain. Meddiannu technoleg, a'i hadleoli.

Addas yw defnyddio'r ystyriaethau ôl-drefedigaethol hyn, a'u pwyslais ar feddiannu technoleg orthrymus ysgrifen a phrint, wrth fwrw golwg ar weithiau llenyddol Cymraeg y 1990au. O safbwynt ffeminyddol, er enghraifft, gellid haeru mai tanseilio a meddiannu strwythurau ysgrifenedig 'gwrywaidd' a welir yn nofel Manon Rhys, *Cysgodion*,[12] a chyfuniad o hynny ac ystyriaethau cenedlaethol Cymreig a geir yn nofel Angharad Tomos, *Titrwm*, a gyhoeddwyd flwyddyn yn ddiweddarach.[13]

Gwrthbwynt grymus o acenion llafar yw cynhysgaeth prif naratif *Cysgodion*. Ond Cymraeg safonol (technolegol) a ddefnyddir gan Lois Daniel, yr adroddwr, wrth deipio'i nofel am Gwen John ar ei phrosesydd geiriau. Hynny yw, mae llafaredd (cyfrwng annhechnolegol) a phrint (cyfrwng technolegol) yn perthyn i ddimensiynau gwahanol yn y nofel: y naill i 'fywyd go-iawn' a'r llall i gelfyddyd. Ond gyda chydymdreiddiad graddol bywydau'r ddwy, daw'n fwyfwy anodd i Lois Daniel gynnal arwahanrwydd llafaredd a phrint. Er enghraifft, mennir ar dryloywedd ymddangosiadol print wrth i Lois gyfeirio at y botwm *delete* ar ei phrosesydd geiriau mewn un man, a chyfeirio at y prosesydd ei hun fel 'blydi mashîn' mewn man arall. Draean y ffordd drwy'r nofel, defnyddia Lois brint mewn ymgais i gyfathrebu â Gwen John ei hun. Cic wleidyddol (ffeminyddol) y nofel, mae'n debyg, yw anfodlonrwydd – neu anallu – Lois Daniel i *drosleisio* profiad Gwen John, i siarad ar ei thraws yn hytrach na sgwrsio gyda hi. Daw print – yn ei ddisymudedd, ei wrthrychedd ac yn ei bellter oddi wrth brofiad uniongyrchol – yn symbol o'r trosleisio treisiol hwnnw.

Yn yr un modd, yn *Titrwm* gan Angharad Tomos, ceir archwiliad o'r berthynas broblematig rhwng y ddalen brintiedig a hunaniaeth bersonol a chenedlaethol. Argraffiadau – yn nau ystyr y gair – yr adroddwraig, Awen, sydd yma, wedi eu cyfeirio at y baban yn ei chroth, Titrwm. Mae'n arwyddocaol mai merch fud a byddar yw Awen: iddi hi, technoleg y ddalen brintiedig yw'r unig fodd iddi gyfathrebu â'r byd y tu allan. Yn arwydd-ocaol o safbwynt y cysylltiad rhwng print a chenedlaetholdeb, cawn wybod yn ddiweddarach mai o ganlyniad i drais (y mewnfudwr o Sais, Eli Guthrie) y cenhedlwyd Titrwm. Amwys, yn sicr, yw agwedd Awen tuag at ei hargraffiadau ei hun ar y papur gwyn ar ddiwedd y nofel wrth iddi sylweddoli grym technoleg print: mae'n cadw cof, ond yn dinistrio cof hefyd. Mae'n mynegi, ond yn gwrthod derbyn ymateb. Nid cyfrwng disgyrsaidd mohono. Wrth siarad mae'n tewi'r gwrandawr.

O ddiwedd y 1960au a thrwy'r 1970au y gwelwyd twf mwyaf y mudiad cenedlaethol yng Nghymru, a hwyrach mai peth o'r gweithgaredd llenyddol mwyaf cydnaws â'r twf hwnnw oedd y farddoniaeth a gyhoeddwyd yng nghyfres Beirdd Answyddogol y Lolfa. Yr hyn sydd yn drawiadol am nifer helaeth o'r cerddi a gyhoeddwyd dan faner y gyfres hon – er enghraifft yng nghyfrol Derec Tomos, *Magniffikont* (1982) – oedd y modd yr eironeiddid statws 'swyddogol' y cerddi drwy ddefnyddio ffurfiau llafar, sathredig yng nghyfrwng print, ac anwybyddu rheolau orgraff safonol testunau printiedig. Yn wir, ymgorfforwyd y tueddiad gwrthryfelgar i danseilio 'awdurdod' print yn y modd y din-istriwyd arwyddion ffyrdd uniaith Saesneg yn rhan o ymgyrch Cymdeithas yr Iaith Gymraeg.

O safbwynt cenedlaethol, pwysig yw nodi mai datblygiad technoleg print a alluogodd ieithoedd cenedlaethol i ymryddhau oddi wrth Ladinedd hollbresennol y diwylliant llawysgrifol. Technoleg print a greodd y 'nationalist, vernacular space' y soniodd Marshall McLuhan amdano yn ei waith arloesol ef ar dechnolegau cyfathrebu,[14] ac mae nodi sut mae beirdd ac awduron yn hawlio'r 'gofod technolegol' hwn dros eu cenedl eu hunain yn dra pherthnasol wrth drafod llenyddiaeth ôl-drefedigaethol.

Mae'r beirniad Gwyddelig, Declan Kiberd, er enghraifft, wedi haeru bod ieithwedd ddieithriedig James Joyce yn *Ulysses* a *Finnegans Wake* yn dynodi ymdrech i feddiannu'r iaith Saesneg a'i hailgynysgaeddu â llais y Gwyddel ôl-drefedigaethol. Dehonglodd y broses feddiannol hon yn nhermau'r tensiwn rhwng print a llafaredd, neu dechnoleg a diffyg technoleg. Drwy ddychanu natur or-lengar Stephen Dedalus, medd Kiberd, drwy ddychanu sgyrsiau 'ysgrifennol' y llyfrgellwyr yn y nofel, a natur ysgarthol cylchgronau printiedig, a thrwy ddyrchafu llais llafar Molly Bloom, cais *Ulysses* James Joyce feddiannu ac adleoli cyfrwng 'trefedigaethol' print dros y Gwyddelod:

> *Ulysses*, judged in retrospect, is a prolonged farewell to written literature and a rejection of its attempts to colonize speech and thought . . . *Ulysses* paid a proper homage to its own bookishness, but, caught on the cusp between the world that spoke and the world that read, Joyce tilted finally toward the older [oral] tradition.[15]

Diau na cheir yr un ymwybyddiaeth o rym print – yn gyfrwng a all fod yn rhan o ormes cenedlaethol, diwylliannol neu gymdeithasol – yng ngweithiau awduron a beirdd Cymraeg. Mae'n sicr yn wir i weithiau nifer helaeth o awduron Cymraeg yn nau ddegawd olaf yr ugeinfed ganrif – awduron megis Dafydd Huws, Twm Miall, Siôn Eirian, Wiliam Owen Roberts, Manon Rhys, Angharad Tomos, a Twm Morys a Robin Llywelyn fwyaf oll – ddangos ymgais gyffredin i ddefnyddio'r llafar i ddadsefydlogi cyfrwng print, a hynny yn sgil cenedlaetholdeb Cymreig yn y cyfnod modern.

* * *

Nofel 'lafar' mewn print yw *Seren Wen ar Gefndir Gwyn* gan Robin Llywelyn.[16] Yn hyn o beth, gellid dweud ei bod yn ymgorfforiad o'r 'llafaredd eilradd' y sonia Walter Ong amdano, sef llafaredd sydd yn gysylltiedig â thechnoleg, ac â thechnoleg electronig, yn enwedig: y ffôn, y radio, y teledu, a'r sain ar dâp, cryno-ddisg neu record.[17] Mae datblygiad diweddar dyfais yr 'e-bost' yn chwyldroadol am ei bod yn niwlogi'n wirioneddol y ffin rhwng y llafar a phrint. Wrth iddi ddod yn fwyfwy cyfarwydd, fe'i defnyddir fwyfwy i 'sgwrsio' drwy brint, drwy idiom sydd yn nes at yr iaith 'lafar' nag a fu print erioed. Mae'n ddatblygiad a fydd yn rhwym o effeithio ar y modd y syniwn am brint yn y Gymraeg, er enghraifft, a'i berthynas draddodiadol â'r iaith safonol. Ac mae'n cynnig potensial cyffrous i awduron a beirdd wrth i'r iaith Gymraeg yn ei holl gyweiriau gael ei rhyddfreinio.

Mae technoleg yn elfen hollbwysig yn *Seren Wen ar Gefndir Gwyn*. Dyfais dechnolegol y 'teithlyfr trydan', wedi'r cyfan, sydd yn galluogi Gwern Esgus, yr adroddwr, i gofnodi ei anturiaethau, ac i'w fab 'darogan' glywed llais a hanes ei dad wedi iddo farw. Yr un dechnoleg sydd yn galluogi'r clerc Zählappell – a ninnau'r darllenwyr – i 'wrando' ar hanes llafar Gwern yn y dyfodol. 'Rhyfel technoleg newydd ydi hwn,' medd Tincar Saffrwm wrth Gwern am ryfel gwledydd y cynghrair yn erbyn Gwlad Alltud.

Ar sawl ystyr, ymdebyga llafaredd eilradd y dechnoleg newydd, yn ôl Ong, i'r hen lafaredd.[18] Mae'n creu ymdeimlad o gymundeb, ac o gyfranogi (yn hytrach na throi darllenwyr arnynt eu hunain fel y gwna darllen), ac mae hefyd wedi'i hoelio yn y presennol.

Fodd bynnag, pwysleisia Ong hefyd fod y llafaredd eilradd hwn yn llawer mwy bwriadus. Yn gyntaf, nid llafaredd 'pur', anymwybodol mohono. Mae wedi'i seilio ar brint neu ysgrifennu, a chymundeb sydd yn ymwybodol ohono'i hun a ddaw yn ei sgil, cymundeb sydd yn dewis bod yn gymundeb (dewis nad oedd ar gael i gyfranogwyr yr hen ddiwylliannau llafar). Yn anad dim, mae'r gynulleidfa 'unedig' a grëir gan lafaredd eilradd yn un ehangach o lawer na'r gynulleidfa a grëid gan lafaredd cynradd a oedd wedi'i glymu wrth un lle ac wrth un amser arbennig. Dyma'r 'global village' technolegol y soniodd Marshall McLuhan amdano:[19] gall cynulleidfaoedd ar draws y byd gyfranogi o lafaredd eilradd y teledu, y ffôn, y radio, y cryno-ddisg, ac yn yr un modd o 'brint llafar' cyfryngau cyfathrebu'r We Fyd-eang.

Fel y dyfynnwyd uchod, soniodd Ong am y modd y mae print yn rhoi'r gair mewn gofod. Gofod *cyber* y dechnoleg newydd yw gofod *Seren Wen ar Gefndir Gwyn*, a hwnnw – fel y gwelwyd – yn ofod rhyddfreiniol. Mae hyn yn dra pherthnasol yng nghyd-destun llenyddiaeth Gymraeg y cyfnod diweddar. Dyma gyfnod a welodd ddarnio digyffelyb ar 'ofod' daearyddol y gymdeithas Gymraeg ei hiaith. Fel y soniwyd eisoes, iaith rhwydweithiau yw'r iaith Gymraeg yn fwyfwy; iaith y mae undod lle yn dod yn llai a llai perthnasol iddi. (Mae'n arwyddocaol mai mewn termau amser, yn hytrach na lle, y disgrifir y Tir Bach iwtopaidd yn *Seren Wen ar Gefndir Gwyn*, yn lle sy'n 'nes na ddoe ac yn bellach na fory'.[20])

Hwyrach nad rhyfedd, felly, yn wyneb y datgymalu a fu ar gadarnleoedd y Gymraeg, fod didoredd di-syfl y ddalen brintiedig wedi dod yn gyfrwng annigonol i fynegi ym-wybyddiaeth Gymraeg gyfoes. A thybed nad dyna wir arwyddocâd y pwyslais ar gyfrwng y llafar technolegol yn *Seren Wen ar Gefndir Gwyn*, un o nofelau mwyaf gweledigaethol y Gymraeg ar ddiwedd yr ugeinfed ganrif. Mae'r llafaredd technolegol hwn, wedi'r cyfan, yn gyfrwng dad-diriogaethol. Mae ganddo'r grym i gymell pobl yn rhyngwladoli gyfranogi o gymuned Gymraeg, a'u gwneud yn Gymry o ddewis. Mae'n gyfrwng rhwydweithiol a all wneud y Gymraeg yn iaith fyd-eang. Ac mae'n gyfrwng – yn *Seren Wen ar Gefndir Gwyn*, o leiaf – i alluogi'r gwledydd llai i gyd-gyfathrebu ar 'sgrins y gwifrau', i sefydlu rhwydweithiau grymus, ac i ym-gynghreirio yn erbyn grym trefedigaethol enbyd Gwlad Alltud. Hynny yw, mae'n gyfrwng i feddiannu ac adleoli technoleg y slefren.

* * *

Technoleg – yn fwyfwy – yw pyls ein hymwneud â'n gilydd: yn unigolion, yn gymdeithasau, yn wladwriaethau. Gwifrau ac amleddau electromagnetig yw ein nerfau torfol. Disodlwyd gohebiaeth gan we-hebiaeth ac e-hebiaeth. Nid oes gan lenyddiaeth sydd am barhau yn berthnasol ddim dewis ond cydbylsadu a chydnerfeiddio â'r dechnoleg newydd; ac nid oes gan lengarwyr ddewis ond amgyffred effaith technoleg ar brosesau creu, golygu, lledaenu, hyrwyddo, gwerthu, derbyn, prynu, darllen a thrafod llenyddiaeth. Dyma gasgliad o ysgrifau'n trafod perthynas technoleg a llenyddiaeth Gymraeg yn hanes-yddol, yn gyfoes, yn ymarferol, yn nhermau *genre*, ac o safbwynt ideoleg. Mae yma drafodaeth amlochrog ac aml-haen ar bwnc sydd yn ganolog i sefyllfa – a dyfodol – llenyddiaeth yn y byd sydd ohoni.

Trafod perthynas llythrennedd a llafaredd mewn llenyddiaeth Gymraeg gynnar a wna Helen Fulton. Gan ddechrau gyda'r haeriad sylfaenol – yn sgil damcaniaethau arbenigwyr fel Walter J. Ong – fod llythrennedd ei hun yn fath ar dechnoleg, archwilir perthynas llythrennedd a datblygiad rhyddiaith Gymraeg yr Oesoedd Canol. Cyfeirir yn benodol at y tensiwn a gyfyd pan yw *llafaredd* creiddiol y traddodiad rhyddiaith yn cyd-daro â gofynion diweddarach diwylliant 'technolegol' y llawysgrifau.

Bwrw golwg ar ddyfodiad cyntaf technoleg argraffu i Gymru a wna Jerry Hunter wrth drafod 'Cyfrinachau ar dafod leferydd'. Dengys sut y crëwyd tensiynau rhwng beirdd ac awduron rhyddiaith yn sgil dyfodiad y wasg. Yn yr erthygl arloesol a phryfoclyd hon, gwrthdroir yr awgrym arferol o gyfrinachedd elitaidd y beirdd, a haerir mai'r rhyddieithwyr, a phwyslais y diwylliant argraffu newydd ar hawlfraint a thaliadau cyhoeddi, a fygythiai ddemocratiaeth – a dyfodol – llenyddiaeth yn y cyfnod.

Yn erthygl E. Wyn James, 'Ann Griffiths: O Lafar i Lyfr', ceir trafodaeth ar y tensiwn sydd yn bodoli rhwng cyfansoddi llafar a'r weithred 'dechnolegol' o roi'r gair ar glawr. Gan ganol-bwyntio ar waith yr emynyddes Ann Griffiths, archwilir ym-hellach y tensiwn a gyfyd pan ddaw'r testun i gyffyrddiad â'r wasg argraffu, sydd yn trawsnewid ei natur o ran trefn, diwyg a geiriad.

Gwedd ddeublyg ar berthynas llenyddiaeth a thechnoleg sydd gan Grahame Davies yn 'Wythnos yng Nghymru'r Byd'. Ac yntau'n olygydd *Cymru'r Byd*, cylchgrawn dyddiol Cymraeg y BBC ar y We, mae'n gwbl ymwybodol o fanteision technoleg wrth ledaenu gwybodaeth – gan gynnwys gwybodaeth lenyddol: nid oes i'r cyfrwng technolegol diweddaraf hwn lestair daearyddol, gwleidyddol, diwylliannol na masnachol. Yn fardd, fodd bynnag, ofna effaith andwyol cyflymder a byrhoedledd y cyfryngau newydd ar greadigrwydd llenyddol: ar ddyfnder ein hymwybyddiaeth ac ar stôr ein hamynedd.

Trafodaeth bardd ar berthynas llenyddiaeth a thechnoleg a geir gan Gwyneth Lewis, bardd y mae'r berthynas honno yn rhan ganolog o'i gwaith. Gan fynd yn groes i syniadau disgwyliedig ynghylch arwahanrwydd technoleg a llenyddiaeth, pwysleisio'r ffrwythlondeb a ddaw yn sgil cydymdreiddio'r ddau a wna Gwyneth Lewis: 'Diwylliant', meddai, 'yw pa mor bell mae eich llais yn cario.'

Defnyddio ffigwr Lara Croft, o fyd gemau cyfrifiadur, yn bersonoliad o *virtual reality* y byd technolegol a wna Jean-Jacques Lecercle yn ei erthygl. Ac yntau'n ddamcaniaethydd Marcsaidd, rhydd bwyslais arbennig ar oblygiadau daufiniog y dechnoleg ddiweddaraf ar gyfer llenyddiaethau lleiafrifol: effaith andwyol monopolïau technolegol y diwylliant Eingl-Americanaidd ar y naill law, a'r rhyddfreiniad diwylliannol a all ddod yn sgil defnyddio'r dechnoleg i groesi ffiniau o bob math ar y llaw arall.

Yn 'Addasu Llunyddol' mae Eurgain Haf yn trafod y gwahanol ffilmiau a rhaglenni teledu a seiliwyd ac a ysbryd-olwyd gan destunau llenyddol Cymraeg, rhai megis *Un Nos Ola Leuad* gan Caradog Prichard, *Mis o Fehefin* gan Eigra Lewis Roberts (*Minafon*) ac yn fwyaf diweddar, *Diwrnod Hollol Mindblowing Heddiw* gan Owain Meredith, yn seiliedig ar ei nofel gofiannol. Archwilir y technegau a ddefnyddiwyd, a thafolir llwyddiannau a methiannau y trosiadau hyn rhwng un cyfrwng a chyfrwng arall.

Mae Martin Lamb a Penelope Middleboe yn rhan o dîm a gomisiynwyd gan Gartŵn Cymru i droi chwedlau'r Mabinogion yn ffilm animeiddiedig. Yn 'Addasu y Mabinogi yn ffilm animeiddiedig' maent yn egluro cefndir y prosiect ac yn trafod ystyriaethau celfyddydol, llenyddol a thechnolegol trosi sgript llawysgrifol yn gyfrwng technolegol y ffilm animeiddiedig – yr anawsterau a gyfyd yn sgil y gwaith, ac addasrwydd elfennau arbennig yn yr hen chwedlau ar gyfer cyfrwng mwy newydd animeiddio.

Yn '"The frequencies I commanded": recordio R. S. Thomas', mae Damian Walford Davies yn trafod y defnydd o dechnoleg glywedol er mwyn recordio llais bardd yn darllen ei farddoniaeth ei hun. Gan gyfeirio at ei brofiad ymarferol ef yn recordio'r diweddar R. S. Thomas yn darllen ei farddoniaeth, archwilia oblygiadau'r berthynas rhwng llais biolegol bardd a'i lais barddonol, ac effaith cadw'r berthynas honno i'r oesoedd a ddêl.

Sôn am ei brosiect uchelgeisiol yn rhoi llawysgrifau'r Mabinogion ar y We Fyd-eang a wna Mick van Rootseler yn 'Fersiynau Electronig o'r Mabinogion'. Eglurir potensial di-ben-draw technoleg gyhoeddi y Rhyngrwyd ar gyfer ysgolheigion llenyddol, ac archwilir rhai o'r cyffroadau – a'r anawsterau – a gyfyd wrth ymgymryd â chynllun mor arloesol.

Archwiliad ymarferol i botensial llenyddol y We Fyd-eang a geir gan Ceri Anwen James yn 'Lledaenu'r We-fengyl'. Mae hi'n un sydd yn ymwneud â'r potensial hwnnw yn ei gwaith bob dydd fel dirprwy-gyfarwyddwr yr Academi Gymreig. Ymchwilir i safleodd llenyddol y Gymraeg ar y We – o ran cyhoeddi, masnachu a hysbysebu llenyddiaeth – a chymherir hynny â'r hyn a geir ar safleoedd llenyddiaethau eraill.

Diweddir y gyfrol drwy ofyn: 'A chadw i'r oesoedd a ddêl . . . y trydan a fu?' Wrth i gymdeithas gyfan fabwysiadu'r cyfryngau technolegol newydd, mae natur tystiolaeth y gymdeithas honno yn newid, ac mae cyflymder ei greu – a'i ddinistrio – yn cynyddu. Ac yntau'n archifydd llenyddol yn Llyfrgell Genedlaethol Cymru, trafod goblygiadau technoleg gyfathrebu electronig ar gyfer gwaith archifol a wna R. Arwel Jones yn ei bennod ef.

Mae gwir angen trafodaeth drylwyr ar berthynas technoleg a llenyddiaeth yn ei holl agweddau. Dyma berthynas a ddaw'n fwyfwy canolog mewn gweithgaredd llenyddol dros y degawdau nesaf. Hyderir y bydd *Chwileniwm: Technoleg a Llenyddiaeth* yn rhan o'r drafodaeth hollbwysig honno.

Nodiadau

[1] Steven Vogel, *Cats' Paws and Catapults: Mechanical Worlds of Nature and People* (London: Penguin Books, 1999), t.25.

[2] Ibid., t.30.

[3] Susan Sontag, *Against Interpretation* (London: Vintage, 1994), tt.293–304.

[4] Dyfynnir yn ibid., t.300.

[5] Walter Benjamin, 'Das Kunstwerk im Zeitalter seiner technischen Reproduzierbarkeit', *Gesammelte Schriften (erster Band / zweiter Teil)* (Frankfurt am Main: Suhrkamp, 1980), 431–69.

[6] Ibid., 442.

[7] Walter J. Ong, *Orality and Literacy: The Technologizing of the Word* (London and New York: Methuen, 1982).

[8] Gweler, er enghraifft, lythyr Evan Evans at Richard Morris (1764) yn Hugh Owen (ed.), *Additional Letters of the Morrises of Anglesey (1735–1786)* (London: The Honourable Society of Cymmrodorion, 1949), t.627.

[9] Bill Ashcroft, Gareth Griffiths, Helen Tiffin (eds.), *The Empire Writes Back: Theory and Practice in Post-Colonial Literatures* (London and New York: Routledge, 1989), t.78.

[10] Ibid., t.81.

[11] Ong, *Orality and Literacy*, t.7.

[12] Manon Rhys, *Cysgodion* (Llandysul: Gwasg Gomer, 1993).

[13] Angharad Tomos, *Titrwm* (Talybont: Y Lolfa, 1994).

[14] Edmund Carpenter and Marshall McLuhan (eds.), *Explorations in Communication: an Anthology* (Boston: Beacon Press, 1966), t.208.

[15] Declan Kiberd, *Inventing Ireland* (London: Jonathan Cape, 1995), t.355.

[16] Robin Llywelyn, *Seren Wen ar Gefndir Gwyn* (Llandysul: Gwasg Gomer ar ran Llys yr Eisteddfod Genedlaethol, 1992), t.110.

[17] Ong, *Orality and Literacy*, t.136.

[18] Ibid., t.79.

[19] Dyfynnir yn ibid.

[20] Llywelyn, *Seren Wen ar Gefndir Gwyn*, t.12.

ORALITY AND LITERACY IN EARLY WELSH LITERATURE

Helen Fulton

Every advance in communication technology brings with it the development of new forms of representation. Large-scale visual narratives belong to film, serials and series are characteristic of television, paperback fiction serves a mobile readership, the codes of e-mail and text-messaging can only work in a digital environment. Yet as each new technology establishes itself, it makes use of those forms made popular by the preceding technology of representation, either temporarily – like the discussion programmes borrowed from radio into early television, or the spaces left for illuminated letters in early printed books – or permanently by adapting older forms to suit the new technology. Just as radio 'soap operas' were converted in the 1950s to daytime television, where they have lived harmlessly ever since, so websites are privileging design and visual image over text in a return to the priorities of illuminated manuscripts.

The technology of writing

For many communications historians, the change from script to print marks the beginning of significant technological change. Before print, representation is imagined as a single line of progress from Ong's 'primary orality' to methods of writing and on to the revelation of the printing press.[1] But in the long history of manuscript culture in Britain and Ireland, we can isolate a number of technological developments, each of which affected the form and content of what was written down. Varieties of writing surface, for example, such as stone or clay or vellum, determine factors such as the size and shape of letters as much as the content.

Though it is often claimed that the technology of writing was brought to Britain and Ireland by Christian monks, what is clear is that a particular technology of writing was brought by the monks, not that writing did not exist at all before their arrival. Epigraphical evidence from Britain and Ireland indicates literacy in the Roman alphabet before Christianity was widespread in those countries, while Caesar's reference to Gaulish druids writing in the Greek alphabet establishes literacy among Celtic-speaking peoples well before the Christian period.[2]

The technology of writing brought to Britain and Ireland by Christian monks had developed in the last stages of the Roman empire and was adapted to meet the needs of missionaries working in what were regarded as barbaric outposts of the empire and beyond. These needs revolved around mobility, and therefore the portability of writing equipment, the availability of raw materials, and the urgency of producing sacred texts for the new churches and monasteries. The basic equipment comprised a writing tool – a sharpened stick or quill – ink made from natural dyes, and parchment, made from animal skin. The monks brought with them from the Continent the craft know-ledge of how to prepare the materials for writing.[3]

To make parchment, a variety of animal skins could be used but the quality of the parchment varied accordingly. Skins from goats, rabbits and squirrels could be made into parchment but it was likely to be uneven and suffer from holes and other flaws. Cattle, especially calves, on the other hand, provided the best quality parchment, known as vellum. One of the reasons why Ireland became famous for its manuscript tradition from the sixth century onwards was not only because of its strong monastic tradition, which trained scribes to be excellent copyists and glossators, but also because it was a country rich in high-quality cattle. It had its own supply of the best material for making vellum.

The inconsistent quality of the writing surface was not a problem in a craft culture where items were not commodified or mass-produced. Low-grade parchments were used for the most pedestrian writing – accounts, lists, short-term administrative records – while the best vellum was reserved for the most significant texts, especially religious works. This link between technology and content is repeated in the other area of book-craft brought to Britain and Ireland from the Continent, the binding of parchment into a codex. Early medieval books are made up of varying numbers of gatherings (single pieces of parchment folded into two or four) which are bound together, usually by placing the gatherings between wooden boards and then stitched or pegged together. Such a technology facilitated the development of a new form, namely the miscellany or anthology.

What seems clear is that the medieval concept of a book was quite different from the modern concept, not because medieval books were in manuscript rather than printed, but because the technology of book-making defined what a book was. Unlike modern books, the medieval book was seldom a single coherent unit in terms of composition or subject matter. Each book was unique, and each was 'bespoke', that is, produced for a specific reader or patron, another determinant affecting the form and content. The idea of a book trade, where books were copied on the off-chance that someone would buy them 'off the shelf' began in Paris in the early thirteenth century, but was not common in Britain or Ireland until after the introduction of printing, when the new technology ushered in a new way of commodifying books.[4]

But the change from script to print did not come about in a single leap. Throughout the medieval period the technology of writing was constantly being adapted to new materials and to new social pressures, particularly the growing need for written records, in church administration and in the increasingly bureaucratized governments of the English kings. Michael Clanchy has argued that 'lay literacy grew out of bureaucracy, rather than from any abstract desire for education or literature,' a claim supported by the historical development of writing practices.[5] Cursive handwriting, for example, was invented in the twelfth century to enable scribes to write more quickly, itself giving way to the atrocious 'secretary hand' of fifteenth-century clerks taking dictation.[6] Pocket-sized books were developed for portability, including bibles and prayer books. Rolls of parchment were introduced to cope with the demands of complex administrative record-keeping.

For most of the medieval period, scribes were artists rather than authors, like modern website designers who are responsible for layout and technology rather than content. As Clanchy says, 'Writing was distinguished from composition because putting a pen to parchment was an art in itself.'[7] The whole business of preparing the materials for writing and actually doing the writing was a specialist craft, practised by trained monks who worked in both secular and religious contexts. In the secular context of court administration, the authors dictated their work to a scribe, so that the art of dictation had a privileged place in the wider system of rhetoric. A linguistic distinction was made between the composer (*dictator*) and the scribe (*scriptor*).

Here is one of the links between orality and literacy which characterizes many written texts, not only medieval ones. It is not that medieval texts recorded what was previously known only in a purely oral form – the myth of primitive orality – but that they often recorded what someone had dictated, converting the spoken into the written.[8] The same link worked in reverse: written texts were often read aloud, converting the written into the spoken, and the awareness that books could be used in this way, to be read aloud to an audience, determined the form and style of the contents. Many of the structures of orality, such as parataxis, repetition and short sense units, which are found in written texts are evidence not necessarily of some pre-existing 'oral' material which has accidentally survived, but of the function of the text as something to be orally delivered to a group of people.[9]

Though these links between orality and literacy applied in monastic as well as secular contexts, scribes in monastic *scriptoria* were more likely to copy from existing exemplars, written texts which were borrowed or purchased for monastic libraries. If a copy of the exemplar had been commissioned, by another monastery for example, the scribe would copy it exactly, but for other purposes a scribe could adapt the exemplar or combine several texts into a single new text. Monastic scribes, as opposed to secular clerics, were therefore more likely to compose and write their own works, because they had been trained in *scriptoria* both as craftsmen, able to prepare manuscripts, and as writers. The new breed of secular scribes produced by the schools and universities in the twelfth century were often just scribes, lacking the craft skills of the monks and paid simply to make copies of existing texts.

Scribal working conditions are another factor determining the production of manuscripts and our reading of them. Since writing was hard work, writers worked in stints of about an hour at a time, so that the content was not all laid down at the same time, as in a printed book. There are breaks in the recording process, leading to slight changes of handwriting and style, and sometimes to gaps and errors. Many manuscripts, especially those produced in monasteries or workshops, are the product of more than one scribe. So not only do many manuscripts contain a variety of subject matter, they have usually been mediated by a number of different hands over a period of time.

Organizing the text

Issues of authorship and originality in relation to medieval books are therefore quite different from those relating to printed books. The prestige attached to creative works written by a single 'gifted' author is largely a product of a commodified print culture, which reflects this value back on to medieval texts by 'authors' such as Chaucer or Gower. The main purpose of medieval books was to record information important enough to keep, not to create original texts which no one had written before. On the contrary, the more times a text was copied, the more material it incorporated from earlier validated texts, the more prestigious and well-known it became. In its lack of a single named author, privileged as the authoritative site of meaning, its conscious borrowing from other texts, and its stylized combination of text and image, the medieval book resembles the modern website more closely than it resembles the modern book.

Two aspects in particular of manuscript production are relevant to how we read medieval texts, the organizational layout, or *ordinatio*, and the way in which the contents were combined and put together from a variety of sources, the *compilatio* or anthology. Both these concepts developed during the twelfth century, influenced by the shift in knowledge ownership from monasteries to schools and the changing needs of scholars and teachers.[10] Malcolm Parkes describes the different reading practices of the two institutions which precipitated the development of new kinds of books:

> The monastic *lectio* was a spiritual exercise which involved steady reading to oneself, interspersed by prayer, and pausing for rumination on the text as a basis for *meditatio*. The scholastic *lectio* was a process of study which involved a more ratiocinative scrutiny of the text and consultation for reference purposes.[11]

From the twelfth to fourteenth centuries, manuscript organization changed from an emphasis on glossed material to the presentation of a logical argument or staged narrative set out in a linear progression. Whereas glosses provided a running commentary on the main text, helping monastic students to find their way around canonical religious and grammatical texts, works organized on a more linear system catered for the new scholastic type of learning centred on logic and debate. Arguments were put forward in such a way as to contribute to an ongoing debate, which readers could follow as they read through the texts. At a time when the works of the ancient authorities were being re-examined, when clerics were interrogating the old texts in new ways, a linear text opened up the possibility of scholarly argument while a glossed text merely reinforced the privileged and unchallengeable role of the older *auctoritates*.

The type of *ordinatio* used for manuscripts organized in a linear fashion included innovations such as a list of contents, running titles, and a series of sub-headings or topic headings throughout the book. Gerald of Wales's *Itinerarium Kambriae*, 'Journey Through Wales', for example, written and revised between 1191 and 1214, makes extensive use of chapter-headings, listed together at the beginning of each book and appearing at the head of each numbered chapter, a method of organization particularly suited to the journal style of Gerald's text. Graphological marks such as underlining, capital letters and occasional punctuation marks were also used, particularly division markers such as parallel lines to indicate each item in a series of examples. Different colours were sometimes introduced to break up the text or indicate the beginning of a new section.

The need to make scholarly material more accessible also led to the development of the *compilatio,* an anthology of works by the same or different authors. During the thirteenth century many new copies of traditional works of the ancient authorities, such as Plato and Aristotle, were produced using the new *ordinatio.* The introduction of tables of contents coincided with a fashion for binding into one big volume as many as possible of the works of an individual author, marking the beginnings of the concept of the single-authored book, or works by a number of authors. Various kinds of scholarly apparatus, including summaries and concordances, were produced in the schools as guides to these anthologies of standard texts.

The *compilatio* was basically a rearrangement, employing a new *ordinatio* to organize the material in a clear and accessible way. 'The *compilatio*', as Parkes says, 'derives its value from the authenticity of the *auctoritates* employed, but it derives its usefulness from the *ordo* in which the *auctoritates* were arranged.'[12] The role of the compiler was not to add any material of his own, such as glosses or commentaries, but to rearrange the material into a more accessible form, to impose an *ordinatio* on the texts he copied from other books. But the compiler, unlike the scribe, also had a creative function, since he determined the overall scheme or structure of the book and how to divide up the material to suit the subject matter – again, like the designers of modern websites.

A classic example of the *compilatio* is the Ellesmere manuscript of the *Canterbury Tales,* arranged with an *ordinatio* which includes marginal references, section headings, running titles and illustrations of each of the pilgrims.[13] The effect is to minimize the role of Chaucer as the privileged author – he is constructed instead as the skilful compiler, bringing together a compendium of tales and legends ingeniously arranged around the framework of the pilgrimage. In the *Canterbury Tales* we see the beginning of the end of narrative whose authority derives solely from the ancients; though Chaucer is positioned as *compilator* and makes frequent reference to the old wisdom, it is apparently his creative originality which has shaped the tales into a coherent unity.[14] As creative originality became the privileged marker of authorship, so Chaucer's reputation as a gifted genius, a single inventive mind, began its spectacular ascent.[15]

Welsh manuscripts and the Red Book of Hergest

The skill of the *compilator*, with perhaps a touch of creative originality thrown in, is exactly what we find in the major Welsh manuscript collections of the thirteenth and fourteenth centuries. Few extended examples of written Welsh survive from before the thirteenth century, and the relative lack of manuscripts from Wales compared to those from Ireland presumably reflects the relative lack of continuous monastic foundations in Wales, apart from St David's, whose library was all but destroyed during the Reformation.[16] The production of large-scale codices seems to have begun in earnest after 1250, when there were sufficient secular patrons as well as the church to commission books, patrons who wanted books in Welsh rather than (or as well as) books in Latin and French.

According to Daniel Huws, over fifty books in Welsh survive from the mid-thirteenth to the mid-fourteenth centuries, a sudden renaissance in manuscript production that coincided with the rise of the *uchelwyr* as patrons of Welsh culture, determined to keep it alive under the pressure of Norman and English settlements. This motivation interacts with the contents of the manuscripts themselves, which focus on the 'matter of Wales' – folktale, origin legends, story material, poetry and so on, representing the cultural heritage of a language group whose identity lay in the past.

Of the great medieval Welsh manuscripts, the Red Book of Hergest stands out as a classic *compilatio*, containing as it does examples of most of the major genres and types of secular medieval Welsh literature, including both poetry and prose. The manuscript was written between 1382 and 1410, mainly in the hand of one scribe who wrote the manuscript for his master,

Hopcyn ap Tomas of Ynysforgan, near Swansea.[17] It is perhaps this scribe, Hywel Fychan ap Hywel Goch, who can be called the *compilator*, the one who devised the general order and layout of the manuscript.

As in most fourteenth-century Welsh manuscripts, the *ordinatio* is only lightly imposed, with relatively few guides to finding one's way around what is basically an anthology rather than a structured argument or collection of information which can be classified under various headings. The aim is to collect, preserve and exemplify, rather than to create a larger narrative. There are three scribal hands: one wrote the first third, Hywel Fychan wrote the second two-thirds, and another hand appears in one short section of the text of *Culhwch ac Olwen*.[18] This confirms the concept of the *compilatio* as a work focused on the contents rather than on the creative originality of a single author.

The order of the prose tales in the Red Book seems fairly random and in no sense corresponds to modern notions of genre. In fact, we can see that these modern notions have perhaps affected the way we read the tales, finding associations between them where the scribes and *compilator* clearly did not. *Breuddwyd Rhonabwy* occurs earliest, a long way from the other 'dream tale', *Breuddwyd Maxen Wledic*. Similarly the three 'romances' are separated in the manuscript: *Owein* and *Peredur* come first, with *Cyfranc Lludd a Llefelys* and the Four Branches separating these two from *Gereint*. *Culhwch ac Olwen* comes last. The Triads and other material are inserted between *Breuddwyd Rhonabwy* – the first prose tale – and all the other prose. What this order suggests is that the compiler was not affected by the same kinds of generic considerations which might influence a modern anthologist. All the prose material is given equal status, with little attempt to find generic groupings. It is merely recorded as the repertoire of the *cyfarwydd*, or storyteller.[19]

Titles, as a means of separating and organizing the material, are also distributed somewhat randomly. *Breuddwyd Rhonabwy* has that title (a rubric, with red capitals), as do *Breuddwyd Maxen Wledic* and *Cyfranc Lludd a Llefelys*. We could infer that the Welsh storytelling repertoire contained recognized types or genres of tale whose keywords – *breuddwyd, cyfranc, mabinogi* – provided the title, in a manner similar to the medieval Irish prose tales, such as *Táin Bó Cuailnge, Imram Brain* and so on. *Culhwch ac Olwen* appears to be unclassifiable, as it has no title, and nor do *Owein* and *Peredur*. But *Gereint* does have a title: the manuscript says: 'llyma mal y treythir o ystorya gereint vab erbin', with the word *ystorya* underlined, as if this were another recognized story type. This sets it apart from the other two 'romances', and there is no hint in the manuscript that they are in any sense regarded as a single group.

The inconsistencies in the *ordinatio*, or what appear to be inconsistencies to a modern reader, may be the result of different scribal practices, though this suggests that none of the scribes took on the role of *compilator*, overseeing the final product. A more likely interpretation is that the *ordinatio* reflects the link between orality and literacy, the effect of writing down what was usually delivered orally, in a manuscript from which tales were almost certainly read aloud. If orality is given primacy over literacy, a hierarchy which is invariably reversed in a print-dominated culture, our expectations change accordingly. The order in which the tales occur in the manuscript is immaterial, since the tales were not meant to be read or told in any particular sequence (apart from the Four Branches, which do occur in order). The 'titles' or labels given to the Four Branches work to remind both speaker and listeners of where they were up to. The 'keyword' titles assist in the selection of an appropriate story for a particular occasion. The three untitled 'Arthurian' stories lend themselves to a variety of possible titles supplied by the story-teller or reader, and also suggest an unfinished status, as if the tales could be endlessly adapted, added to or revised. A title provides closure; without it, the text is still a work in progress.

Discourses of orality and literacy

As Walter Ong has said, 'written texts all have to be related somehow, directly or indirectly, to the world of sound',[20] and the effect of writing down tales delivered orally, or oralizing written tales through performance, is to construct a particular kind of discourse in which conventions of orality are produced by the structures of written language. Long suppressed by print-obsessed cultures, versions of this type of discourse are again becoming dominant through the electronic news media, where news presenters on radio or television deliver a written script orally, requiring the conventions of a written report to be adapted to the needs of oral delivery.[21] Print journalism, on the other hand, which is intended only to be read silently by individual readers, can use the full range of literary devices, including metaphor, personification, direct speech and complex time changes, devices which impede reception by a listening audience.

A number of features in the language of the Welsh prose tales, particularly the Four Branches, have been identified as indicating close links between orality and literacy, suggesting the oral/aural nature of their delivery and reception.[22] Many of these features are, it is claimed, characteristic of spoken rather than written language, such as the preponderance of co-ordinate rather than subordinate syntactic structures, making it easier for listeners to absorb information one step at a time. According to the linguist Michael Halliday, one of the central differences between spoken and written language is that the former emphasizes verbal process, the 'happenings', while the latter emphasizes the existence of 'things'.[23] This difference is articulated through the variety of dynamic and material processes typically used in spoken language and the greater lexical density found in written language, usually centred on nominal groups.

One effect of this is that spoken language is often syntactically more complex than written language. Such a pattern is suggested in the Four Branches, where the direct speech attributed to characters is made to seem more 'speech-like' through the complexity of its clauses relative to those in the narrative itself. In a sentence such as this one, from *Branwen uerch Lyr*, delivered by Matholwch the king of Ireland, the verbal complexity indicates not only its formal register but also the fact that it represents a spoken utterance: 'A ryued oed genhyf, nat kyn rodi morwyn gystal a honno ym y gwneit y gwaradwyd a wnelit ym', 'And I found it strange that the insult done to me was not done before a maiden as fine as that was given to me.'[24] The order of the clauses, which seems to postpone the moment of comprehension, actually works to suggest the emphasis that might occur in speech, where the speaker wants to foreground his amazement that the insult was done after the maiden was handed over, and not before. In terms of syntactic complexity and variety, then, the text of the Four Branches moves easily between narrative and direct speech, constructing both through the structures of written language.

The use of formulae and stereotypes to classify characters and events is noted by Ong as an aspect of orality.[25] These epithets, such as the frequent appearance of women with fair hair or characters wearing *pali*, 'silk brocade', in the Welsh tales are not simply empty clichés but are ideologically important. Just as modern media 'categories' of sports hero, megastar, entrepreneur, mother-of-two and so on divide up the world for us and tell us how to experience it, so the Welsh epithets and categories divide up the landscape and characters of legend, telling listeners what to expect and whom to remember.

In a written context, with its representation of experience through nominalization and reification, established formulae and conventional collocations are at least as important as they are in spoken language, helping the reader or listener to assign new information to a framework that is already known. When Pwyll comes to Arawn's court, for example, he sees 'niuer hardaf a chyweiraf o'r a welsei neb', 'the finest and best equipped retinue which anyone had seen', together with the queen, 'yn deccaf gwreic o'r a welsei neb, ac eurwisc amdanei o bali llathreit', 'the fairest woman anyone had seen, wearing a garment of shining gold brocade'.[26] The conventional use of superlatives and formulae draw the audience's attention to familiar connotations of status and 'otherworldliness'. This use of epithets and formulae is an example of intertextuality, the way in which texts draw on available orders of discourse, both spoken and written.[27]

The high level of redundancy in Welsh tale, in contrast to the entropic language of poetry or creative fiction, is another example of intertextual practice which refers particularly to the discourse of folk tale and legend. Information is repeated in various ways, through the use of synonyms and collocations, and new information is introduced in clearly marked stages. This evidence of redundancy enables a listening audience to follow the story as it unfolds, with no opportunity to look back over what has happened, except through numerous re-tellings, when redundancy assures listeners that it is the same tale that was told last time and not a different version of it.

The tendency to redundancy is a feature of written as well as spoken language, involving both intertextual references to other kinds of discourse and a reiteration of the knowledge and belief-systems of the cultural group, leading to a conservatism of ideas and social practice. For example, the frequent references to family relationships in early Welsh prose – niece, son of the same mother, sister's son, and so on – alludes both to genealogy as a privileged discourse and to significant social bonds and the obligations that go with them, reconfirming the continuing significance of these bonds in order to maintain social stability. References to social deviance and how it is dealt with construct values relating to the role of the legal system, the nature of justice and the preservation of social order, and refer inter-textually to other kinds of texts which encode these values, such as law tracts, saints' lives and histories.

In many of the Welsh tales, guilt is conceptualized as a collective responsibility though often manifested through a particular individual, as in the example of Rhiannon being punished for the loss of her child, or Branwen punished for the failings of her family. Behaviour which modern audiences would regard as serious social crimes, such as Owein's murder of the knight of the fountain, are rationalized within a warrior ideology, while 'crimes' of little public significance in a modern context, such as Owein's abandonment of his wife or Blodeuwedd's infidelity, carry the full weight of tribal anxieties relating to reproduction and inheritance. The contextualization of individual behaviour as a tribal responsibility refers intertextually to the law codes which articulate the same concept of individual behaviour.

The representation of guilt through a specific physical punishment exemplifies another feature associated with oral discourse, the transmission of abstract concepts through physical description. The many place-name stories in Welsh texts represent a kind of oral geography or topography, a way of mapping the land in a concrete way which can be remembered and reproduced without maps or writing. The way in which time passes is measured through physical action, such as Manawydan's building of the gallows over three successive days. Efnisien's rage is expressed through physical violence, as is the retribution of the Irish and Bendigeidfran's response. Characters are rarely introspective but indicate feelings and motivations through speech and action, as in Rhiannon's determined annexation of Pwyll and her irritation with his moments of incomprehension.

Material events such as these are expressed in the syntax typical of written language, in that they tend to be structured around nominal groups rather than material processes. In the detailed description of the gallows set up by Manawydan and the identification of the characters who attempt to intervene, the emphasis is not on action but rather on material and physical objects, as in this example: 'Sef a wnaeth ynteu, maglu y llinin am uynwgyl y llygoden. Ac ual yd oed yn y dyrchauael, llyma rwtter escob a welei a'y swmereu a'y yniuer', 'This is what he did, he looped the string around the mouse's neck. And as he was drawing it up, he saw a bishop's retinue with his baggage and company.'[28] Significantly, the syntax of the verbal noun in Welsh assists in the nominalization of the written language, as in the above example where the verbal noun, *maglu*, 'loops', functions as the head-noun in a nominal group where in English a conjugated verb is required.

It is clear, then, that the written versions of the tales, such as those found in the Red Book, are not simply transcripts of oral performances, any more than quotations in print news stories are simply transcripts of what someone has actually said. Clearly, in both cases, literary intervention has taken place by a scribe, editor or compiler. In the Welsh tales, the most obvious manifestation of their status as written texts is the high proportion of direct speech by a wide range of characters acting as focalizers. Such changes in narrative viewpoint are difficult to convey in spoken delivery without turning the clauses into indirect speech, adding many verbal procesess ('he said' and so on) or adopting a range of dramatic voices. Another 'literary' effect is the use of the third-person external narrator, a detached narrative voice who claims no particular expertise or fore-knowledge with regard to plot or character but simply 'tells the story' as it happens, a point of view almost identical to that of modern news journalism (which similarly uses direct quotations to authorize the truth of the story). Finally, the nominalization typical of written language – where lexical density is concentrated in the nominal groups rather than in the verbal processes – is a consistent feature of the Welsh prose tales, assisted by the syntactic incidence of the verbal noun.

The literary mode of the prose tales can be described as 'naturalistic' rather than realistic, creating the impression that the events in the narrative are conveyed directly to us, unmediated by authorial opinion or any editorial ranking of information. In the classic 'realist' novel, the external narrative voice is the authoritative guide to the 'truth' of what is happening, drawing our attention to significant events, fore-grounding particular characters, setting out a logical chronology. Different focalizations are provided by carefully introduced characters whose status as reliable or untrustworthy witnesses is indicated through the narration. Our experience of the 'real world' of the novel is mediated for us through the operations of the narrator, a process of which the reader is almost unaware.

The mode of naturalism, however, creates the effect of unmediated experience; the narrator is so externalized as to be virtually invisible, claiming no superior knowledge, no oppor-tunity to arrange the chronology, no favouritism towards one character rather than another, no special status outside the events of the narrative. Instead, events are seemingly allowed to unfold of their own accord, more or less as they 'actually' happened, creating a powerful effect of unmediated truth and factuality. Focalization shifts from one point to another with no clear guidelines as to which viewpoint is to be privileged as the most reliable. Branwen appears to have little status during the marriage negotiations and their aftermath but is then constructed as the 'expert witness' to Bendigeidfran's journey to Ireland. Gwydion is shamefully punished for his transgression against Math's status but then takes on the role of guardian and protector of his nephew, Lleu Llaw Gyffes.

Both realism and naturalism are literary (and visual) modes, the result of linguistic choices and discursive practices which construct the narrative voice in ways that oral performance on its own cannot emulate. It is hard to efface yourself as the narrative voice, or give the impression of unmediated reality, when you are telling a story or even reading aloud to an audience. This 'literary' quality of narrative applies to other structural and stylistic features of the Welsh prose tales as well. What appear to be traces of orality are in fact the discursive construction of the mode of orality, using the conventions of written language. Features such as co-ordinate syntax, redundant epithets and references to the physical world rather than to abstract concepts construct a literary discourse which is conventionally marked as representing the spoken word. But a speaker is unlikely to use these linguistic structures in quite the same way that they are represented in writing. Whether or not there were ever oral versions of the Welsh prose tales, the written versions are not transcipts of them but literary constructs which utilize, in places, the conventional markers of speech-in-writing.

Conclusion

Orality and literacy cannot be separated into two contiguous movements, with orality regarded as the primitive predecessor of the more sophisticated technology of writing. Rather the two have co-existed since the beginning of writing, and still co-exist in modern communication technologies including the broadcast media. The relationship between the two practices is dynamic and significant. A text created and delivered orally, such as a conversation or anecdote, will be subjected to some or all of the conventions of literacy when it is written down, such as the removal of the phatic expressions, the punctuation into grammatically standard sentences, the imposition of a logical chronology. If this intervention is sufficiently marked, the spoken text becomes, in effect, a written text whose tenor and mode realize markers of orality. By the same token, a text created in writing to be delivered orally, as with a modern news broadcast or a play text, uses the conventions of literacy to construct a simulacrum of orality, with all the markers of spontaneous speech elided. A written text will still have the effect of a piece of written language even if it is presented orally/aurally.

Though some or all of the Welsh prose tales may have existed, previously or simultaneously, in an oral version, our only record of them is a literate construct of that orality, using the conventions of literacy to create a literary impression of orality, through discursive structures and through conventions of layout and visual design which belong to the production of written texts. It is certainly possible to write speech down and for it to remain recognizably spoken language, as in a transcript of a recorded conversation, where the structures of speech are retained even if the phatic pauses and self-corrections are edited out. But this is not what we have in the surviving manuscript versions of the Welsh tales. The lexical and syntactic structures of written language are the dominant mode of representation.

This is not to say that books and manuscripts, the manifestations of written culture, should be privileged over oral language. On the contrary, Michael Halliday and other grammarians are right to insist on the primacy and pre-existence of spoken language.[29] All that written language can do is construct a literate version of orality through discourse, particularly tenor and mode. But in terms of records of the past, records of what people might once have said, the written evidence is all we have. Orality, disempowered because of its transient and low-tech status, exists only in what Ong calls 'the living present', subjugated to the technologies of writing, print and electronic media. And of these, it is writing which first co-opted speech to support its hegemony, in an ideological move which continues to elide the fact that speech can exist without writing, but writing could never exist without speech. Ong's words referring to the relationship between writing, print and electronic communication perfectly encapsulates the fragility of spoken language and the tyranny of writing:

> Writing is in a way the most drastic of the three technologies. It initiated what print and computers can only continue, the reduction of dynamic sound to quiescent space, the separation of the word from the living present, where alone spoken words can exist.[30]

Notes

[1] Walter J. Ong, *Orality and Literacy: The Technologizing of the Word* (London and New York: Methuen, 1982), p.11.

[2] *De Bello Gallico*, VI.14.

[3] The technology of manuscript production is described by Michael Clanchy in *From Memory to Written Record. England 1066–1307* (Oxford: Blackwell, 1993, second edition), pp.114–25.

[4] See R. H. Rouse and M. A. Rouse, 'The Commercial Production of Manuscript Books in Late Thirteenth-century and Early Fourteenth-century Paris', in *Medieval Book Production: Assessing the Evidence*, edited by Linda L. Brownrigg (Los Altos Hills, California: Anderson-Lovelace, The Red Gull Press, 1990), pp.103–15.

[5] Clanchy, *From Memory to Written Record*, p.19.

[6] T. A. M. Bishop, *Scriptores Regis* (Oxford: Clarendon, 1961), p.13.

[7] Clanchy, *From Memory to Written Record*, p.126.

[8] Patrick Sims-Williams has exposed the myth of 'Celtic orality' – the Romantic belief that ancient 'Celts' preserved everything orally and by memory, writing nothing down – in his article, 'The Uses of Writing in Early Modern Wales', in *Literacy in Medieval Celtic Societies*, edited by Huw Pryce (Cambridge: Cambridge University Press, 1998), pp.15–38.

[9] Sioned Davies argues that 'the majority of medieval written texts were composed for *oral* delivery, and as such it could be argued that they, too, were *performances* in their own right'. 'Written text as performance: the implications for Middle Welsh prose narratives', in *Literacy in Medieval Celtic Societies*, ed. Pryce, pp.133–48.

[10] On the influence of scholastic learning and methodologies, see R. W. Southern, *Scholastic Humanism and the Unification of Europe, vol. 1: Foundations* (Oxford: Blackwell, 1997), especially pp.131–3.

[11] M. B. Parkes, 'The Influence of the Concepts of *Ordinatio* and *Compilatio* on the Development of the Book', in *Medieval Learning and Literature. Essays presented to Richard William Hunt*, edited by J. J. G. Alexander and M. T. Gibson (Oxford: Clarendon Press, 1976), pp.115–39, especially p.115.

[12] Parkes, 'Influence of the Concepts', p.128.

[13] On the Ellesmere manuscript, see M. B. Parkes, 'The Production of Copies of the *Canterbury Tales* and the *Confessio Amantis* in the Early Fifteenth Century', in *Scribes, Scripts and Readers. Studies in the Communication, Presentation and Dissemination of Medieval Texts* (London: Hambledon Press, 1991), pp.201–48.

[14] Parkes points out that the colophon of the Ellesmere manuscript reads: 'the tales of Canterbury compiled by Geoffrey Chaucer' ('The Production of Copies of the *Canterbury Tales*', p.228).

[15] The history of Chaucer's popularity has been documented by David Matthews, *The Making of Middle English, 1765–1910* (Minneapolis and London: University of Minnesota Press, 1999), pp.162–86.

[16] Daniel Huws also points to the lack of a continuous tradition of insular script in Wales. See *Five Ancient Books of Wales* (H. M. Chadwick Memorial Lectures 6. Cambridge: Department of Anglo-Saxon, Norse and Celtic, 1995), pp.5–6.

[17] Huws, *Five Ancient Books of Wales*, pp.19–20.

[18] T. Charles-Edwards, 'The Scribes of the Red Book of Hergest', *National Library of Wales Journal* 21 (1989–90), pp.246–56.

[19] The role of the *cyfarwydd* in early Welsh society has been described by Patrick Ford, 'The Poet as *cyfarwydd* in Early Welsh Tradition', *Studia Celtica* 10/11 (1975–6), 152–62. See also Brynley F. Roberts, 'Oral Tradition and Welsh Literature: A Description and Survey', *Oral Tradition* 3.1–2 (1988), 61–87.

[20] Ong, *Orality and Literacy*, p.8.

[21] Michael Halliday said in 1985, 'We have passed the peak of exclusive literacy, where only written artefacts had merit, and information resided only in the written message', and attributed the change to the invention of the telephone. See M. A. K. Halliday, *Spoken and Written Language* (Victoria: Deakin University Press, 1985), p.98.

[22] Sioned Davies has published widely on orality in medieval Welsh prose tales. See especially *The Four Branches of the Mabinogi* (Llandysul: Gwasg Gomer, 1993); 'Storytelling in Medieval Wales', *Oral Tradition* 7.2 (1992), 231–57; 'Y Fformiwla yn *Pedeir Keinc y Mabinogi*', *Ysgrifau Beirniadol* 15 (1988), pp.47–72.

[23] Halliday, *Spoken and Written Language*, pp.81, 87, 97.

[24] *Branwen Uerch Lyr*, edited by Derick S. Thomson (Dublin: Dublin Institute for Advanced Studies, 1976), ll.97–9.

[25] Ong, *Orality and Literacy*, pp.38–9.

[26] *Pwyll Pendeuic Dyuet*, edited by R. L. Thomson (Dublin: Dublin Institute for Advanced Studies, 1957), ll.82–4.

[27] Norman Fairclough, *Critical Discourse Analysis: The Critical Study of Language* (London and New York: Longman, 1995), pp.188–9.

[28] *Pedeir Keinc y Mabinogi*, edited by Ifor Williams (Caerdydd: Gwasg Prifysgol Cymru, 1974), p.63.

[29] Halliday, *Spoken and Written Language*, p.vii.

[30] Ong, *Orality and Literacy*, p.82.

CYFRINACHAU AR DAFOD
LEFERYDD: IDEOLEG TECHNOLEG
YN AIL HANNER YR UNFED GANRIF
AR BYMTHEG

Jerry Hunter

'Cyfrinach Beirdd Ynys Brydain' yw un o'r teitlau a ymddengys ar ramadegau barddol yr Oesoedd Canol diweddar a'r Cyfnod Modern Cynnar.[1] Mae llawysgrif Caerdydd 38 yn cynnwys gramadeg barddol yn llaw Wiliam Cynwal a ysgrifennwyd rywbryd rhwng 1560 a'i farwolaeth yn 1587 neu 1588. Wrth agor adran o'i ramadeg sy'n trafod y rhannau ymadrodd a chystrawen mae'r bardd yn pwysleisio natur gyfrinachol y ddysg y mae'n ysgrifennu amdani:

> Bellach yr ysbysswn am rvwls ac ni ddylai yrhain fod ond ar dafod leferydd o athro i athro o herwydd kyfrinach yw llawer o honyn ac ni ddylyn fod Rwng pawb.[2]

Ac mewn man arall yn y llawysgrif, wedi disgrifio'n fras y prif gynganeddion, mae'n ysgrifennu:

> A hefyd y mae llawer o amrafael gynganeddion henwedic eraill yssydd yn tyfv o'r groes a'r draws ac o'r sain, ac ni thraethaf amdanynt ychwanec yr awr hon achos i bod yn gyfrinach Rwng Beirdd Ynys Brydain.[3]

Fel y nododd Gruffydd Aled Williams, mae Wiliam Cynwal yn fwy cyfrinachol na rhai o'i gyfoeswyr. 'Yn wahanol i . . . Simwnt Fychan dewisodd Cynwal beidio â manylu ynghylch y cynganeddion . . . a phwysleisiodd natur gyfrinachol dysg y beirdd . . .'[4]

Eto, credaf fod yma baradocs o fath. Mae Wiliam Cynwal, fel nifer o feirdd eraill, yn ysgrifennu am wybodaeth sy'n gyfrinachol. Er nad yw'n cynnwys cymaint o fanylion ag a geir mewn gramadegau eraill o'r unfed ganrif ar bymtheg, mae'n disgrifio'r prif gynganeddion gan roi enghreifftiau ohonynt. Ac, yn ei eiriau ef ei hun, wrth drafod y rhannau ymadrodd mae'r bardd yn ysgrifennu ynghylch rheolau '[na] ddylai . . . fod ond ar leferydd o athro i athro'. Mae Wiliam Cynwal yn *ysgrifennu* y dylid trosglwyddo rheolau Cerdd Dafod *ar lafar*.[5] Er fy mod yn gweld gwrthddywediad yn rhybudd ysgrifenedig y bardd ynglŷn â phwysigrwydd trosglwyddo dysg ar lafar, mae'n bosibl mai gwrthdrawiad o fath arall sy'n cyfrif am y modd yr wyf yn darllen y rhan hon o'i lawysgrif. Meddwl yr wyf am y gwrthdrawiad rhwng fy safle hanesyddol i – a finnau'n ddarllenydd ar ddechrau'r unfed ganrif ar hugain – a safle hanesyddol Wiliam Cynwal. Fe ddichon mai un o'r pethau sy'n gwahaniaethu rhwng y ddau fydolwg yw'r modd y canfyddir y berthynas amlochrog rhwng gwahanol fathau o gyfrinachedd a gwahanol fathau o gyfryngau.

A yw'n bosibl inni gau'r bwlch syniadaethol hwn? Er na allwn ddod i ddeall bydolwg y gorffennol yn ei gyfanrwydd, credaf y gallwn o leiaf ddod i ddeall yn well natur yr agendor sy'n gwahaniaethu rhwng safbwynt(iau) Cymry oes y Tuduriaid a'n safbwynt(iau) ni heddiw. Dechreuaf drwy geisio mynd i'r afael â'r paradocs ymddangosiadol a welaf yn llawysgrif Wiliam Cynwal. Hoffwn ddarllen rhybudd ysgrifenedig y bardd ynglŷn â phwysigrwydd trosglwyddo deunydd ar lafar yn nhermau safbwynt ideolegol ynghylch gwahanol fathau o gyfathrebu, hynny yw, gwahanol gyfryngau. A thrwy gyd-destunoli rhybudd Wiliam Cynwal yn y modd hwn, gellid awgrymu nad yw'n baradocs o gwbl a'i fod yn hytrach yn gwbl emblematig o'r cyfnod.[6]

Rhan bwysig o'r cyd-destun hanesyddol dan sylw yw'r ymrafael rhwng etifeddion traddodiad barddol Cymru'r Oesoedd Canol, sef beirdd proffesiynol megis Wiliam Cynwal, a chynheiliaid y ddysg newydd, y dyneiddwyr Cymreig a ddechreuodd adael eu hargraff ar y traddodiad llenyddol Cymraeg o dua chanol yr unfed ganrif ar bymtheg ymlaen.

Cyn mynd ymhellach, dylwn ddiffinio'r term 'dyneiddiwr' yn well gan fod 'dyneiddiaeth' a'r 'dyniaethau' yn meddu ar rychwant eang o ystyron heddiw. Rwyf yn arddel diffiniad cyfyngedig iawn o'r term gan ddilyn Paul Oskar Kristeller sy'n diffinio 'humanist' fel 'a professor or student of the *studia humanitatis*, of the humanities'.[7] Gorwelion addysgol ffurfiol sydd yn pennu'r diffiniad; mae 'dyneiddwyr Cymreig' yn golygu y Cymry hynny a aeth i brifysgolion yn Lloegr ac ar y Cyfandir gan ddilyn cwrs gradd penodol.

Efrydwyr Cymreig y *studia humanitatis* oedd yn gyfrifol am wthio'r iaith Gymraeg dros drothwy byd y wasg argraffu. O'r llyfr Cymraeg cyntaf a gyhoeddwyd yn 1546 i flynyddoedd cynnar yr ail ganrif ar bymtheg, carfan gymharol fach o ddyneiddwyr Cymreig a oedd yn bennaf gyfrifol am gyhoeddi llyfrau Cymraeg.

Locus classicus yr ymrafael rhwng y sefydliad barddol a'r dyneiddwyr yw'r ymryson rhwng Wiliam Cynwal ac Edmwnd Prys, offeiriad a gafodd ei addysg ym Mhrifysgol Caergrawnt. Drwy gydol yr ymryson maith mae Wiliam Cynwal yn maentumio nad yw'r dyneiddiwr yn perthyn i'r sefydliad barddol. Er canmol priod alwedigaeth Prys, sef gwasanaethu Duw, ac er canmol yr addysg a gafodd yng Nghaergrawnt, pwysleisia dro ar ôl tro nad yw'n fardd proffesiynol. Nid yw'n fardd, medd Wiliam Cynwal, ac felly nid oes ganddo'r hawl i gystadlu mewn ymryson. Er enghraifft, dywed wrth y dyneiddiwr:

> *er graddio*, wr gwraiddwych,
> Brav goeth air, *dy bregeth wych*,
> *Ni raddiwyd*, gwelwyd nid gwaeth,
> Eb raid oedd, *dy brydyddiaeth*.[8]

Mae'r modd y mae'r bardd yn cyhuddo Edmwnd Prys o anwybyddu rheolau ac arferion y traddodiad barddol yn tystio i'w bryder ynghylch buddiannau'r traddodiad hwnnw. Yr un pryder a welir yn y pwyslais a rydd Wiliam Cynwal ar drosglwyddiad llafar a chyfrinachedd yn ei ramadeg.

Ac roedd dyneiddwyr y cyfnod yn ymosod yn fileinig ar yr union gyfrinachedd hwn. Dyna, er enghraifft, Gruffydd Robert, yr alltud Catholig a fu wrthi'n cyhoeddi darnau o'i ramadeg Cymraeg ym Milan rhwng 1567 a 1594. Yn y rhan o'r gramadeg sy'n ymdrin â Cherdd Dafod, ceir y deialog rhethregol hwn:

Gr. ond guell i'r Cymru geissio adysg ar dafod laferydd gen y
prydydion sy'n i mysg, a chenn fagod o uyr Bonedigion, syd
gyfaruyd yn y cynghanedau, na discuil gennymi adrybed meun
scrifen?

Mo. Pe dysgai'r prydydion yn rhouiog, i baub a delai attynt, mi a
doedunn gidachui. Ond am i bod nhuy yn cadu i celfydid yn
dirgel, heb i damleuychu i neb, odieithr, i ryu dyscybl, a dyngo, na
dysco moni i neb aral, ne i ymbel ur bonhedig a adauo ar i
onestruyd i chadu yn gyfrinachol, rhaid i ryu dyn aral i honni, ai
gosod allan . . . [9]

Gwelir Siôn Dafydd Rhys yn sôn am gyfrinachedd y beirdd a'r
modd 'cenfigennus' y maent yn gwarchod eu dysg mewn llythyr
a ysgrifennodd tua diwedd yr unfed ganrif ar bymtheg yn
ymateb i ragymadrodd Morris Kyffin i *Deffynniad Ffydd Eglwys
Loegr*:

Na fyddwch chwi feirdd a'r dyscedigion ddim yn gynhebyg i . . .
serch-ddynionos tanbaid, cynfigennus . . . Byddwch chwithau,
gan hynny, o'r parth arall, yn ddigynfigennus.[10]

Ac o gofio mai beirdd a'u noddwyr oedd prif gynheiliaid y
traddodiad llawysgrifol ar ôl i'r llywodraeth ddiddymu'r myn-
achlogydd (ac yn wir, am rai blynyddoedd cyn hynny, mae'n
debyg), gellir cynnwys yma ymosodiadau ar berchnogion llaw-
ysgrifau fel y feirniadaeth a gynhwysodd Syr John Prys yn
ei ragymadrodd i'r llyfr Cymraeg cyntaf i ddod o'r wasg
argraffu:

Ac er bod y rhain gyda llawer o betheu da eraill yn yskrivennedic
mewn bagad o hen lyfreu kymraeg, etto nyd ydy yr llyfreu hynny
yn gyffredinaol ymysk y bobyl. Ac yr awr y rhoes duw y prynt yn
mysk ni er amylhau gwybodaeth y eiru bendigedic ef, iawn yni,
val y gwnaeth holl gristionogaeth heb law, gymryt rhan or daeoni
hwnnw gyda yn hwy, val na bai diffrwyth rhodd kystal a hon yni
mwy noc y eraill . . . [11]

A dyna hefyd y cerydd a gyhoeddodd William Salesbury yn
1547:

I ba beth y gedwch ich llyfreu lwydo mewn congleu, a phryfedy mewn ciste, ae darguddio rac gweled o neb, a nid chwychwy eich hunain?[12]

Mae'n debyg y buasai'r fath gyfrinachedd ag a welir yng ngramadeg Wiliam Cynwal yn golygu bod beirdd proffesiynol yn gwrthsefyll y cyfrwng newydd a ddaeth i'r iaith Gymraeg yn 1546 gyda chyhoeddiad llyfryn Syr John Prys. Mae'n debyg y byddai ymledu gwybodaeth yn ddilyffethair drwy gyfrwng y wasg yn bygwth statws a braint y beirdd proffesiynol drwy danseilio eu gallu i reoli dysgu a throsglwyddo eu crefft hwy. O leiaf dyna gasgliad bron pawb sydd wedi ysgrifennu ar berthynas y beirdd a'r dyneiddwyr. Gan ddyfynnu pennod ddiweddar gan Graham Thomas:

> The bards rejected the printing press outright as a means of disseminating both their poetry and the wealth of native learning and esoteric lore which they had inherited . . . [13]

Ni rydd Graham Thomas dystiolaeth i gefnogi'r gosodiad, ac yn hynny o beth mae'r bennod yn gwbl nodweddiadol o'r modd y mae ysgolheigion yn trafod y pwnc. Fel hyn y mae Ceri Lewis yn casglu:

> On the whole, therefore, the poets did not have a very high regard for the printing press, and they were generally averse to seeing their compositions in print.[14]

Ond nid yw'n dyfynnu'r un bardd mewn modd a fyddai'n cefnogi'r gosodiad hwn yn uniongyrchol. Gwelir tebygrwydd yn awgrym D. J. Bowen:

> Er hynny, y mae'n bosibl fod Gruffudd [Hiraethog] yn anghymeradwyo awydd y gŵr hwnnw [William Salesbury] i ddefnyddio'r argraffwasg i ledaenu'r hyn yr arferai'r beirdd gael eu cyflogi i'w gopïo.[15]

Ategir naws ansicr y frawddeg ('mae'n bosibl') gan y ffaith nad yw'n dyfynnu enghraifft sy'n profi bod y bardd wedi gwrthsefyll awydd y dyneiddiwr i gyhoeddi deunydd traddodiadol. Fel arall, mae llyfr D. J. Bowen, *Gruffudd Hiraethog a'i Oes*, yn dystiolaeth huawdl i'r berthynas agos a fu rhwng y bardd, Gruffudd Hiraethog, a'r dyneiddiwr William Salesbury; ceir ynddo, felly, rybudd rhag gorsymleiddio natur y berthynas rhwng y ddwy garfan.

I grynhoi, gellir dweud bod y farn ysgolheigaidd gyffredin yn rhagdybio y byddai'r beirdd yn gwrthsefyll ymdrechion y dyneiddwyr ym myd newydd y wasg argraffu er nad oes llawer o dystiolaeth uniongyrchol sy'n cefnogi'r fath farn. Rwyf am arddel y farn gyffredin hon, er yn betrus, ond hoffwn hefyd awgrymu ein bod ni heddiw o bosibl yn orawyddus i ochri â'r dyneiddwyr wrth drafod hanes y cyfnod. Wrth arddel y farn y byddai'r beirdd yn gwrthsefyll agenda'r dyneiddwyr gallwn dynnu sylw at y testunau a ddyfynnir uchod sy'n dangos bod y dyneiddwyr yn cwyno'n gyson am gyfrinachedd y beirdd.

Gallwn hefyd dynnu sylw at yr ymryson a fu rhwng Edmwnd Prys a Wiliam Cynwal, ond er ei fod yn tystio i'r ddau anghydweld ar lawer cyfrif, nid yw'n crybwyll y wasg argraffu mewn modd negyddol yn uniongyrchol. I'r gwrthwyneb, mae'r unig gyfeiriad pendant at argraffu llyfrau a geir yng nghywyddau Wiliam Cynwal yn cymeradwyo'r cyfrwng (neu o leiaf yn niwtral ei naws). Wrth amddiffyn 'hanes' Siôn Mawndfil yn erbyn ymosodiadau'r dyneiddiwr, dywed y bardd:

> Ag mae'r cwbl, trwbl i tric,
> Breiniwyd tadl, yn breinti[e]dic.[16]

Dyma nodyn Gruffydd Aled Williams ar gyfeiriad Wiliam Cynwal:

> Am restr o'r fersiynau argraffedig o lyfr Mawndfil gw. Bennett, *The Rediscovery of Sir John Mandeville*, 265–334. Cyhoeddwyd argraffiadau Saesneg o'r llyfr gan Thomas East yn 1568 a 1582. Ai am un o'r argraffiadau hyn y gwyddai Cynwal?[17]

Mae Cynwal felly'n cyfeirio at y ffaith fod y llyfr wedi'i argraffu fel tystiolaeth sy'n cefnogi'i ddadl.

Mae'n anodd dod o hyd i enghraifft glir o fardd proffesiynol o'r cyfnod a gwynodd mewn modd uniongyrchol am ddyfodiad y wasg argraffu. Rydym yn dibynnu ar dystiolaeth y dyneiddwyr, yr ysgrifau hynny sy'n lladd ar gyfrinachedd y beirdd, ac mae'n bosibl ein bod ni'n rhy barod i lyncu'r dystiolaeth hon mewn modd sy'n ein cyflyru i gollfarnu'r beirdd ac ochri'n foesol â'r dyneiddwyr. Eto, er nad yw'r beirdd yn cwyno'n uniongyrchol am y wasg, maent hwythau'n pwysleisio mai cyfrinachau ar dafod leferydd yw hanfodion y ddysg farddol, ac felly fy mhenderfyniad innau yw ochri'n betrus â'r farn gyffredin.

Dychwelwn at y berthynas rhwng ein safbwyntiau heddiw a hanes y cyfnod yn y man, ond dychwelwn yn gyntaf at baradocs ymddangosiadol rhybudd ysgrifenedig Wiliam Cynwal ynglŷn â chyfrinachedd ei ddysg. Gellir yn hawdd weld tebygrwydd rhwng ei bryder ynghylch cyfrinachedd y grefft a'r modd y mae'n pwysleisio hawliau a thraddodiadau'r sefydliad barddol Cymraeg drwy gydol yr ymryson ag Edmwnd Prys. Roedd yr ymroddiad hwn i'r sefydliad barddol hefyd yn golygu ymroddiad i'r cyfrwng llafar. Yn ogystal â dysgu rheolau Cerdd Dafod ar dafod leferydd, bodolai'r traddodiad barddol i raddau helaeth yn nheyrnas y tafod a'r glust. Drwy etifeddu traddodiad eu cyndeidiau canoloesol a'i warchod, roedd beirdd Cymraeg yr unfed ganrif ar bymtheg yn cynnal traddodiad a ddyrchafai'r perfformiad llafar. Mae lliaws o wahanol ffynonellau o'r Oesoedd Canol a'r Cyfnod Moden Cynnar yn tystio i farddoniaeth gael ei pherfformio ar lafar. Mae'r dystiolaeth hon yn gyfarwydd iawn ac ni raid inni fanylu arni yma.[18]

Gwyddom hefyd fod nifer helaeth o feirdd proffesiynol y cyfnod yn llythrennog ac yn copïo llawysgrifau. Ond roedd y traddodiad barddol yn pwysleisio pwysigrwydd y cyfrwng llafar, a hynny er gwaethaf y llythrennedd hwn. Er copïo cerddi mewn llawysgrifau, defnyddiwyd y term 'canu' gan gopïwyr. Term sydd wedi gadael ei effaith ar y Gymraeg yr ydym yn ei siarad ar ddechrau'r unfed ganrif ar hugain. Rydym yn sôn heddiw am 'Ganu Taliesin' a 'Chanu Aneirin', ac nid rhyfedd yw clywed beirniad eisteddfodol yn canmol awdl drwy ddweud 'ei bod hi'n canu', a hynny er gwaethaf y ffaith mai sôn am farddoniaeth sy'n ein cyrraedd drwy gyfrwng testun ysgrifenedig (neu brintiedig) yr ydym. A dyna, mi gredaf, graidd y paradocs ymddangosiadol a welir yn rhybudd ysgrifenedig Wiliam Cynwal na ddylai bardd drosglwyddo gwybodaeth ond ar dafod leferydd.

Roedd beirdd proffesiynol ail hanner yr unfed ganrif ar bymtheg yn llythrennog, ond roedd i'r cyfrwng llafar le canolog yn ideoleg y sefydliad barddol. Ac nid oedd ysgrifennu llaw-ysgrifau yn fygythiad i'r rhan honno o'r ideoleg farddol. Dylid darllen rhybudd Cynwal yng nghyd-destun ideoleg a ffurfiwyd gan gyfryngau cyn-argraffyddol, *pre-typographic media*.[19] Hynny yw, bydolwg a nodweddid gan berthynas agos rhwng dulliau llafar a dulliau ysgrifenedig o drosglwyddo gwybodaeth. Per-thynas na ddylid ei gweld fel perthynas elyniaethus.

Yn ei astudiaeth ar lythrennedd ymarferol yn Lloegr yn yr Oesoedd Canol, mae M. T. Clanchy yn casglu:

> Writing was converted into the spoken word by the habitual practice of reading aloud and of listening to or making an 'audit' of a statement, rather than scrutinizing its text on parchment.[20]

Yn yr un modd, mae Walter Ong yn disgrifio'r berthynas rhwng y llafar a'r ysgrifenedig yn yr Oesoedd Canol:

> Writing served largely to recycle knowledge back into the oral world, as in medieval university disputations, in the reading of literary and other texts to groups, and in reading aloud even when reading to oneself.[21]

Wrth drafod Cymru'r Oesoedd Canol, dywed Sioned Davies 'fod llafaredd a llythrennedd wedi cyd-fyw a chydblethu ar hyd y canrifoedd'.[22]

Nid oedd ysgrifennu fel cyfrwng yn fygythiad i statws diwylliannol y gair llafar yn y traddodiad barddol Cymraeg. Nid oedd technoleg yr ysgrifennwr yn tanseilio pwysigrwydd cyfathrebu a pherfformio ar lafar. Bodolai diwylliant llawysgrifol Cymru'r Oesoedd Canol mewn perthynas symbiotig â'r traddodiad llafar. Etifeddodd beirdd yr unfed ganrif ar bymtheg yr agwedd hon; roedd cydfodolaeth y llafar a'r ysgrifenedig yn rhan o ethos, yn rhan o ideoleg eu galwedigaeth. Roedd y beirdd proffesiynol yn ysgrifennu llawysgrifau gan hyd yn oed gofnodi rheolau Cerdd Dafod ar bapur, ond roedd ymroddiad i'r cyfrwng llafar hefyd yn hydreiddio eu hunaniaeth farddol. Mae llawysgrifau'r cyfnod yn frith gan gyfeiriadau at ganu a chlywed barddoniaeth.[23]

Yn rhagymadrodd Llyfr Bicar Woking, Llawysgrif Caerdydd 7, mae'r copïydd yn cyfarch y darllenwyr a'r gwrandawyr fel ei gilydd:

> Ond tithe'r darlleydd a ofyn ym paham ir ysgrifenais i gimint o oferedd yn y llyfr hwn. Och, och, y darlleydd a'r gwrandawyr, mi a rois ywch ateb ymlaenllaw . . .[24]

Ac yn yr un modd, ar ddiwedd y rhagymadrodd mae'r copïydd 'yn gofyn i'r darllenwyr a'r grandawyr' weddïo dros ei enaid.

Casgliad o gerddi gan enwogion y traddodiad barddol yw Llyfr Bicar Woking. Fe'i ysgrifennwyd yn 1565 yn llys Roland Meurig, esgob Bangor. Ac mae'n arwyddocaol fod y copïydd yn gweld ei gynulleidfa fel cymysgedd o ddarllenwyr a gwrandawyr. Fel yn yr Oesoedd Canol, roedd llafaredd a llythrennedd yn cyd-fyw ac yn cydblethu yn ail hanner yr unfed ganrif ar bymtheg. Copïwyd Llyfr Bicar Woking yn fras yn y cyfnod pan oedd Wiliam Cynwal yn ysgrifennu ei ramadeg barddol ef.

Ac yn wir, yn hytrach na gweld y ffaith fod Wiliam Cynwal yn ysgrifennu y dylid trosglwyddo deunydd ar lafar fel paradocs neu wrthddywediad, gellid ei chymryd yn dystiolaeth i'r berthynas rhwng llafaredd a llythrennedd a ddisgrifir gan Sioned Davies fel 'cyd-fyw a chydblethu'. Nid oedd y traddodiad llawysgrifol yn fygythiad i'r cyfrwng llafar, cyfrwng yr wyf yn ei weld yn rhan allweddol o ideoleg y sefydliad barddol. Roedd llawysgrifau'n cofnodi cerddi a dysg y beirdd, ond prif swyddogaeth y llawysgrifau hyn oedd helpu beirdd a datgeiniaid wrth berfformio ar lafar. Hynny a helpu'r athro barddol wrth ddysgu ei ddisgyblion (ac felly cyflenwi'r gymuned â phrydyddion newydd a fyddai, yn eu tro, yn parhau â'r ymrwymiad traddodiadol i'r perfformiad llafar).

Ond, ar y llaw arall, ac o dderbyn eto y farn gyffredin ynglŷn ag ymateb y beirdd i ddyfodiad y wasg, roedd ymosodiadau'r dyneiddwyr a'r ymdrechion i gyhoeddi dysg farddol yn fater gwahanol iawn. Wrth fygwth mynd â dysg y beirdd i'r cyfrwng newydd roedd y dyneiddwyr yn bygwth mynd â hi o ddwylo'r beirdd. Tra oedd cydfodolaeth y gair llafar a'r llawysgrif ysgrifenedig yn rhan ganolog o deyrnas ddiwylliannol y beirdd proffesiynol, roedd cyhoeddi llyfrau, ar y cyfan, yn weithred y tu hwnt i'w gafael.

Eto, gan bwysleisio unwaith yn rhagor nad ydym yn gallu profi bod llawer o feirdd wedi cwyno'n uniongyrchol am awydd y dyneiddwyr i argraffu llyfrau, gallwn o leiaf gasglu'n bendant mai ymateb i'r wedd hon ar ideoleg y beirdd oedd y dyneiddwyr yn yr ysgrifau hynny sy'n cwyno am eu cyfrinachedd. Hynny yw, roedd y dyneiddwyr yn ymwybodol o'r modd yr hydreiddiai cydberthynas y cyfrwng llafar a'r llawysgrif ideoleg y beirdd. Roeddynt hefyd yn ymwybodol o awydd y beirdd i gyfyngu ar y modd y defnyddid y cyfryngau hyn er mwyn trosglwyddo dysg draddodiadol.

Roedd Wiliam Cynwal yn byw ar adeg pan oedd y Gymraeg wrthi'n araf groesi trothwy bydysawd Gutenberg. Tra oedd yn ysgrifennu ei ramadeg barddol roedd dyneiddwyr fel Gruffydd Robert, John Prys ac William Salesbury yn annog eu cyd-wladwyr i gasglu a chyhoeddi dysg a fu gynt yn nwylo'r penceirddiaid a'u noddwyr. Gellid synio am agenda'r dyneiddwyr hyn fel ymdrech i chwalu monopoli'r beirdd proffesiynol. Ac er mai peth anodd yw profi i feirdd gwyno'n uniongyrchol am ddefnydd y dyneiddwyr o dechnoleg newydd y wasg, gellir yn hawdd dderbyn fod y dyneiddwyr hwythau'n gweld y wasg yn rhan hanfodol o'u hymgyrch i chwalu monopoli'r beirdd.

Ac fel yr awgrymwyd eisoes, ar y cyfan mae ysgolheigion yr ugeinfed ganrif – ac am a wn i, yr unfed ganrif ar hugain – yn ochri â'r dyneiddwyr yn hyn o beth. Meddwl yr wyf am yr oslef foesol y gellir ei synhwyro yn y modd y mae rhai ysgolheigion yn trafod yr ymrafael rhwng y beirdd a'r dyneiddwyr. Ystyriwch, er enghraifft, eiriau Thomas Parry:

> Yn hyn o beth eto yr oedd y dyneiddwyr yn rhwym o daro yn erbyn y beirdd, oherwydd mynnai'r rheini ystyried eu crefft yn gyfrinach, a'i gwarchod yn eiddgar rhag i neb ei dysgu ond rhai o'r uchelwyr.[25]

Rhydd R. Brinley Jones y disgrifiad hwn o'r gwrthdaro:

> The poets were also blamed for the dilemma in which the humanists found the Welsh language. They had jealously guarded the preserve of the past and made no attempt to enhance the vocabulary to meet the changing modes of the time.[26]

Ac yn yr un modd, dywed Branwen Jarvis fod dysg y beirdd yn 'jealously guarded'.[27] Gellid rhestru nifer helaeth o ddyfyniadau eraill sy'n trafod hanes y cyfnod mewn modd tebyg (a dylwn ychwanegu nad wyf yn gweld brycheuyn yn llygaid eraill yn unig yma drwy nodi fy mod innau wedi ysgrifennu pethau tebyg cyn hyn). Mae'r had dadleugar a heuwyd gan ddyneiddwyr yr unfed ganrif ar bymtheg yn blaguro o hyd gan borthi'r oslef foesol a geir mewn trafodaethau academaidd ar hanes y cyfnod. Gwelir yn yr ymadroddion 'gwarchod yn eiddgar' a 'jealously guarded' adlewyrchiad clir o'r modd y trafododd Siôn Dafydd Rhys 'genfigen' y beirdd. Ac o gofio lle 'cenfigen' ymysg y Saith Pechod Marwol, nid wyf yn meddwl mai gorddramateiddio yr wyf wrth ddisgrifio'r cywair hwn fel goslef foesol.

Credaf fod yr oslef foesol hon yn cyd-fynd â thuedd i bortreadu'r dyneiddwyr fel hyrwyddwyr rhyw fath o broto-ddemocratiaeth ym myd dysg. Ysgrifennir hanes llenyddol – fel unrhyw fath o hanes – ar batrwm naratif, ac wrth ysgrifennu'r stori mae awdur yn aml yn llunio plot sy'n gofyn am arwyr a buddugoliaethau moesol. Felly, ceir y beirdd ar y naill law yn gwarchod eu gwybodaeth mewn modd cenfigennus ac ar y llaw arall dyna'r dyneiddwyr a oedd am agor drysau caeëdig y traddodiad i'r cyhoedd. O graffu'n fanwl ar arddull haneswyr llenyddol, gellir synhwyro tuedd i bortreadu'r dyneiddwyr yn nhermau chwyldroadwyr rhyddfreiniol, radicaliaid a oedd am ddymchwel dosbarth breintiedig y beirdd gan wneud eu gwybodaeth yn eiddo cyhoeddus.

Wrth gwrs, nodweddir y fath hanesyddiaeth gan elfen gref o anacroniaeth. Tueddir i ddarlunio dyneiddwyr yr unfed ganrif ar bymtheg yn unol â delfrydau'r ugeinfed neu'r unfed ganrif ar hugain. Mae'n broblem sy'n deillio o natur hanesyddiaeth, o'r ymdrech i wthio gweddillion y gorffennol i fframwaith stori, i batrwm naratifol. Naratif sy'n arwain at ein bydolwg ni heddiw, naratif a ysgrifennir o safbwynt y bydolwg hwnnw. Teleoleg y mae'r diweddglo yn rhan annatod o'r digwyddiadau y mae'r naratif yn eu hadrodd. Portreedir ymdrechion y dyneiddwyr Cymreig gan ysgolheigion fel camau pwysig ar y llwybr tuag at wironeddu'r rhinweddau y maent hwy yn eu coleddu heddiw. Caiff y dyneiddwyr felly eu darlunio fel rhag-flaenyddion addysg ryddfreiniol, democratiaid deallusol a oedd am sicrhau bod gwybodaeth ar gael i bawb. Ar y llaw arall, caiff beirdd proffesiynol yr unfed ganrif ar bymtheg eu collfarnu fel cybyddion uchelwrol a geisiai rwystro'r fath chwyldro rhyddfreiniol.

Felly, pan ddywedir bod y beirdd yn gwarchod eu dysg mewn modd cenfigennus, dylid nodi nad cam agored i bawb oedd mynediad i brifysgolion y cyfnod. Rhaid cofio mai rhywun a oedd wedi astudio'r *studia humanitatis* mewn prifysgol yw gwir ystyr dyneiddiwr. Ac ar y cyfan, dim ond y cyfoethog a'r breintiedig a gafodd addysg ym mhrifysgolion Lloegr a'r Cyfandir yn ystod yr unfed ganrif ar bymtheg. Cafodd Edmwnd Prys ei addysg yng Nghaergrawnt; dyna'r ddysg a daflodd yn nannedd Wiliam Cynwal. Addysg freintiedig oedd eiddo'r dyneiddiwr, yr un mor freintiedig ag addysg y beirdd proff-esiynol.

Yn hytrach na gweld yr ymrafael rhwng y dyneiddwyr a'r beirdd fel ymdrech ar ran y dyneiddwyr i ddemocrateiddio dysg, gellid ei weld fel brwydr rhwng dwy garfan a oedd ill dwy yn freintiedig.

I barhau â'r ieithwedd anacronistaidd, nid gwireddu chwyldro rhyddfreiniol oedd nod y dyneiddwyr, eithr *coup d'état* a fyddai'n trosglwyddo dysg a grym diwylliannol y beirdd proffesiynol i'w dwylo hwy. O fabwysiadau'r dull hwn o weld yr ymrafael, nid brwydr rhwng awydd i gaethiwo dysg ac awydd i'w rhyddhau ydoedd, eithr brwydr rhwng ideolegau a buddiannau materol dwy garfan elitaidd. Mewn geiriau eraill, y gwahaniaethau rhwng yr ideolegau a'r buddiannau a roddai iddynt eu statws breintiedig oedd gwir asgwrn y gynnen, nid y ffaith fod y naill garfan am ddemocrateiddio'r grym diwylliannol a fu ym meddiant y llall.

Yn y cyswllt hwn, dylid nodi nad yw cyhoeddi gwybod-aeth drwy gyfrwng y wasg argraffu yn golygu cylchredeg gwybodaeth yn ddilyffethair. Gwelir hyn yn glir iawn wrth graffu ar weithgareddau un o brif ddyneiddwyr Cymru, William Salesbury. Yn 1545 rhoddodd Harri VIII drwydded i William Salesbury a'r cyhoeddwr John Waley i gyhoeddi geiriadur mewn Saesneg a Chymraeg, *A Dictionary in Englyshe and Welshe*, gan wahardd pawb arall rhag cyhoeddi eu gwaith am saith mlynedd wedyn.

Wrth gwrs, math o hawlfraint yw'r drwydded a roddwyd i'r ddau gan y brenin. A beth sy'n bod ar hawlfraint, meddwch chi, a rhai ohonoch yn awduron sydd wedi hawlio hawlfraint ar ddeunydd yr ydych wedi'i gyhoeddi? Wel, gofynnaf i chi drachefn: *pam* yr ydych yn hawlio hawlfraint? Gellid ateb y cwestiwn fel hyn: oherwydd y ffaith eich bod yn 'genfigennus' o'r ddysg a geir yn eich gwaith printiedig a'r elw a ddaw yn ei sgil, yn yr un modd ag yr oedd beirdd proffesiynol yr unfed ganrif ar bymtheg yn genfigennus o'u dysg a'u bywoliaeth hwy. Rhagfarn sy'n deillio o'n safle cymdeithasol-hanesyddol yw'r hyn sy'n awgrymu mai peth rhesymol yw hawlio hawlfraint ar lyfr tra bo gwarchod dysg ar lafar yn genfigennus o warchodol.

Fel hyn y mae Charles Parry yn disgrifio hawlfraint arall a roddwyd i William Salesbury a John Waley:

Among examples of patents or privileges granted by the Crown for printing Welsh books is that which appears to have been granted by Elizabeth I in 1563 to William Salesbury and John Waley. They were given the sole right for seven years to print the Bible, the Book of Common Prayer, the Book of Homilies, 'or any other books of godly doctrine in the British or Welsh tongue'.[28]

Gwelwn yma y dyneiddiwr yn hawlio monopoli ar gyhoeddi llyfrau crefyddol yn yr iaith Gymraeg. Dyma gyfyngu ar gylchrediad gwybodaeth mewn modd haearnaidd. Roedd y beirdd yn ceisio dal eu gafael ar eu dysg drwy bwysleisio ei natur gyfrinachol, ond defnyddiodd William Salesbury y grym eithaf posibl – deddfwriaeth y frenhines ei hun – er sicrhau ei afael yntau ar wybodaeth.

Yn ei lyfr *A History of British Publishing* mae John Feather yn disgrifio datblygiad y gwahanol ddulliau o reoli'r hawl i argraffu llyfrau. Wedi nodi i lywodraeth Harri VIII ddechrau'r broses o gyfyngu ar argraffu a gwerthu llyfrau drwy roi 'privileges, patents and monopolies', mae Feather yn disgrifio cynsail deddfwriaethol newydd a ddaeth gyda theyrnasiad Mari: '. . . what Mary did was to grant to Richard Tottel the sole right to print all common law books, and at the same time to forbid all others to do so.'[29] Dyma fath newydd o fonopoli a oedd yn cyfyngu'n sylweddol ar y modd y câi gwybodaeth ei throsglwyddo drwy gyfrwng y wasg argraffu.

> There was, however, an essential difference . . . for Tottel's covered a whole class of books, including any written after the granting of the privilege, whereas the earlier patents had related to specific books. It was these class privileges, or monopolies as they were to be known to their opponents by the end of the century, which multiplied in the next few years.[30]

A dyna'n union y math o fonopoli y llwyddodd William Salesbury a'i gyd-weithiwr i'w fachu yn ystod teyrnasiad Elizabeth I. Nid hawlfraint dros un llyfr neu hyd yn oed yr holl argraffiadau o un llyfr, eithr hawl dros argraffu'r Beibl, y Llyfr Gweddi Gyffredin, 'or any other books of godly doctrine in the British or Welsh tongue'. Mae'r ffaith fod y dyneiddiwr wedi hawlio'r fath fonopoli yn ddigon i'n cadw rhag llunio portread gorsyml ohono fel dyn a'i fryd ar ddemocrateiddio dysg.

Gellid cyd-destunoli ymhellach y cyfyngu hwn ar yr hawl i argraffu llyfrau drwy ystyried hinsawdd wleidyddol-economaidd y cyfnod. Wrth i dechnolegau newydd gyd-ddatblygu â'r egin gyfalafiaeth a borthai arnynt, roedd brîd newydd o fasnachwyr yn rhuthro i feddiannu a rheoli'r dulliau newydd o gynhyrchu. Fel hyn y mae W. W. Gregg yn dadansoddi dadl ynghylch monopolïau a ffrwydrodd yn rhengoedd y *Stationer's Company*:

> This squabble within the Company was no more than the domestic repercussion of the constitutional struggle against monopolies that ran through the reigns of Elizabeth and James. Monopolies played no insignificant part in Tudor and Stuart policy.[31]

Felly mae'r monopoli a gafodd William Salesbury yn ein galluogi
i leoli ymdrechion y dyneiddiwr ym myd argraffu yng nghanol
plethwaith gwleidyddol-economaidd y cyfnod.

Roedd y dyneiddwyr a'r beirdd fel ei gilydd yn rheoli neu'n
ceisio rheoli'r modd y cafodd gwybodaeth ei throsglwyddo a'r
elw a ddaeth yn sgil y fath reoli (boed yn elw ariannol neu'n elw
haniaethol y gellir ei ddiffinio yn nhermau statws cymdeith-
asol[32]). Gwelir y gwahaniaeth yn y modd y gellir cysylltu ideoleg
technoleg y dyneiddwyr â datblygiadau cyfalafol newydd oes y
Tuduriaid.

Nid wyf am ailysgrifennu hanes y cyfnod yn gyfan gwbl drwy
ddyrchafu'r beirdd yn foesol ar draul y dyneiddwyr. Er bod
William Salesbury a'i debyg yn ceisio rheoli'r broses o argraffu a
gwerthu llyfrau, roedd y llyfrau eu hunain yn mynd allan i'r byd
ac yn cael eu darllen mewn cylchoedd y tu hwnt i'w gafael. Yn yr
un modd ag yr oedd cerddi'r beirdd proffesiynol yn cael eu copïo
mewn llawysgrifau a'u perfformio ar lafar gan unigolion ar
wahân i'r prydyddion a fu wrthi'n eu cyfansoddi. Nid wyf yn
gwadu i ddyneiddwyr gynhyrchu llyfrau er lles eu cyd-
wladwyr; wrth gwrs eu bod yn cynhyrchu llyfrau y gallai Cymry
eraill eu darllen ac elwa o'u herwydd. Yn yr un modd â'r beirdd
proffesiynol a gyfansoddai gerddi a fyddai'n cael eu darllen
mewn llawysgrifau a'u perfformio ar lafar o flaen cyn-
ulleidfaoedd y tu hwnt i'w gafael hwythau. Nid caethiwo math o
wybodaeth gan ei chuddio rhag y byd oedd nod y naill na'r llall,
eithr rheoli moddion cynhyrchu, y *means of production*. Ac wrth
gwrs, drwy reoli'r moddion hynny gellid rheoli'r buddiannau
economaidd a'r statws cymdeithasol a oedd yn gysylltiedig â'r
broses o gynhyrchu gwybodaeth.

Na, nid wyf am ailysgrifennu hanes y cyfnod drwy ddyr-
chafu'r beirdd ar draul y dyneiddwyr. Ond hoffwn gloi drwy
dynnu sylw at y ffaith seml mai *ysgrifennu* hanes y cyfnod yw'r
hyn a wna haneswyr.

Wedi'r cwbl, ar bapur neu ar gyfrifiadur, rydym yn *cyfansoddi*
hanes, yn ysgrifennu naratif sy'n adrodd hanes yr ymrafael
rhwng beirdd a dyneiddwyr yr unfed ganrif ar bymtheg. Ac
mae'r stori hon, y stori yr ydym yn ei hysgrifennu, neu'r straeon
yr ydym yn eu hysgrifennu, wedi eu ffurfio dan ddylanwad ein
hideoleg ni, y modd yr ydym heddiw yn synio am wahanol

gyfryngau a'r modd yr ydym yn gwerthuso gwahanol fathau o addysg. Mae hanes dyfodiad y wasg argraffu i'r iaith Gymraeg yn stori sydd wedi'i chyfansoddi dan ddylanwad ein cysyniadau ni ynglŷn â pherchnogaeth a rhyddid gwybodaeth. Ac oherwydd hynny, wrth drafod ideoleg technoleg yr unfed ganrif ar bymtheg mae'n bwysig ein bod ni'n effro i'r modd y mae ideoleg technoleg yr unfed ganrif ar hugain yn effeithio ar ein hanesyddiaeth lenyddol.

Nodiadau

[1] Er enghraifft, gweler G. J. Williams ac E. J. Jones (goln.) *Gramadegau'r Penceirddiaid* (Caerdydd: Gwasg Prifysgol Cymru, 1934), t.67.

[2] Williams a Jones, *Gramadegau'r Penceirddiaid*, t.lii.

[3] Llsgr. Caerdydd 38, 156. Gweler hefyd Williams a Jones, *Gramadegau'r Penceirddiaid*, t.184.

[4] Gruffydd Aled Williams (gol.), *Ymryson Edmwnd Prys a Wiliam Cynwal* (Caerdydd: Gwasg Prifysgol Cymru, 1986), t.cxxix.

[5] Cymharer tystiolaeth 'Ystatud Gruffydd ap Cynan' ynghylch cyfrinachedd crefft y beirdd. Gw. Thomas Parry, 'Statud Gruffudd ap Cynan', *Bwletin y Bwrdd Gwybodau Celtaidd*, V (1929), 25–33.

[6] Hoffwn bwysleisio nad hawdd yw'r fath gyd-destunoli gan gydnabod yr agendor sy'n bodoli rhwng goddrychedd anorfod ein safbwynt hanesyddol ni a realiti goll y gorffennol. Er gwaethaf ein hymdrechion i seilio ein cyd-destunoli ar ffeithiau, rhaid cydnabod mai *llunio* cyd-destun – nid 'adfer cyd-destun coll' – yw'r hyn a wneir yn y diwedd.

[7] Paul Oskar Kristeller, *Renaissance Thought and the Arts* (Princeton: Princeton University Press, 1964), t.3.

[8] Gruffydd Aled Williams, *Ymryson Edmwnd Prys a Wiliam Cynwal*, t.44. Fi biau'r italeiddio.

[9] Gruffydd Robert, *Gramadeg Cymraeg*, gol. G. J. Williams (Caerdydd: Gwasg Prifysgol Cymru, 1939), tt.207–8.

[10] Thomas Jones et al. (goln.), *Rhyddiaith Gymraeg: Yr Ail Gyfrol: Detholion o Lawysgrifau a Llyfrau Printiedig 1547–1618* (Caerdydd: Gwasg Prifysgol Cymru, 1956), t.156.

[11] Garfield H. Hughes (gol.), *Rhagymadroddion 1547–1659* (Caerdydd: Gwasg Prifysgol Cymru, 1951), t.3.

[12] Hughes, *Rhagymadroddion*, 10.

[13] Graham C. G. Thomas, 'From Manuscript to Print – I. Manuscript',
yn R. Geraint Gruffydd (gol.), *A Guide to Welsh Literature c.1530–1700*
(Cardiff: University of Wales Press, 1997), t.241.

[14] Ceri W. Lewis, 'The Decline of Professional Poetry', yn Gruffydd,
A Guide to Welsh Literature c.1530–1700, t.43.

[15] D. J. Bowen, *Gruffudd Hiraethog a'i Oes* (Caerdydd: Gwasg
Prifysgol Cymru, 1958), t.60.

[16] Gruffydd Aled Williams, *Ymryson Edmwnd Prys a Wiliam Cynwal*,
t.145.

[17] Ibid., t.285.

[18] Yn ogystal â chyfeiriadau 'mewnol' niferus, hynny yw, yr hyn a
geir mewn cerddi o'r cyfnod(au) dan sylw, gweler er enghraifft, Aled
Rhys Wiliam (gol.), *Llyfr Iorwerth* (Caerdydd: Gwasg Prifysgol Cymru,
1960); Williams a Jones, *Gramadegau'r Penceirddiaid*, tt.170–1; Gwyn
Thomas, *Eisteddfodau Caerwys* (Caerdydd: Gwasg Prifysgol Cymru, 1968),
t.62.

[19] Yn fy nefnydd o'r ymadrodd hwn rwyf yn dilyn Walter J. Ong,
Orality and Literacy: The Technologizing of the Word (London: Methuen, 1982).

[20] M. T. Clanchy, *From Memory to Written Record* (Cambridge,
Massachusetts: Edward Arnold, 1979), t.263. Gweler hefyd Suzanne
Fleischman, 'Philology, Linguistics, and the Discourse of the Medieval
Text', *Speculum* (Ionawr 1990), 19–37.

[21] Ong, *Orality and Literacy*, t.119.

[22] Sioned Davies, *Crefft y Cyfarwydd* (Caerdydd: Gwasg Prifysgol
Cymru, 1995), t.23.

[23] Gweler, er enghraifft, Elis Gruffydd, Llawysgrif Caerdydd 5, t.263:
'ni chlowais ganv o dudur aled ond y ddau hyn.'

[24] T. H. Parry-Williams et al. (goln.), *Rhyddiaith Gymraeg 1488–1609*
(Caerdydd: Gwasg Prifysgol Cymru, 1954), t.68.

[25] Thomas Parry, *Hanes Llenyddiaeth Gymraeg Hyd 1900* (Caerdydd:
Gwasg Prifysgol Cymu, 1945), t.163.

[26] R. Brynley Jones, *The Old British Tongue* (Cardiff: University of
Wales Press, 1970), t.54.

[27] Branwen Jarvis, 'Welsh Humanist Learning', yn Gruffydd, *A
Guide to Welsh Literature c.1530–1700*, t.146.

[28] Charles Parry, 'From Manuscript to Print II: Printed Books', yn
Gruffydd, *A Guide to Welsh Literature c.1530–1700*, t.273.

[29] John Feather, *A History of British Publishing*, (London: Croom
Helm, 1988), t.17.

[30] Ibid.

[31] W. W. Gregg, *Some Aspects and Problems of London Publishing
between 1550 and 1650* (Oxford: Clarendon Press, 1956), t.91.

[32] Er fy mod yn dadlau i fuddiannau materol lywio ymddygiad y ddwy garfan, nid wyf am orsymleiddio'r berthynas rhwng y buddiannau hynny ac ymddygiad neu arferion cymdeithasol yr unigolion dan sylw. Felly wrth awgrymu eu bod am reoli'r modd y cafodd gwybodaeth ei throsglwyddo a'r elw a ddaeth yn sgil y fath reoli, nid wyf am gyfyngu'n ormodol ar y modd y caiff 'elw' ei ddiffinio. Gall fod yn elw materol neu ariannol, ond gall hefyd fod yn elw cymdeithasol y gellir ei ddiffinio yn nhermau statws. Eto, nid yw'r posibiliad olaf yn tanseilio'r pwyslais ar fuddiannau materol: wrth elwa yn nhermau statws cymdeithasol mae unigolyn yn amlhau'i bosibiliadau o ran elwa'n faterol yn y dyfodol.

ANN GRIFFITHS: O LAFAR I LYFR

E. Wyn James

Byddaf bob amser braidd yn anesmwyth wrth droi at emynau Ann Griffiths. Rwyf wedi dychwelyd at ei gwaith droeon lawer dros y blynyddoedd, ac wedi treulio oriau bwy gilydd yn astudio'r ychydig dros 70 pennill o'i gwaith sydd wedi'u cadw inni – ac erioed wedi blino ar hynny. Ni pheidiais â dotio at y cyfuniad o'r goddrychol a'r gwrthrychol sydd yn y penillion – y gwres a'r goleuni, chwedl ei chofiannydd Morris Davies.[1] Ni pheidiais chwaith â synnu at y paradocsau lu sy'n hydreiddio ei gwaith, at y rhai cynnil a chyfrwys yn fwy, os rhywbeth, nag at y rhai amlwg, trystfawr. Bûm yn gloddesta ar ei chrefft farddol a'i delweddu beiddgar; yn syfrdanu at ei gwybodaeth helaeth o'r Beibl a'i defnydd cyfewin ohono; yn rhyfeddu at y modd y'i meddiannwyd mor llwyr gan yr ieithwedd feiblaidd nes ei throi yn iaith ei phrofiadau dyfnaf. Hawdd cytuno ag R. Geraint Gruffydd mai hi yw un o feirdd mawr Cymru.[2]

Ac eto teimlaf yr un math o anesmwythyd wrth droi at ei gwaith ag y tybiaf i W. R. P. George ei deimlo wrth iddo olygu'r ohebiaeth rhwng ei dad ac un arall o ferched mawr ein llên, Eluned Morgan; sef gwybod yn reddfol y dylai wneud hynny, ond yn ymwybodol ar yr un pryd fod Eluned wedi gofyn i William George losgi ei llythyrau, rhag i 'lygad oer y byd' gael syllu arnynt.[3] Oherwydd mae'n amlwg, er mor wrthrychol yw penillion Ann Griffiths ar un wedd, mai mynegi ei theimladau a'i phrofiadau personol a wna yn ei hemynau – os gellir eu galw'n emynau – ac nad oedd hithau chwaith, ar un olwg beth bynnag, am i 'lygad oer y byd' eu gweld.

Afraid dweud ein bod, wrth droi at Ann Griffiths, yn troi at berson nodedig iawn. Yn y cofiant byr iddi a gyhoeddwyd gan ei chyfaill a'i mentor John Hughes, Pontrobert, yn *Y Traethodydd* yn Hydref 1846[4] – ddeugain mlynedd ar ôl ei marw annhymig yn 1805 yn 29 oed – digwydd y gair 'hynod' megis tôn gron: yr oedd yn 'hynod' ei chyneddfau, yn 'hynod' ei gwybodaeth ysgrythurol, yn 'hynod' ei serchogrwydd a'i sirioldeb, yn 'hynod' ei chof, yn 'hynod' ei hymdrech mewn gweddi ddirgel, ac yn y blaen. Bwriwyd amheuaeth o bryd i'w gilydd ar ei harbenigrwydd. Ceir yr enghraifft fwyaf cofiadwy o'r cwestiynu hwnnw, er nad yr un fwyaf eithafol, yn yr ysgrif 'Ann' a luniodd T. H. Parry-Williams adeg 150 mlwyddiant ei marw yn 1955. Rhoddodd ei fys ar ystyriaeth allweddol wrth ofyn pa mor wahanol ydoedd o ran ei phrofiad a'i dull mynegi i unrhyw berson 'sydd wedi cael gwir "dröedigaeth" neu ysgytwad crefyddol i'w enaid'.[5] Yn sicr, mater o radd ac nid ansawdd yw'r gwahaniaeth rhwng Ann Griffiths a'r Cristion efengylaidd mwyaf distadl, o ran ei phrofiad ysbrydol a'i mynegiant ohono. Ond wedi dweud hynny, y *mae* gwahaniaeth o ran gradd; ac er na fyddai rhywun erbyn hyn yn defnyddio ieithwedd mor eithafol ar ei chyfer ag a wnaed o tua'r 1860au ymlaen, wrth iddi dyfu'n eicon cenedlaethol ac yn un o ddwy brif 'santes' y Gymru Ryddfrydol, Anghydffurfiol,[6] eto i gyd mae'r rhan fwyaf o'r beirniaid cyfoes a fu'n astudio ei gwaith yn cydnabod ei rhagoriaeth fel bardd a llenor.

Ganed Ann yn 1776 i deulu eithaf cysurus ei fyd, teulu o ffermwyr a oedd yn flaenllaw yn y gymuned leol ym mhlwyf Llanfihangel-yng-Ngwynfa yng ngogledd sir Drefaldwyn. Cyn ei thröedigaeth, bu'n ferch fywiog, afieithus, braidd yn fyrbwyll, yn gryf o feddwl er hytrach yn wan o gorff, ac yn arweinydd amlwg ymhlith ei chyfoedion. Ac ar ôl ei thröedigaeth yn 21 mlwydd oed at y Methodistiaid dirmygedig yn 1796–7, yr un yw nodweddion ei chymeriad, ond eu bod yn cael eu sianelu i gyfeiriad arall yn awr; a daeth i'w rhan gymaint o amlygrwydd yng nghymdeithas ei chyfoedion Methodistaidd ag a oedd iddi gynt yng nghwmnïaeth y ddawns a'r noson lawen, a'i bywiogrwydd a'i hangerdd a chryfder ei meddwl yn awr yn cael eu hamlygu yng nghraffter ei deall diwinyddol a dwyster ei phrofiadau ysbrydol.

Mae'r hynodrwydd profiad hwn yn rhywbeth sy'n ei nodweddu o gyfnod cyntaf ei thröedigaeth. Meddai John Hughes am yr adeg honno:

Profodd argyhoeddiadau grymus o'i phechadurusrwydd a cholledigaeth ei chyflwr. Yr oedd awdurdod ac ysbrydolrwydd y ddeddf yn ymaflyd mor rymus yn ei meddwl hyd oni bu yn ymdreiglo amryw weithiau ar hyd y ffordd wrth fyned adref o'r Bont [sef Pontrobert] o wrando y pregethau, gan ddychrynfeydd a thrallod ei meddwl . . .

[Yna, ar ôl iddi] gael golwg ar y Gwaredwr a phrofiad o dangnefedd yr efengyl . . . hi a gafodd y fath amlygiadau ysbrydol o ogoniant person Crist, a gwerth ei aberth, grym ei eiriolaeth, anchwiliadwy olud ei ras, a chyflawnder yr iachawdwriaeth gogyfer â'r pennaf o bechaduriaid, ag a barai iddi dorri allan mewn gorfoledd cyhoeddus ar brydiau dros ysbaid ei hoes grefyddol.[7]

Mae dwyster ei phrofiadau dros gyfnod ei thröedigaeth – cyfnod o wewyr enaid a barodd am ryw flwyddyn efallai – yn rhagflas o angerdd ei bywyd ysbrydol ar ei hyd; a cheir digon o brofion o hynny yn eithafrwydd y profiadau a fynegir yn ei hemynau a'i llythyrau, yn yr hanesion amdani a gofnodir yng nghofiannau John Hughes a Morris Davies, ac yn y sylwadau amdani gan rai a'i hadnabu. Dywed un o'i chyfoedion Methodistaidd, er enghraifft: 'I osod arbenigrwydd ar ryw gyfarfod crefyddol y byddid wedi ei gael, dywedid:– "Yr oedd Nansi Thomas yno."'[8] (Ac y mae'n werth cofio, wrth fynd heibio, mai fel 'Nansi Thomas' yr adwaenid hi am y rhan fwyaf o'i hoes. Ni ddaeth yn 'Mrs Ann Griffiths' tan ei phriodas â Thomas Griffiths, Meifod, yn Hydref 1804, gwta ddeg mis cyn ei marwolaeth yn sgil geni eu plentyn cyntaf.)

Efallai mai'r hanesyn mwyaf trawiadol yng nghyd-destun dwyster ei phrofiad ysbrydol yw'r un a gadwyd yn nheulu brawd iau Ann, Edward Thomas:

Yr oedd Mr Charles [sef Thomas Charles o'r Bala] ryw dro yn Nolwar, ac ymddiddan tra dwys a difrifol wedi cymmeryd lle rhyngddo ag Ann Griffiths ynghylch ei helynt ysbrydol. Wrth ystyried ei phrofiadau dyfnion ac anghyffredin, a goruchwyl-iaethau rhyfedd yr Arglwydd ar ei hysbryd, dywedodd ei fod ef yn meddwl y byddai hi yn debyg iawn o gyfarfod âg un o dri pheth – naill ai cyfarfod â phrofedigaethau blinion; neu fod ei hoes yn mron ar ben; neu ynte, y byddai iddi wrthgilio. Pan y clywodd son am *wrthgilio*, ymollyngodd i wylo yn hidl.[9]

Dengys yr uchod fod profiad Ann wedi creu argraff arbennig iawn ar Thomas Charles (1755–1814), un a oedd yn hynod brofiadol mewn materion eneidiol ac a welodd sawl cyfnod o adfywiad ysbrydol nodedig. Ac fe ategir ei sylwadau yn llawn gan John Hughes (1775–1854), Pontrobert, oherwydd wrth iddo ef, yn 1840, edrych yn ôl dros ysgwydd y blynyddoedd, ac yntau erbyn hynny yn gynghorydd ysbrydol profiadol iawn ac wedi gweld sawl adfywiad ysbrydol grymus, gallai ddweud am Ann Griffiths ei bod yn 'ddynes o gynneddfau cryfach na'r cyffredin o'r rhyw fenywaidd; yr hon hefyd oedd yn dysgleirio yn fwy ta[n]baid ac amlwg mewn crefydd ysbrydol nag un a welais i yn fy oes'.[10]

Perthynai elfen ffraeth a direidus i Ann Griffiths wrth natur. Meddai un o'i hen gydnabod: 'Yr oedd Ann Thomas yn rhemp am y nosweithiau chwareu; un dôst oedd hi am ddawnsio.'[11] Ac meddai John Morgan ('Rambler'), yr Wyddgrug – brodor o blwyf Ann a chyfaill agos i Daniel Owen y nofelydd: 'Yr ydoedd yn Ann ryw duedd at gastiau a difyrwch ac ysmaldod, yr hyn ar ambell i dro a dynai allan gerydd a chondemniad y forwyn [sef Ruth Evans].'[12] Daeth mwy o ddwyster i'w rhan ar ôl ei thröedigaeth, a llawenydd dyfnach;[13] a deuai adegau pan fyddai Ann yn gwasgu difrifoldeb ar Ruth, fel y gwelir o'r hanesyn hwn a gafwyd gan y faledwraig ecsentrig, Jane Hughes (merch John Hughes, Pontrobert, a Ruth Evans):

> Byddai fy mam ac Ann Thomas yn arfer cysgu gyda'u gilydd. Byddai Ann yn deffro fy mam weithiau yn nhrymder y nos, ac yn dywedyd. – 'Ffordd yr wyt ti yn gallu cysgu, lodes? – angeu, barn, a thragwyddoldeb!'[14]

Tanlinella hyn y ffordd y byddai profiadau ysbrydol yn gwasgu'n drwm ar Ann Griffiths ar brydiau; ac allan o brofiadau ysbrydol eirias o'r fath – 'yr ymweliadau' fel y'u geilw mewn llythyr at John Hughes tua 1801[15] – y tarddodd ei hemynau.

Mae'n amlwg fod Ann yn ymwybodol o arbenigrwydd ei phrofiadau ysbrydol ac yn ymdeimlo â'r angen i'w cofnodi. Mae cadw dyddiadur ysbrydol yn arfer digon cyffredin yn y traddodiad Piwritanaidd ac Efengylaidd,[16] ac yn ôl John Hughes, bu hynny'n fwriad gan Ann Griffiths hithau:

Bwriadodd Ann unwaith ysgrifennu dyddlyfr, i gadw coffa-dwriaeth o'r ymweliadau a'r profiadau y byddai yn eu cael; ond yn lle cyflawni y bwriad hwnnw, dechreuodd gyfansoddi pen-illion o hymnau, a phryd bynnag y byddai rhywbeth neilltuol ar ei meddwl, deuai allan yn bennill o hymn.[17]

Cadwyd traddodiad tebyg am natur y cyfansoddi yn nheulu Edward Thomas, brawd Ann. Meddai ei ferch, Jane Williams:

Cyfansoddodd braidd ei holl hymnau . . . pan fyddai rhywbeth neillduol ac arbenig yn gorphwys ar ei meddwl; a byddai yr emyn bob amser yn dwyn nodwedd ei hysbryd ar y pryd, a byddai yn teimlo mwynhâd wrth ollwng allan ei theimladau yn y dull yma.[18]

A cheir fersiwn arall o'r hanes mewn llawysgrif o waith perthynas arall i Ann Griffiths – John Jones, YH, Llanfyllin (ŵyr ei chwaer hynaf, Jane) – sy'n manylu ar y tro cyntaf i hynny ddigwydd:

Yr oedd A. G. wedi meddwl gwneud dyddlyfr. Ond wrth ddychwelyd o'r Bont, pan ar ei gliniau mewn hen wtra dywell, rhedodd ei myfyrdodau i ffurf o bennill, y cyntaf a gyfansoddodd erioed. Y mae Jane Hughes yn meddwl mai y pennill canlynol ydyw hwnnw: 'O f'enaid, gwêl addasrwydd / Y person dwyfol hwn . . .'[19]

Math o ddyddiadur personol ysbrydol oedd emynau Ann, felly, a geisiai gofnodi a chrisialu ei phrofiadau a'i chanfydd-iadau ysbrydol. Ac y mae yna eironi a pharadocs wrth wraidd hyn, oherwydd ar y naill law, fel y dywed John Hughes, 'yr oedd y fath amlygiadau o fawredd Duw yn tywynnu i'w meddwl hyd onid oedd geiriau yn pallu, a iaith yn methu gosod allan ei golygiadau';[20] ac eto ar yr un pryd, fel y dywed R. Geraint Gruffydd, 'dyna'n union yr hyn y ceisiodd Ann Griffiths beri i eiriau ac iaith ei wneud'.[21]

Dichon ei bod yn iawn casglu mai'r un yw'r cyfnodau hynny y dywed John Hughes fod 'geiriau yn pallu' ynddynt â'r adegau y sonia Ann ei hun amdanynt yn ei llythyr at Elizabeth Evans – yr unig lythyr sydd wedi'i gadw inni yn ei llaw hi ei hun – pan ddywed: 'byddaf yn cael fy llyncu gymaint weithiau i'r pethau hyn fel ag y byddaf yn misio yn deg â sefyll yn ffordd fy nyletswydd gyda phethau amser.'[22] Ac yn sicr mae pob tystiolaeth yn awgrymu mai cynnyrch cyfnodau felly yw ei hemynau.

Yn y cyd-destun hwn, rhaid bod yn wyliadwrus o awgrym Ceridwen Lloyd-Morgan fod Ann Griffiths yn cyfansoddi emynau wrth ei gwaith: 'Ann Griffiths, it is said, sometimes found hymns coming to her while she was engaged in rhythmical tasks that leave the mind free, such as milking or churning.'[23] Yn yr unig ddarlun sydd gennym o Ann wrth ei gwaith, darllen ei Beibl y mae:

> Dywed un hynafwraig o'r gymmydogaeth: – 'Byddai golwg ddymunol iawn ar y teulu yn Nolwar yn nyddu, a'r hen ŵr yn gardio, ac yn canu carolau a hymnau. Droion ereill, byddai distawrwydd difrifol megys yn teyrnasu yn eu plith. Byddai Ann yn nyddu, â'i Beibl yn agored o'i blaen mewn man cyfleus, fel y gallai gipio adnod i fyny wrth fyned yn mlaen â'i gorchwyl, heb golli amser. Mi a'i gwelais wrth y droell mewn myfyrdod dwfn, heb sylwi ar nemawr ddim o'i hamgylch, â'r dagrau yn llifo dros ei gruddiau lawer gwaith.'[24]

Ac mae tystiolaeth chwaer hynaf Ann – Jane Jones, Llanfyllin – yn arwyddocaol yn y cyd-destun hwn. Morwyn Jane sy'n adrodd yr hanes:

> Clywais Robert Davies, Llan[wy]ddelan [sef un o arweinwyr y Methodistiaid Calfinaidd yn sir Drefaldwyn yn hanner cyntaf y bedwaredd ganrif ar bymtheg] ryw dro yn annog y merched i fod yn llafurus gyda chrefydd ac hefyd gyda'u galwedigaeth, a chodai A. G. fel esampl: ei bod hi gyda'i galwedigaeth, ac yn gwneud hymns hefyd. Ar ôl dod i'r tŷ at Meistres, gofynnodd iddi a oedd o wedi dweud yn *right*. 'Na,' meddai Meistres [sef Jane, chwaer Ann], 'yr ydw' i yn meddwl ych bod wedi misio peth, am mai yn ei gwely y cyfansodd[odd] hi lawer o'i phenillion. Pan byddai yr ysbryd yn syrthio arni, byddai yn an-hawdd cael ganddi godi.'[25]

Yn sicr, mae'r hanesion sydd ar gael am Ann yn cyfansoddi penillion unigol yn cadarnhau'r awgrym fod ei hemynau yn llifo allan ar ôl iddi fod mewn cyflwr o ymgolli llwyr. Dyna, er

enghraifft, y pennill a luniodd ar ôl cael ei llyncu i'w myfyr-
dodau am bellter o tua phum milltir wrth groesi'r Berwyn ar
gefn ceffyl a arferai fod yn afreolus:

> O! ddedwydd awr tragwyddol orffwys
> Oddi wrth fy llafur yn fy rhan,
> Ynghanol môr o ryfeddodau
> Heb weled terfyn byth, na glan . . .

Ac er mai yn ei gwely y cyfansoddai fwyaf, efallai, yr oedd yn
amlwg yn cael ei dal weithiau gan yr awen tra oedd wrth ei
gwaith. Dyna'r hanesyn amdani'n cyfansoddi'r pennill 'Bererin
llesg gan rym y stormydd' yn un o'r tai allan, wedi ymgolli'n
llwyr ar ôl mynd yno i nôl tatws i ginio; a dyna'r tri phennill yn
ymwneud â gwres – 'Mae bod yn fyw yn fawr ryfeddod / O
fewn ffwrneisiau sydd mor boeth', 'O! am ddyfod o'r anialwch /
I fyny fel colofnau mwg' ac 'Mae'r dydd yn dod i'r had brenhinol
/ Gael mordwyo tua'u gwlad / O gaethiwed y priddfeini' – a
luniodd pan oedd wedi ymgolli'n lân yn y gegin gefn â phwys ei
phenelin ar ryw fath o foeler dŵr. Un o'r pethau sy'n arbennig o
ddiddorol am yr hanesyn olaf hwn yw bod tad Ann yn poeni am
ei chyflwr. 'Fe aiff Nansi ni yn wirion, wir i ti!' meddai wrth Ruth
Evans, a hithau yn ei annog i beidio â phoeni, bod dim perygl o
hynny, ond yn hytrach y byddent yn cael 'rhywbeth da ganddi'n
union' – ymateb sy'n awgrymu bod Ruth yn ddigon cyfarwydd
â'r cyflwr yr oedd Ann Griffiths ynddo, ac yn fwy cyfarwydd ag
ef na'i thad. Diwedd y stori fu i Ann ddod i'r gegin ac adrodd y
tri phennill gan ofyn i Ruth ar ba fesur y deuent.[26]

Canlyniad hyn oll yw bod emynau Ann Griffiths yn llawer
mwy personol yn eu hanfod nag eiddo'r un arall o emynwyr
mawr y traddodiad Methodistaidd. Yn ei gyfrol ddisglair ond
hynod gamarweiniol, *Williams Pantycelyn* (1927), myn Saunders
Lewis mai diben Pantycelyn wrth ysgrifennu oedd 'er mwyn
"traethu maes ei brofiadau" . . . [am] fod mynegi profiad yn rhan
o'r profi, yn foddion i feddiannu'r profiad yn llawn' (tt.33–4).
Ond y gwir yw bod hwn yn sylw mwy addas o lawer ar gyfer
emynau Ann Griffiths nag ar gyfer rhai Williams. Mae dwyster a
didwylledd profiad ysbrydol Williams Pantycelyn yn pefrio trwy
ei emynau, wrth gwrs; ond nid ysfa i fynegi ei brofiadau

personol a oedd wrth wraidd eu cyfansoddi yn gymaint ag
awydd i ddarparu deunydd canu ar gyfer y seiadau Methodist-
aidd. Nid felly Ann. Dichon y gellir cyfiawnhau galw ei gwaith
yn 'emynau' am eu bod yn gerddi mawl i Dduw ac am eu bod yn
gerddi i'w canu; ond yn sicr bendifaddau, nid emynau
cynulleidfaol mohonynt.

Ymddengys oddi wrth yr hanesion sydd wedi goroesi mai
cyfansoddi'r penillion ar lafar a wnâi Ann Griffiths. Nid yw hyn
yn annisgwyl, a hynny ar ddau gyfrif o leiaf. Yn gyntaf, am ei
bod wedi ei chodi yng nghanol traddodiad barddol a roddai
bwys ar y llafar. Yr oedd nythaid bywiog o feirdd gwlad ym
mhlwyf Llanfihangel yn ystod ieuenctid Ann Griffiths, a Harri
Parri o Graig-y-gath yn athro barddol arnynt. Roedd tad Ann yn
perthyn i'r nythaid hwnnw, ac Ann ei hun yn medru llunio
englynion byrfyfyr, yn ôl y sôn. Yr ail reswm paham nad yw'r
cyfansoddi llafar hwn yn annisgwyl yw am ei bod yn
ymddangos fod merched wedi tueddu i gyfansoddi ar lafar, a
rhannu cerddi ymhlith ei gilydd ar lafar, yn hytrach na'u
cyhoeddi neu eu cofnodi mewn llawysgrif. Dyna, fe awgrymir,
yw un o'r prif resymau paham y mae cyn lleied o gerddi gan
ferched wedi goroesi o'r cyfnod cyn y bedwaredd ganrif ar
bymtheg.

Byddai Ann Griffiths wedi bod yn gwbl alluog i osod ei
hemynau ar glawr a chadw. Er na chafodd, yn ôl pob tebyg,
lawer o addysg ffurfiol, medrai ysgrifennu yn dda, ac mewn
Saesneg yn ogystal â Chymraeg yn ôl y sôn. Ac roedd diwylliant
llyfr a llawysgrif, yn ogystal â llafar, yn ei hamgylchu. Er
enghraifft, diogelir yn y Llyfrgell Genedlaethol ddau lyfr
llawysgrif a fu ar aelwyd Dolwar yng nghyfnod Ann. Llyfr o
feddyginiaethau yw'r naill. Daethpwyd o hyd iddo 'in the rafters
where Ann Griffiths used to sit and write her hymns' – atgof
amdani'n cyfansoddi yn y gwely efallai. Yn wreiddiol, roedd
enw Ann ei hun wedi'i dorri ar ddalen ohono, ond rhoddwyd y
ddalen honno yn anrheg i ryw weinidog ac fe'i collwyd ganddo.
Mae enw Ann ac eraill o'i theulu i'w gweld o hyd ar y llawysgrif
arall, sef casgliad sylweddol o gerddi a fu mewn bri yn yr ardal
yn ystod ei hieuenctid a chyn hynny, rhai gan feirdd lleol ac eraill
gan feirdd mwy adnabyddus megis Huw Morys ac Edward
Morris o'r Perthillwydion. Ac yn ogystal â'r llyfrau llawysgrif

hyn, crybwyllir nifer o lyfrau defosiynol a fu ar aelwyd Dolwar
yn nyddiau Ann, heb sôn am y Beibl, y Llyfr Gweddi Gyffredin,
rhifynnau o *Trysorfa Ysprydol* (cylchgrawn Thomas Charles a
Thomas Jones, Dinbych), a rhannau cyntaf *Geiriadur Ysgrythyrol*
Thomas Charles.[27] Ond er hyn i gyd, mae'n amlwg iddi ddewis
yn fwriadol beidio ag ysgrifennu ei hemynau i lawr. Yn wir, yn ôl
un darn o dystiolaeth a ddaeth trwy Jane, merch John Hughes,
Pontrobert, a Ruth Evans, gellir tybio ei bod yn amharod iawn
i'w cofnodi a'u rhannu ag eraill:

> 'Gwell i chi', meddai fy mam [sef Ruth Evans] wrthi,
> 'ysgrifennu yr hymns yna, a chithau'n gwaelu yn eich iechyd.
> [M]i fydde yn gresyn mawr 'u colli nhw.' 'Na, ydw i ddim yn 'u
> gweld nhw yn deilwng. Does arna' i ddim eisio i neb 'u cael
> nhw ar fy ôl. Rwy' i yn 'u cyfansoddi nhw er cysur i mi fy hun,'
> meddai A.G.[28]

Rhaid amodi hyn yn sylweddol, oherwydd ymddengys fod
Ann yn fodlon rhannu rhai o'i phenillion, o leiaf, yn ystod ei
bywyd. Sonnir, er enghraifft, am rai o'r pregethwyr Methodist a
ddeuai yn eu tro i Ddolwar Fach i gynnal oedfaon, yn dysgu rhai
o'r penillion a'u cludo i seiadau eraill. Mae'n amlwg hefyd iddi
rannu penillion â ffrindiau agos o blith merched seiat y
Methodistiaid ym Mhontrobert, oherwydd ceir hanesion amdani
hi a hwythau yn cydganu rhai ohonynt. A bu'n adrodd llawer
ohonynt wrth aelodau o'i theulu, mae'n amlwg, oherwydd
sonnir am dri chopi a fu'n eiddo iddynt: un yn gopi o rai
penillion cynnar a wnaeth ei thad ar gyfer ei chwaer, Jane (yn
1803 yn ôl pob tebyg); copi arall a fu'n eiddo i'w brawd, Edward,
ond a aeth ar goll ar ôl ei fenthyg 'i ryw bregethwr . . . yr hwn ni
fu mor garedig a'i ddychwelyd yn ol'; a chopi arall o 'ryw nifer'
ohonynt a wnaeth ei nai, mab Jane, ar ôl marw Ann ar gyfer eu
cyhoeddi gan Thomas Charles.[29]

Ar ben hynny, gosododd Ann ei hun rai ohonynt ar ddu a
gwyn. Ychwanegodd bennill at yr unig lythyr sydd gennym yn
ei llaw ei hun (er nad yw, yn ddiddorol, wedi'i osod allan ar ffurf
pennill); ac mae'n rhesymol credu bod y pedwar pennill o'i
heiddo sydd yn y llawysgrif sy'n cynnwys copïau John Hughes
o'i llythyrau ato ef, wedi'u codi ganddo o'i llythyrau hi. Nid

hwyrach mai cynnwys penillion mewn llythyrau oedd gan John Hughes mewn golwg pan ddywedodd nad ysgrifennodd hi 'ond ychydig' o'r penillion.[30] Ond ceir enghraifft arall ohoni'n gosod penillion ar ddu a gwyn sydd yn fater mwy dirgel a diddorol.

Fel sy'n ddigon hysbys, bu Ann yn adrodd llawer iawn o'i phenillion wrth Ruth y forwyn, gan ddymuno arni (yng ngeiriau John Hughes) 'eu canu, i edrych a ddeuent ar y tonau'.[31] Ond nid adroddodd y cyfan ohonynt wrthi chwaith, fel y dengys yr hanesyn hwn (a gafwyd gan Jane Hughes, o bosibl):

> Yr oedd yn anodd cael papur y pryd hynny. Ond pan fyddai [Ann] yn cael rhyw olygiadau ar y drefn fawr, rhedai ei myfyrdodau mewn ffurf o bennill, a rhwygai ddarn o ddalen o lyfr, os na fyddai ganddi bapur, ac ysgrifennai y pennill arno, ac yna byddai yn arfer â'i cuddio o dan glustog hen gadair wellt oedd yn y tŷ. Bydd[ai] Ruth yn arfer sylwi ar y *movement*. Elai i edrych beth fyddai o dan y glustog, darllennai y pennill, a dysgai ei ganu.[32]

Mae'n amlwg, felly, fod Ann ar adegau yn ymdeimlo â'r angen i gadw rhai penillion yn gyfan gwbl iddi ei hun, ac eto ar yr un pryd yn teimlo rheidrwydd i ddefnyddio papur prin i'w gosod ar glawr. Beth sy'n cyfrif am hyn, tybed? Nid er mwyn eu cofio, yn sicr, oherwydd yr oedd Ann yn meddu ar gof eithriadol o dda. Ai rhyw ofn cael ei chywiro oedd arni, neu ansicrwydd ynghylch cywirdeb neu briodoldeb yr hyn a fynegid? Er enghraifft, mae Morris Davies yn adrodd yr hanesyn hwn, a gafodd gan Ruth Evans ei hun:

> Dro arall, yr oedd Ann wedi cyfansoddi hymn newydd, ac yn ol ei harfer, yn ei hadrodd wrth ei morwyn [sef Ruth Evans], yr hon a dybiai fod llinell neu ddwy yn yr hymn yn cynnwys camolygiad ar ryw ymadrodd ysgrythurol; a gwnaeth mor hyf a'i nodi allan i'w meistres. Diolchodd hithau yn serchog iddi am ei sylw, gan gydnabod ei gywirdeb, a theimlai yn ofidus oherwydd y camsyniad, a newidiodd y llinellau i gyfatteb i hyny.[33]

Sut bynnag y rhoddwn gyfrif am y cofnodi a'r cuddio, daw gwedd breifat iawn ar y cyfansoddi i'r amlwg yn y fan hon,[34] gwedd a aeth ar gynnydd o bosibl wrth i Ann waelu yn ei hiechyd, fel yr awgryma ei sylw uchod wrth Ruth, sef nad oedd am i neb gael ei phenillion ar ei hôl.

Yn ffodus, ni chafodd Ann ei dymuniad yn hyn o beth. Bu cof Ruth, a'i sylweddoliad hi ac eraill o werth yr emynau, yn drech na hynny; a thrwy gydweithrediad rhwng Ruth a John Hughes a Thomas Charles, yn fwyaf arbennig, fe droswyd emynau Ann Griffiths oddi ar gof Ruth i lawysgrif John Hughes i argraffwasg Thomas Charles yn bur gyflym, gan weld cyhoeddi nifer dda ohonynt mewn casgliad bychan o emynau o fewn ychydig fisoedd i farwolaeth Ann.

* * *

Mae hanes argraffiad cyntaf emynau Ann Griffiths yn gymhleth eithriadol. Tueddir i dybio fod llawysgrifau yn bethau cymhleth – pob copi yn unigryw; amrywiadau testunol di-rif yn bosibl rhwng copïau â'i gilydd; sawl llaw wahanol yn aml yn gyfrifol am gynhyrchu'r un llawysgrif; pob llawysgrif o unrhyw hyd yn gynnyrch sawl cyfnod o gopïo, a bylchau hir o bosibl rhwng y cyfnodau hynny, ac yn y blaen – a bod deunydd printiedig yn faes symlach o lawer, a phob copi o'r un argraffiad yn unffurf ac yn gynnyrch yr un cyfnod byr o argraffu. Dim o'r fath beth! Er enghraifft, yn achos y casgliad emynau *Swp o Ffigys* a olygwyd yn y 1820au gan Daniel Evans, gweinidog gyda'r Annibynwyr yn ardal Abertawe, darganfu Brynley F. Roberts a minnau, drwy waith ditectif ac astudiaeth fanwl o'r teipwedd a'r cydiadau, fod y rhan fwyaf o Ran II (1824) wedi'i hargraffu yn argraffty Joseph Harris ('Gomer') yn Abertawe, ond bod y gwaith argraffu wedi'i gwblhau yn argraffty John Evans yng Nghaerfyrddin. Ar ben hynny, ceir enghreifftiau o gopïau o Ran II (1824) wedi'u cydrwymo â'r argraffiad cyntaf o Ran I, a argraffwyd yng ngwasg Joseph Harris yn Abertawe yn 1821, a chopïau eraill wedi'u cydrwymo â'r ail argraffiad o Ran I, a argraffwyd yng ngwasg John Evans, Caerfyrddin, yn 1825.[35] Ac mae cymhlethdodau nid annhebyg ynghylch y gyfrol y cyhoeddwyd emynau Ann Griffiths ynddi gyntaf, sef *Casgliad o Hymnau: gan mwyaf heb erioed eu hargraffu o'r blaen* (1806), oherwydd mae'r tudalennau sy'n cynnwys 25 emyn cyntaf y llyfr hwnnw yn yr un cysodiad teip, er nad yn yr un cyfuniad o gydiadau, â'r adran 'Hymnau nad oeddynt yn yr argraffiad cyntaf' yn ail argraffiad casgliad emynau arloesol Robert Jones, Rhos-lan, *Grawn-sypiau Canaan*, a argraffwyd yn yr un wasg â *Casgliad o Hymnau* (1806), sef gwasg Saunderson, y Bala, yn ystod 1805 a dechrau 1806.[36]

Mewn gwirionedd mae'n anghywir galw'r wasg yn 'wasg Saunderson' yn y cyfnod hwn, er mai Robert Saunderson oedd yr argraffydd. Yr oedd Thomas Charles yn awdur, golygydd a chyhoeddwr toreithiog, a aeth ati'n egnïol i ddarparu Beiblau a deunyddiau darllen eraill ar gyfer y dosbarth lluosog o ddarllenwyr Cymraeg newydd a grëwyd gan ei ymgyrchoedd cenhadol ac addysgol ef a'i gyd-lafurwyr efengylaidd. O 1798 hyd 1802, gwasg W. C. Jones yng Nghaer a wnaeth y rhan fwyaf o'r gwaith argraffu ar gyfer cyhoeddiadau Charles; ond er mwyn arbed costau argraffu a chadw rheolaeth fwy tyn ar yr argraffu o ran amserlennu a chywirdeb y cysodi, penderfynodd Charles y byddai'n well cael ei argraffwasg ei hun wrth law yn y Bala. Cyflogwyd cysodydd ifanc medrus o'r enw Robert Saunderson (1780–1863), a fuasai'n brentis yn argraffwasg W. C. Jones yng Nghaer, yn oruchwyliwr y wasg newydd. Dechreuodd ar ei waith yn y Bala yng ngwanwyn 1803. Ni fedrai Saunderson Gymraeg pan ddaeth i'r Bala, 'ac ni bu erioed yn hollol gartrefol yn yr iaith' (yn ôl R. T. Jenkins yn *Y Bywgraffiadur*); ond fe lwyddodd i ymgartrefu yn y dref, er hynny. Priododd nith i Thomas Charles; daeth yn berchennog y swyddfa argraffu ar ôl marw Thomas a Sally Charles yn 1814, a pharhaodd i argraffu yno hyd ei farw yn 1863 yn 83 oed.

Llifodd y llyfrau a'r pamffledi o'r wasg hon yn ystod yr un mlynedd ar ddeg o ymwneud Thomas Charles â hi – 55 o gyhoeddiadau gwahanol, yn gyfanswm o dros 300,000 o eitemau argraffedig rhyngddynt, yn ôl un amcangyfrif (a hynny *heb* gyfrif *Geiriadur Ysgrythyrol* Charles) – a'r cyfan, wrth gwrs, yn arwydd o faint y gynulleidfa ddarllengar a grëwyd gan Thomas Charles a'i gyd-weithwyr Methodistaidd erbyn hynny.[37] Rhwng popeth, nid rhyfedd i William Owen Pughe ddweud mewn llythyr at Iolo Morganwg yn 1808 (wrth sôn am fwriad Thomas Charles i gyhoeddi argraffiad o'i ramadeg, *Cadwedigaeth yr Iaith Gymraeg*, at ddefnydd ei ysgolion): '[The Methodists] are the only people now that give currency to any books in Wales; and indeed the only readers of books in their mother tongue';[38] ac i John Evans, y Bala, ddweud yn 1813, wrth sôn am lwyddiant yr ysgolion Sul ym Môn, na fu 'erioed gymaint o brynu ar syllwydrau, *spectacles*, ag sydd yn y wlad yn awr'.[39]

I dorri stori hir a chymhleth yn fyr, y senario tebycaf yn achos cyhoeddi emynau Ann Griffiths am y tro cyntaf yw bod Thomas Charles wedi derbyn copïau o benillion o waith Ann oddi wrth John a Ruth Hughes ar gyfer eu cyhoeddi'n llyfryn; bod Robert Jones, Rhos-lan, wedi gweld y penillion a'i fod yn awyddus i'w cynnwys yn yr atodiad i'r argraffiad newydd o'i lyfr emynau, *Grawn-sypiau Canaan*, a oedd yn mynd trwy'r wasg yn y Bala ar y pryd, ac yn barod i wneud y gwaith golygu angenrheidiol arnynt. Mae'n edrych yn debygol hefyd fod Robert Jones a Thomas Charles wedi cytuno i gyhoeddi'r atodiad yn llyfryn ar wahân dan y teitl *Casgliad o Hymnau*, a bod y llyfryn i ymddangos o'r wasg cyn yr argraffiad newydd o *Grawn-sypiau Canaan*. Yn y cyfamser, ymddengys fod rhagor o emynau o waith Ann Griffiths wedi dod i law oddi wrth deulu chwaer Ann yn Llanfyllin. Nid oedd yn bosibl, oherwydd ystyriaethau gofod, gynnwys y rhain yn yr atodiad i *Grawn-sypiau Canaan*, ond aeth Thomas Charles ati i'w paratoi ar gyfer eu cynnwys ar ddiwedd *Casgliad o Hymnau*, a gyhoeddwyd yn llyfryn mwy o faint na'r disgwyl gwreiddiol yn Ionawr 1806. Canlyniad hyn yw bod *Casgliad o Hymnau* yn gyfrol sy'n ymrannu'n ddwy ran bendant, a chanddi ddau olygydd gwahanol yn ôl pob tebyg, a'r rhan gyntaf ohoni yn rhannu'r un cysodiad teip â rhan o gyfrol arall, sef *Grawn-sypiau Canaan*.[40]

Soniwyd uchod fod *Casgliad o Hymnau* wedi ymddangos o'r wasg o flaen ail argraffiad *Grawn-sypiau Canaan*. Ni ddywedir hynny yn unman yn y cyfrolau. Daethpwyd i'r casgliad hwnnw trwy gymharu sawl copi o'r cyfrolau hyn â'i gilydd; oherwydd yn groes i'r dybiaeth gyffredinol, mae copïau o gyfrolau a gysodwyd â llaw fesul llythyren ac a argraffwyd ar argraffweisg pren, yn aml yn gwahaniaethu rhyw gymaint oddi wrth ei gilydd. Yn hynny o beth, mae copïau o gyfrol a argraffwyd felly yn ymdebygu mewn rhai ffyrdd i deulu o lawysgrifau, a phob un yn amrywio ychydig oddi wrth ei gilydd. Ac mae hyn yn ystyriaeth bwysig i'w chadw mewn cof gan y sawl sy'n astudio testunau Cymraeg a argraffwyd cyn tua chanol y bedwaredd ganrif ar bymtheg.[41]

Un o nodweddion pennaf y wasg argraffu y cynhyrchwyd *Grawn-sypiau Canaan* (1805–6) a *Casgliad o Hymnau* (1806) arni oedd ei harafwch. Pan symudodd Robert Saunderson i'r Bala yn 1803 i redeg swyddfa argraffu newydd Thomas Charles, yr oedd byd argraffu ar drothwy newidiadau chwyldroadol; ond er iddynt archebu teip newydd ar gyfer y swyddfa o ffowndri enwog Caslon yn Llundain, fe'i defnyddid ar hen wasg bren a gynrychiolai dechneg argraffu nad oedd wedi newid fawr ddim er tri chant a hanner o flynyddoedd, gwasg yr oedd yn rhaid gosod arni bob dalen o bapur yn unigol â llaw, a gwasg yr oedd yn rhaid ei gweithio'n araf er mwyn cynnal unrhyw fath o safon o ran ansawdd yr argraffu. Cadarnheir arafwch argraffwasg gyntaf Saunderson gan y disgrifiad canlynol ohoni gan Andronicus:

Mae yn debyg mai yr argraphwasg gyntaf gafodd Mr. Saunderson oedd y 'Cambrian Press' – hen beiriant wedi ei wneyd o goed – a golwg ddigon anolygus a thrwsgwl arno. Gweithid ef gan ddau ddyn – un i roddi y ddalen o bapyr ar y llythyrenau a'r llall i weithio y peiriant. Cymerai amser mawr i argraphu cant o ddalenau, – un tu yn unig. Prin yr ydwyf yn meddwl y gellid argraphu cant mewn llai na dwy awr. Y mae hyn yn ymddangos bron yn anhygoel yn y dyddiau hyn o argraphu cyflym.[42]

Argraffwasg 'Blaeu' oedd argraffwasg gyntaf Saunderson, sef gwasg ar batrwm y fersiwn o'r argraffwasg law a ddatblygwyd tua 1620 gan yr Isalmaenwr, Willem Janszoon Blaeu (1571–1638). Hen argraffwasg John Rowland oedd un Saunderson, gwasg y bu Rowland yn argraffu arni ym Modedern ym Môn (1759–61) ac wedyn yn y Bala (1761–4).[43]

Rhwng y ffaith fod y broses argraffu mor araf a bod y teip yn symudol, gwaith cymharol rwydd oedd atal y wasg a chywiro gwallau y sylwyd arnynt ar y dalennau argraffedig wrth i'r argraffu fynd rhagddo;[44] a gwelir enghreifftiau o'r broses honno ar waith yn achos *Casgliad o Hymnau* (1806). Wrth gymharu'r adran sy'n gyffredin rhwng *Casgliad o Hymnau* (1806) a *Grawn-sypiau Canaan* (1805–6) ar draws nifer o gopïau o'r ddwy gyfrol,

gwelwyd rhai gwallau cysodi yn *Casgliad o Hymnau* lle roedd y
mannau cyfatebol yn *Grawn-sypiau Canaan* yn gywir, ond nid fel
arall; a'r unig esboniad rhesymegol dros hynny yw bod y broses
o gywiro proflenni wedi mynd rhagddi wrth i'r deunydd yn
Casgliad o Hymnau gael ei argraffu, ond bod y testun wedi
cyrraedd ei stad derfynol i bob pwrpas erbyn dechrau argraffu
Grawn-sypiau Canaan.[45]

Os yw perthynas *Casgliad o Hymnau* a *Grawn-sypiau Canaan* yn
gymhleth, felly hefyd y berthynas rhwng y fersiynau argraffedig
cynnar o emynau Ann Griffiths a'r fersiynau llawysgrif a wnaeth
John Hughes, Pontrobert, tua'r un adeg. Mae gwahaniaethau
arwyddocaol rhyngddynt o ran trefn a chyfuniad penillion, ac o
ran eu geiriad. Digon yw dweud yn awr fod seiliau cadarn dros
ddadlau mai fersiynau llawysgrif John Hughes yw'r agosaf at
wreiddiol Ann Griffiths. Ond nid dyna'r fersiynau a oedd mewn
cylchrediad ar hyd y bedwaredd ganrif ar bymtheg, ond yn
hytrach amrywiadau ar destun *Casgliad o Hymnau* (1806). Yn wir,
yr oedd yn rhaid aros tan 1905 cyn cyhoeddi fersiynau llawysgrif
John Hughes o'r penillion am y tro cyntaf, yn y gyfrol *Gwaith
Ann Griffiths* dan olygyddiaeth O. M. Edwards yng Nghyfres y
Fil.[46] Machludodd dydd testun *Casgliad o Hymnau* (1806) wedi
hynny, ac argraffiadau yn seiliedig ar fersiynau llawysgrif John
Hughes yw'r holl argraffiadau o emynau Ann a baratowyd yn
ystod yr ugeinfed ganrif. Ond mae'n werth cadw mewn cof fod
bri cynyddol Ann Griffiths yn ystod y bedwaredd ganrif ar
bymtheg yn seiliedig ar destunau o'i hemynau a oedd yn eithaf
gwahanol i'r ffurf 'wreiddiol' arnynt – yn wahanol iawn ar
adegau!

* * *

Un o ddirgelion llên a chrefydd Cymru yw'r diffyg trafod a fu ar
Ann Griffiths a'i gwaith hyd at ganol y bedwaredd ganrif ar
bymtheg. Er cyhoeddi rhyw hanner cant o'i phenillion yn
Casgliad o Hymnau (1806) yn fuan iawn ar ôl ei marwolaeth, a thri
o'i llythyrau wedyn mewn cylchgronau tua dechrau'r 1820au, bu
raid aros am dros ddeugain mlynedd ar ôl ei marw cyn i John
Hughes, Pontrobert, ddwyn gweddill ei hemynau a'i llythyrau i
olau dydd. A bu raid aros yr un mor hir cyn dechrau ei thrafod hi

a'i gwaith o ddifrif. Mae rhagair gwresog Thomas Charles i *Casgliad o Hymnau* (1806), er ei fyrred, yn arbennig o werthfawr. Ond ac eithrio'r darn hwnnw, ni cheir fawr ddim amdani mewn na chyfrol na chylchgrawn nes cyrraedd erthygl John Hughes, 'Cofiant a Llythyrau Ann Griffiths', yn nghylchgrawn newydd *Y Traethodydd* yn Hydref 1846.

Gellid deall yr esgeulustod hwn pe buasai ei hemynau yn hir yn ennill eu plwyf, ond nid felly y bu. Mae amlder yr argraffiadau cynnar ohonynt, ynghyd â'u lle yng nghasgliadau emynau hanner cyntaf y bedwaredd ganrif ar bymtheg, yn dyst i hynny; ac mae'r ychydig sylwadau a geir amdanynt yma ac acw yn yr un cyfnod yn cadarnhau'r gwerthfawrogiad a oedd iddynt. Dyna Iago Trichrug yn 1821, er enghraifft. Fel yr awgryma ei enw barddol, un o Geredigion yn wreiddiol oedd y gweinidog a'r emynydd, James Hughes ('Iago Trichrug', 1779–1844), ond treuliodd y rhan fwyaf o'i oes yn gweinidogaethu ymhlith y Methodistiaid Calfinaidd yn Llundain. Yn Rhagfyr 1821, fis ar ôl cyhoeddi un o lythyrau Ann Griffiths yn ddienw yn *Goleuad Cymru*, fe'i ceir yn cyfeirio ati fel hyn yn yr un cylchgrawn: 'Canodd rhyw wraig dduwiol yn y gogledd Gathlau ardderchawg a sylweddawl iawn, ychydig flynyddoedd yn ol';[47] ac er gwaethaf ymateb cynnes Iago Trichrug i'w gwaith, mae'n amlwg oddi wrth ei sylwadau na wyddai Methodist mor flaenllaw ag ef fawr ddim am Ann Griffiths, na disgwyl i'w ddarllenwyr wybod fawr ddim amdani chwaith.

Ymateb John Hughes, Pontrobert, yw'r mwyaf annisgwyl o'r cwbl. Er iddo yn amlwg ei hystyried yn berson nodedig iawn, ac er iddo lunio nifer o gofiannau eraill i'w gyfoeswyr ymhlith Methodistiaid Maldwyn, gan gynnwys gŵr, mam-yng-nghyfraith a dau o frodyr-yng-nghyfraith Ann, aeth deugain mlynedd heibio cyn iddo fynd ati i ysgrifennu amdani hi, a hynny dim ond ar ôl i rywun ei ysgogi i ymgymryd â'r gwaith trwy anfon ato gyfres o gwestiynau amdani. A'r un modd yn achos ei llythyrau. Er i John Hughes nodi yn ei erthygl, 'Cofiant a Llythyrau Ann Griffiths', yn *Y Traethodydd* yn Hydref 1846, fod llythyrau Ann 'yn deilwng o'u cadw mewn coffadwriaeth', ac er iddo gyhoeddi tri ohonynt mewn cylchgronau yn y cyfnod 1819–23,[48] bu raid aros am ddeugain mlynedd ar ôl marw Ann cyn i'r pum llythyr arall weld golau dydd am y tro cyntaf, yn sgil cyhoeddi cofiant byr John Hughes iddi yn 1846.

O'r wyth llythyr gan Ann sydd wedi goroesi, ysgrifennwyd saith ohonynt at John Hughes pan fu ef oddi cartref yn dysgu yn rhai o ysgolion cylchynol Thomas Charles mewn rhannau eraill o sir Drefaldwyn, a'r llall at gyfeilles o'r enw Elizabeth Evans, sef chwaer Ruth Evans yn ôl pob tebyg, a oedd yn byw ar y pryd ar ffarm ym mhlwyf Cegidfa (*Guilsfield*) yn agos i'r Trallwng. Er bod y rhan fwyaf o'r llythyrau yn ddiddyddiad, y tebyg yw bod y cyfan yn gynnyrch y cyfnod rhwng gaeaf 1800 a thua haf 1802. Nid yw gwreiddiol y saith llythyr at John Hughes wedi goroesi, ond ceir copïau gweddol gyfoes ohonynt ymhlith ei lawysgrifau; ond yn achos y llythyr at Elizabeth Evans, mae'r llythyr gwreiddiol ar gael o hyd, yn un o drysorau casgliad llawysgrifau'r Llyfrgell Genedlaethol, lle mae'n dwyn y rhif LlGC 694D.

Mae ychydig o wahaniaeth naws rhwng y llythyr at Elizabeth Evans a'r rhai at John Hughes. Rhannu ei phrofiadau â 'chwaer yn yr Arglwydd' y mae Ann yn y llythyr at Elizabeth Evans; eu rhannu â chynghorydd ysbrydol y mae yn y llythyrau at John Hughes, un sydd yn 'dad yn yr Arglwydd' iddi, er nad oedd ond blwyddyn o wahaniaeth oedran rhwng y ddau Fethodist ifanc hyn. Eto, yr un yn y bôn yw cynnwys yr holl lythyrau. Trafod adnodau o'r Beibl, trafod cyflwr ysbrydol yr eglwys, ac uwchlaw pob dim, trafod ei chyflwr ysbrydol hi ei hun – 'adrodd fy helynt fy hun' – y mae Ann ynddynt i gyd. Mewn geiriau eraill, trafodaethau ar bynciau'r seiat gan aelodau'r seiat yn ieithwedd y seiat yw'r llythyrau hyn yn y bôn, ac nid llythyrau sgyrsiol rhwng cyfeillion mynwesol. Nid nad amlygir perthynas gynnes rhyngddynt, fel y dengys y cyfarchiadau megis 'Annwyl chwaer' a 'Garedig frawd' sy'n atalnodi'r llythyrau drwyddynt draw; ond ar wedd arall, mae holl osgo ac ieithwedd y llythyrau yn bradychu'r ffaith mai ymestyniad o ffurfioldeb a chwrteisi'r seiat sydd yma. Tanlinellir hynny yn yr agoriadau cwrtais i'r llythyrau, ac yn enwedig efallai yn y ffaith fod nid yn unig John ac Ann, ond hefyd Ann ac Elizabeth, yn cyfarch ei gilydd yn yr ail berson lluosog.

Os deunydd personol a phreifat oedd emynau Ann Griffiths i raddau helaeth, nid felly y llythyrau hyn at ei chyd-seiadwyr Methodistaidd. Mae'n wir y gall hi fod yn ingol o oddrychol ddadansoddol ynddynt ar brydiau. Ond yr eironi yw mai'r emynau 'gwrthrychol' oedd y pethau preifat yn ei golwg, a'r llythyrau 'goddrychol' yn bethau llawer mwy cyhoeddus. Yn ei ysgrif 'Ann', sonia T. H. Parry-Williams amdano ei hun yn mynd i'r Llyfrgell Genedlaethol i weld llythyr Ann at Elizabeth, a'i 'ysgrifen yn lleianaidd lân, yn dlws a destlus, yn gymeriadol a chadarn'. Bu'n syllu'n gyffrous arno, a chynhyrfu o feddwl ei fod 'yn edrych ar lythyr preifat dynes ifanc angerddol grefydd-ol, un landeg lwys (yn ôl pob hanes), a'i phrofiadau mwyaf anghyhoedd a chysegredig yno wedi eu taenu'n agored o'm blaen – o'm blaen i, yr hanner pagan penstiff o'r ugeinfed ganrif'.[49] Ond y gwir yw y byddai Ann wedi disgwyl i'w chyd-seiadwyr yn gyffredinol, ac nid John ac Elizabeth yn unig, ddarllen y llythyrau hyn, neu glywed eu darllen, fel yr oedd hi yn amlwg yn darllen llythyrau John Hughes at ei brawd ac at ei chyfeilles, Sara Griffiths.[50] Yn wir, yn ôl yr hanes, byddai John Hughes yn darllen llythyrau Ann ar goedd yn seiat Mathafarn ger Machynlleth ar ôl eu derbyn, 'er adeiladaeth a chysur yr aelodau'.[51]

Fel y nodwyd uchod, gwnaeth John Hughes gopïau llawysgrif o lythyrau Ann ato yn lled fuan ar ôl eu derbyn, ac yna cyhoeddi tri ohonynt mewn cylchgronau yn y cyfnod 1819–23. Yna, cyhoeddwyd yr holl lythyrau ganddo dair gwaith mewn cyfnod eithaf byr tua diwedd ei fywyd, yn gyntaf yn Y Traethodydd yn Hydref 1846, ac wedyn yn ei gyfrol, Cofiant Mrs. Ann Griffiths, a argraffwyd gan John D. Jones, Swyddfa'r Albion, Llanfyllin yn 1847,[52] a'r argraffiad pellach o'r un gyfrol, a gyhoeddwyd gan Esther Williams a'i mab, Philip, yn Aberystwyth yn 1854, y flwyddyn y bu John Hughes farw.

Ceir nifer o wahaniaethau rhwng y fersiynau o'r llythyrau a gyhoeddodd John Hughes yn nhri argraffiad y cyfnod 1846–54. Mân wahaniaethau orgraff ac atalnodi yw'r rhan fwyaf o lawer o'r rhain, yn codi yn bennaf o'r ffaith eu bod yn gynnyrch argraffweisg gwahanol, a phob golygydd/cysodydd yn newid y testun a oedd o'i flaen i gydymffurfio ag arddull yr argraffty. Gwahaniaethau orgraff ac atalnodi hefyd sydd wrth wraidd llawer o'r gwahaniaethau a gyfyd rhwng y fersiynau cyhoedd-edig diweddar hyn a'r fersiynau cynharach o'r tri llythyr a gyhoeddodd John Hughes yn y cyfnod 1819–23, er y ceir yn ogystal rai gwahaniaethau arwyddocaol o ran geiriad. Ond pan

drown at y fersiynau llawysgrif cynnar o'r saith llythyr at John
Hughes, ynghyd â'r copi gwreiddiol o'r llythyr at Elizabeth
Evans, gwelwn fod gwahaniaethau sylweddol rhwng union
eiriad y fersiynau hynny a fersiynau cyhoeddedig cynnar a
diweddar John Hughes fel ei gilydd.

Nid dyma'r lle i fanylu ar y gwahaniaethau rhwng y
gwahanol fersiynau hyn o'r llythyrau; bwriedir gwneud hynny
mewn man arall maes o law. Ond mae'n werth tanlinellu ambell
beth yma, er cymorth i ymchwilwyr cyfoes wrth iddynt astudio a
golygu defnyddiau o'r fath.

Yn un peth, mae bodolaeth rhychwant o fersiynau fel hyn,
dros gyfnod o hanner can mlynedd, yn rhodd amhrisiadwy o
safbwynt astudio dulliau golygyddol John Hughes, Pontrobert,
ei hun, a'r rheini yn eu tro yn adlewyrchu safonau golygu ei
gyfnod. Y peth pwysicaf a ddaw i'r golwg, mae'n debyg, yw'r
agwedd lawer mwy cafalîr na'n cyfnod ni at olygu testunau mor
bell ag y mae parchu'r 'gwreiddiol' yn y cwestiwn. Ac mae'n
werth pwysleisio yma eto, fel yn achos emynau Ann, mai
fersiynau wedi'u golygu'n bur drwm yw'r fersiynau o'i
llythyrau a fu mewn print hyd at ddechrau'r ugeinfed ganrif.

Y peth arall a ddaw i'r golwg, yn enwedig wrth gymharu'r
clwstwr o argraffiadau a ymddangosodd yn y cyfnod 1846–54,
yw pwysigrwydd cysodwyr yn hytrach na'r awdur ym mater
amrywiadau orgraff a sillafu. Yn ei ragymadrodd i'w ddetholiad
o emynau Williams Pantycelyn a gyhoeddwyd gan Wasg
Gregynog yn 1991, fe ddywed Derec Llwyd Morgan hyn:

> Y mae golygu Williams yn dasg anodd. Y mae ei sillafu yn
> anghyson, y mae ei atalnodi yn fympwyol ac yn aml yn ddiystyr
> (ac eithrio fod llawer ohono yn llinellog i hwyluso ledio), y mae ei
> ddull o ddangos odlau hefyd yn fympwyol. Weithiau, byddaf yn
> meddwl mai ei gysodwyr ac nid ef ei hun oedd yn gyfrifol am hyn
> oll, ond pwy a ŵyr?[53]

Mewn gwirionedd, y mae bron yn sicr mai cysodwyr a fu'n
gyfrifol am gryn dipyn o hyn. Er y disgwylid i gysodydd gadw
at eiriad y copi a oedd o'i flaen – y 'sylweddau' (y 'substantives'),
fel y'u gelwir – rhan arall o'i ddyletswyddau traddodiadol oedd
cywiro neu safoni yr 'arweddau' (yr 'accidentals'), sef y sillafu, yr

atalnodi, y priflythrennu a'r italeiddio.[54] Er bod tuedd gynyddol o tua diwedd y bedwaredd ganrif ar bymtheg ymlaen i'r swyddogaeth honno gael ei throsglwyddo i olygyddion y tai cyhoeddi, mae'r disgwyliadau hynny wedi parhau hyd heddiw i ryw raddau, ac yn fwy felly ym myd argraffu yng Nghymru nag yn Lloegr. Yn aml iawn hefyd, ac yn enwedig mewn swyddfeydd argraffu bychain, roedd gan y cysodydd gyfraniad ehangach at bryd a gwedd llyfr na chywiro'r arweddau yn unig. Ys dywedodd J. E. Caerwyn Williams: 'Mae'n werth cofio nad cysodwr syml oedd cysodwr yr adeg honno [y 1920au]. Yr oedd rhaid iddo drin llawysgrif a oedd bron bob tro mewn llawysgrifen, gymen neu aflêr, a gweithio arni fel dylunydd a hyd yn oed fel golygydd oes ddiweddarach gan ddewis teip, llunio fformat, heb sôn am gywiro'r iaith.'[55] Ac un peth a ddaw i'r amlwg yn hyn oll yw nad cynnyrch 'rhamantaidd' unigolyn mo unrhyw destun argraffedig, ond cywaith rhwng awdur, golygydd, cysodydd ac argraffydd.

* * *

Mae i Ann Griffiths le unigryw yn ein llên. Ystrydeb bellach yw nodi mai hi yw'r unig ferch ym 'Mlodeugerdd Rhydychen' Thomas Parry (1962). Ac yn hanes cyhoeddi ac argraffu y mae iddi le unigryw hefyd fel merch ar gyfrif amlder ymddangosiad ei gwaith mewn print. Ymhellach, yn ôl yr argraffiad diweddaraf o *Cydymaith i Lenyddiaeth Cymru* (1997), cyfrol Jane Edward, *Ychydig Hymnau*, a ymddangosodd o wasg Saunderson, y Bala, yn 1816 yw'r llyfr cyntaf i 'gael ei gyhoeddi yn yr iaith Gymraeg dan enw merch'.[56] Nage, wir. Ann Griffiths biau'r hawl hwnnw hefyd, oherwydd er na roddwyd ei henw ar wynebddalen argraffiadau cyntaf *Casgliad o Hymnau*, y mae yno erbyn argraffiad Caerfyrddin yn 1809.

Dadleua Jane Aaron fod unigrywiaeth Ann

yn fodd i feithrin y ddelwedd gyfarwydd ohoni fel un a ysbrydolwyd gan ei ffydd i lefelau goruwch na'r hyn y gellid eu disgwyl gan wragedd. Hi oedd yr eithriad sanctaidd a oedd fel petai'n profi'r ddadl nad oedd yn naturiol i ferched o gig a gwaed gyfansoddi . . . Tuedd yr elfen wryw-ganolog mewn beirniadaeth lenyddol yw mawrygu un awdures fel y fenyw symbolaidd, a thynnu llen dros y gweddill.[57]

Mae hyn yn iawn o'i gymhwyso i Oes Victoria, oherwydd yn sicr gwelir Ann yn tyfu'n eicon o gyfnod Brad y Llyfrau Gleision ymlaen, ac yn arbennig erbyn y 1860au. Ond mae'n anodd ei dderbyn ar gyfer hanner cyntaf y bedwaredd ganrif ar bymtheg, oherwydd fel y nodwyd eisoes, ychydig iawn o sylw a gafodd Ann gan ysgrifenwyr hanner cyntaf y ganrif, hyd yn oed gan John Hughes, Pontrobert.

A oedd Ann Griffiths yn cael ei hystyried yn 'unigryw' yn ei dydd am ei bod yn barddoni? Yn wyneb yr holl sôn yn ein dyddiau ni – neu, o leiaf, cyn i Mererid Hopwood ennill y Gadair! – fod traddodiad y canu caeth yn draddodiad gwrywaidd yn ei hanfod, byddech wedi disgwyl i'r hanesyn am Ann yn llunio englyn gael ei amau'n fawr. Mae'n wir y bu trafod ar yr hanesyn pan gofnodwyd ef gyntaf, ond dilysrwydd oedran Ann wrth ei gyfansoddi, sef deg oed, ac nid ei rhyw oedd y mater dan drafodaeth.[58] A'r argraff a gaf i yw nad oedd pobl yng nghynefin Ann, yng nghyfnod Ann ei hun ac am amser hir wedi hynny, yn ystyried bod dim byd arbennig iawn ynghylch merch yn barddoni, gan gynnwys barddoni yn y mesurau caeth. Hwyrach fod a wnelo hynny â'r cof am Werful Mechain, y bardd o'r bym-thegfed ganrif a gladdwyd yn ôl traddodiad ym mynwent Llanfihangel-yng-Ngwynfa, ac un yr oedd darnau o'i phryd-yddiaeth 'yn [parhau i] nofio ar gof gwlad' nid yn unig yn nyddiau Ann, ond hyd at ddiwedd y bedwaredd ganrif ar bymtheg o leiaf.[59] Diddorol yw gweld bod peth o'i gwaith i'w gael yn y casgliad llawysgrif o farddoniaeth a oedd ar aelwyd Dolwar Fach; a diddorol gweld hefyd fod merch o Lanfair Caereinion, Siân ach Ifan, yn un o'r wyth prydydd a oedd yn bresennol yn yr eisteddfod a gynhaliwyd yn y Bala adeg y Sulgwyn, 1738 – a Harri Parri o Graig-y-gath, athro barddol teulu Dolwar Fach, yn un arall o'r wyth. Mae'n werth nodi hefyd fod Malen ac Ann, dwy ferch y carolwr Dafydd Manuel o'r Byrdir, Trefeglwys, hwythau'n barddoni tua diwedd yr ail ganrif ar bymtheg, a straeon yn y tir am y tad ac un o'r merched yn ateb ei gilydd ar gynghanedd.[60]

Os nad oedd Ann yn 'unigryw' wrth lunio englynion, nid oedd yn sicr yn 'unigryw' wrth lunio emynau. Er bod crefydd yn cael y bai yn aml am safle israddol merched yn y gymdeithas, mae'n bwysig cofio i fudiad efengylaidd y ddeunawfed ganrif fod yn gyfrwng i roi amlygrwydd a chyfleoedd sylweddol i ferched. Mae'n wir y byddai'r Methodistiaid yn derbyn y safbwynt traddodiadol fod i wrywod a benywod swyddogaethau gwahanol yn yr eglwys, ac mai swyddogaeth y gwryw oedd arwain a phregethu. O ganlyniad, er mai'r merched oedd yn y mwyafrif yn seiadau'r Methodistiaid yn y ddeunawfed ganrif, eithriad prin iawn oedd caniatáu i un ohonynt arwain ynddynt.[61] Ond ym mater profiad ysbrydol roedd pethau'n wahanol; yn hynny o beth, nid oedd 'na gwryw na benyw' (Galatiaid 3:28). I'r Methodistiaid, yr oedd gwrywod a benywod fel ei gilydd yn eneidiau tragwyddol; roeddynt ill dau wedi syrthio i bechod a than gondemniad Duw; yr un ffordd yn union oedd gan y ddau ryw o dderbyn iachawdwriaeth, sef trwy edifeirwch tuag at Dduw a ffydd yng Nghrist; ac yr oedd y ddau ryw yn cyrchu at yr un nod, sef y nefoedd, lle na fyddent 'nac yn gwreica, nac yn gwra' (Mathew 22:30).

Am eu bod yn eneidiau anfarwol, yr un oedd angen gwrywod a benywod am addysg grefyddol sylfaenol ac am sgiliau i'w galluogi i ddarllen a deall y Beibl, ac felly darperid addysg ar gyfer y ddau ryw yn ysgolion cylchynol y ddeunawfed ganrif ac yn ysgolion Sul Thomas Charles. Yna, yn achos mawl ac addoliad, gan fod pob crediniwr, yn ôl yr egwyddor Brotestannaidd, yn offeiriad, disgwylid iddynt – yn wryw a benyw – 'offrymu aberthau ysbrydol' i Dduw (1 Pedr 2:5), gan gynnwys 'aberth moliant' (Hebreaid 13:15). Ac mae'n ddiddorol gweld Williams Pantycelyn yn mynd allan o'i ffordd i amddiffyn hawl merched 'i weddïo Duw, ac i ganu mawl, i glodfori ac i seinio allan ei glod ef yn yr eglwys ar gyhoedd',[62] a hynny yn ei lyfr cyntaf o ryddiaith greadigol, llyfryn a ysgrifennodd ar ffurf llythyr oddi wrth ferch at ei chynghorydd ysbrydol. Ei deitl llawn yw *Llythyr Martha Philopur at y Parchedig Philo Evangelius ei Hathro* (1762); ac un o'r pethau mwyaf diddorol am y llyfryn yw'r modd y mae Williams, nid yn unig yn mynd allan o'i ffordd i amddiffyn lle merched yn yr addoliad cyhoeddus, ond hefyd wedi dewis creu portread o ferch sy'n gallu ymresymu'n fedrus ac esbonio darnau o'r Beibl yn ddiogel.[63]

Yr wyf ers tro yn crynhoi deunydd ar gyfer cyfrol ar emynyddesau Cymru, ac er nad ydynt mor niferus â'r dynion, mae gennyf gyfeiriadau at tua 20 o ferched a oedd yn llunio emynau yn ail hanner y ddeunawfed ganrif a hanner cyntaf y bedwaredd ganrif ar bymtheg.[64] Mae'n wir nad oes cynifer ohonynt ag sydd o ddynion, hwyrach am fod mwy yn bodloni ar gyfansoddi ar lafar yn unig; mae'n wir hefyd, lle y ceir cyhoeddi, fod rhyw fentor gwrywaidd yno yn y cefndir – Christmas Evans yn achos y Fedyddwraig o Fôn, Jane Hughes, Rhyd-wyn, er enghraifft, a Chaledfryn yn achos yr Annibynwraig o Gwmafan, Mary Owen; ond wedi dweud hynny, ceir nifer go dda o emynyddesau yma a thraw, a'u gwaith at ei gilydd gystal pob dim â gwaith y rhan fwyaf o'r gwrywod a oedd yn emynydda yn yr un cyfnod. Ychydig o'r gwrywod hynny a gyrhaeddodd reng flaen ein hemynwyr, ac nid yw'n syndod felly, gan fod tipyn llai ohonynt o ran cyfartaledd, mai un yn unig o'r emynyddesau – sef Ann Griffiths – a gyrhaeddodd y rheng flaen. Nid yw Ann yn unigryw fel emynyddes, felly. Cododd i'w safle o blith yr emynyddesau eraill. Ac eto y mae'n unigryw, oherwydd fel y cyfeddyf Jane Aaron, 'yn ysbeidiol y deuwn ar draws barddoniaeth sy'n cymharu o ran ansawdd â'i chanu hi yng ngwaith ei chwiorydd'[65] – ac yng ngwaith ei brodyr o ran hynny.

Nodiadau

[1] Morris Davies, *Cofiant Ann Griffiths* (Dinbych: Thomas Gee, 1865), t.57.

[2] R. Geraint Gruffydd, 'Ann Griffiths: Llenor', *Taliesin*, 43 (Rhagfyr 1981), 76.

[3] W. R. P. George (gol.), '*Gyfaill Hoff . . .': Detholiad o Lythyrau Eluned Morgan* (Llandysul: Gwasg Gomer, 1972), tt.23, 188. 'Tra dewr' yw disgrifiad Saunders Lewis o waith W. R. P. George yn cyhoeddi'r gyfres nodedig hon o lythyrau at ei dad, llythyrau a barodd i lygaid S.L. losgi wrth eu darllen; gweler Gwynn ap Gwilym (gol.), *Meistri a'u Crefft: Ysgrifau Llenyddol gan Saunders Lewis* (Caerdydd: Gwasg Prifysgol Cymru, 1981), t.281.

[4] Fe'i cynhwysir yn E. Wyn James (gol.), *Rhyfeddaf Fyth . . .: Emynau a Llythyrau Ann Griffiths ynghyd â'r Byrgofiant iddi gan John Hughes, Pontrobert, a Rhai Llythyrau gan Gyfeillion* (Y Drenewydd: Gwasg Gregynog, 1998).

[5] *Casgliad o Ysgrifau T. H. Parry-Williams*, ail argraffiad (Llandysul: Gwasg Gomer, 1992), t.280.

[6] Mary Jones yw'r llall; gweler fy erthygl, 'Ann Griffiths, Mary Jones a Mecca'r Methodistiaid', *Llên Cymru*, 21 (1998), 74.

[7] E. Wyn James (gol.), *Rhyfeddaf Fyth* . . . (1998), t.92.

[8] Morris Davies, *Cofiant Ann Griffiths* (1865), t.42.

[9] Ibid., t.60. Cafodd Morris Davies yr hanesyn gan Jane, merch ieuengaf Edward Thomas, a oedd yn byw ar y pryd yng Nghwm Bargod, cwm bychan sy'n ymuno â Chwm Taf ger Treharris. Symudodd Edward Thomas a'i deulu o'i fferm yn ardal Pontrobert i gylch Merthyr Tudful yn 1818. Ychydig fisoedd wedi hynny, lladdodd Edward Thomas denant newydd ei hen fferm trwy ei daro yn ei dymer â chryman medi yn ystod ffrae rhyngddynt, a chafodd ei garcharu am flwyddyn am ddynladdiad. Ar ôl ei ryddhau aeth yn ôl i ardal Merthyr, lle y bu farw, ym mhentref Cefncoedycymer, yn 1852. Ceir ei hanes yn llyfr David Thomas, *Ann Griffiths a'i Theulu* (Dinbych: Gwasg Gee, 1963).

[10] *Cofiant am y Parch. William Jones, Dol-y-fonddu, a'r Parch. E. Griffiths, Meifod* (Caerlleon: J. a J. Parry, 1840), tt.127–8.

[11] Morris Davies, *Cofiant Ann Griffiths* (1865), t.26.

[12] John Morgan, 'John Hughes, Pontrobert, ac Ann Griffiths', *Y Drysorfa*, Awst 1898, 358; cf. ei erthygl, 'Ann Griffiths, Ei Gwlad a'i Phobl', *Cymru*, 30 (1906), 29, 33 a 36, sylwadau John Hughes, Pontrobert, yn E. Wyn James (gol.), *Rhyfeddaf Fyth* . . . (1998), tt.95–6, a rhai Saunders Lewis yn *Meistri'r Canrifoedd*, gol. R. Geraint Gruffydd (Caerdydd: Gwasg Prifysgol Cymru, 1973), tt.299–300.

[13] Gweler trafodaeth Derec Llwyd Morgan ar y tyndra rhwng sobrwydd ac asbri yn y mudiad Methodistaidd yn gyffredinol, ac yn Ann Griffiths yn benodol, yn ei ysgrif 'Ann yn ei Dydd', *Y Ferch o Ddolwar Fach*, gol. Dyfnallt Morgan (Caernarfon: Gwasg Gwynedd, 1977), tt.93–5.

[14] Morris Davies, *Cofiant Ann Griffiths* (1865), t.60.

[15] E. Wyn James (gol.), *Rhyfeddaf Fyth* . . . (1998), t.51.

[16] Gweler, er enghraifft, Noel Gibbard, *Elusen i'r Enaid: Arweiniad i Weithiau'r Piwritaniaid Cymreig, 1630–1689* (Pen-y-bont ar Ogwr: Llyfrgell Efengylaidd Cymru, 1979), t.58; R. Geraint Gruffydd, 'John Thomas, Tre-main: Pererin Methodistaidd', *Cylchgrawn Hanes Cymdeithas Hanes y Methodistiaid Calfinaidd*, 9–10 (1985–6), 46–7. Howel Harris, wrth gwrs, yw'r enghraifft enwocaf o ddyddiadurwr ysbrydol ymhlith y Methodistiaid Calfinaidd.

[17] E. Wyn James (gol.), *Rhyfeddaf Fyth* . . . (1998), t.98.

[18] Morris Davies, *Cofiant Ann Griffiths* (1865), t.74.

[19] LlGC 1071A. Diwygiwyd yr orgraff a'r atalnodi.

[20] E. Wyn James (gol.), *Rhyfeddaf Fyth* . . . (1998), t.98.

[21] R. Geraint Gruffydd, 'Ann Griffiths: Llenor', 80.

[22] E. Wyn James (gol.), *Rhyfeddaf Fyth* . . . (1998), t.62.

[23] Ceridwen Lloyd-Morgan, 'Oral Composition and Written Transmission: Welsh Women's Poetry from the Middle Ages and Beyond', *Trivium*, 26 (1991), 94.

[24] Morris Davies, *Cofiant Ann Griffiths* (1865), tt.39–40. Sylwer hefyd, yn groes i bwyslais Ceridwen Lloyd-Morgan yn *Trivium*, 26 (1991), 94, ar arwahanrwydd y rhywiau wrth iddynt lunio a datgan barddoniaeth, fod gwrywod a benywod wrthi'n cydweithio yma; cf. disgrifiad Thomas Pennant yn niwedd y ddeunawfed ganrif o wrywod a benywod yn ymryson canu yn yr un cwmni, yn D. Roy Saer, *Canu at Iws* (Cymdeithas Alawon Gwerin Cymru, 1992), t.22.

[25] LlGC 1071A. Diwygiwyd yr orgraff a'r atalnodi. Ailweithiwyd a chwtogwyd yr hanesyn hwn mewn modd arwyddocaol cyn ei gynnwys yng nghofiant Morris Davies. Yr hyn a geir yno (t.71) yw: 'Dywedai ei chwaer, Mrs. A[braham] Jones, iddi gyfansoddi amryw o honynt yn ei gwely yn ngwyliadwriaethau y nos, a'u dysgu i Ruth.' Yn sylwadau Robert Davies cawn enghraifft gynnar o'r dyrchafu ar Ann fel 'esiampl' i ferched eraill, arfer a aeth ar gynnydd sylweddol yn ail hanner y bedwaredd ganrif ar bymtheg.

[26] E. Wyn James (gol.), *Rhyfeddaf Fyth* . . . (1998), tt.125, 124, 123.

[27] Ar y nythaid o feirdd ym mhlwyf Llanfihangel-yng-Ngwynfa, englyna Ann, a'r llawysgrifau a'r llyfrau a fu ar aelwyd Dolwar Fach, gweler fy erthyglau, 'Ann Griffiths: Y Cefndir Barddol', *Llên Cymru*, 23 (2000), 147–70, ac 'Y Llyfrau yn Nolwar Fach', *Y Casglwr*, 39 (Nadolig 1989), 16–17.

[28] LlGC 1071A (wedi diwygio'r orgraff a'r atalnodi); cf. Morris Davies, *Cofiant Ann Griffiths* (1865), t.80. Gwêl Jane Aaron hyn yn rhan allweddol o'r broses o droi Ann Griffiths 'yn un o wyrthiau mawr y traddodiad llenyddol Cymraeg'. Meddai: 'Elfen arall bwysig yn y "wyrth" a adwaenir fel "Ann Griffiths" yw'r ffaith mai dim ond trwy hap a damwain y cadwyd ei gwaith i'r oesoedd canlynol . . . Y mae ei phreifatrwydd dewisedig, drwy wrthod hyd yn oed greu llawysgrif o'i phenillion, heb sôn am eu cyhoeddi, yn unol â'r ddelwedd o wyleidd-dra hanfodol y fenyw' – Jane Aaron, '"Anadnabyddus neu Weddol Anadnabyddus": Cyd-awduresau Ann Griffiths yn Hanner Cyntaf y Bedwaredd Ganrif ar Bymtheg', *Cof Cenedl XII*, gol. Geraint H. Jenkins (Llandysul: Gwasg Gomer, 1997), tt.109, 111. Go brin, gyda llaw, yr ystyriai Ann Griffiths a Ruth Evans, a'u tebyg, eu hunain yn 'ferched gorthrymedig' (t.109).

[29] Ar gopïau'r teulu o emynau Ann, gweler E. Wyn James, 'Golygiad o Emynau Ann Griffiths' (Traethawd Ph.D. anghyhoeddedig Prifysgol Cymru [Caerdydd], 1998), tt.84–91.

[30] E. Wyn James (gol.), *Rhyfeddaf Fyth* . . . (1998), tt.108–9, 98.

[31] Ibid., t.98.

[32] LlGC 1071A (diwygiwyd yr orgraff a'r atalnodi); cf. Morris Davies, *Cofiant Ann Griffiths* (1865), t.71. Yn y gegin yr oedd y gadair wellt yn y fersiwn o'r stori yng nghyfrol Morris Davies.

[33] Morris Davies, *Cofiant Ann Griffiths* (1865), tt.59–60; cf. John Morgan, 'Ann Griffiths, Ei Gwlad a'i Phobl', 30–1.

[34] Ond nid y math o swildod benywaidd gwylaidd a gweddus a briodolid iddi gan gyfnodau diweddarach. Fel y dywed Jane Aaron (gweler nodyn 28), defnyddid 'ei phreifatrwydd dewisedig' er mwyn hybu'r syniad ei bod yn cydymffurfio 'â'r ddelwedd o wyleidd-dra hanfodol y fenyw' wrth greu 'y "wyrth" a adwaenir fel "Ann Griffiths"'. Ond rhaid cofio bod y dyrchafu hwn ar wyleidd-dra yn perthyn yn nes i Oes Victoria ac Edward nag i oes Ann Griffiths.

[35] Gweler E. Wyn James a Brynley F. Roberts, 'Gomer, John Evans a *Swp o Ffigys* Daniel Evans', *Cylchgrawn Llyfrgell Genedlaethol Cymru*, 25:3 (Haf 1988), tt.313–40. Nid oedd y symud o Abertawe i Gaerfyrddin yn ddim o'i gymharu â phellter y symud yn achos geiriadur Saesneg–Cymraeg John Walters. Ar yr wynebddalen, dywedir iddo gael ei argraffu yn Llundain dros yr awdur yn 1794, ond y gwir yw mai argraffu'r tair rhan olaf yn unig a wnaed yn Llundain yr adeg honno; ymddangosodd y rhan fwyaf o'r gwaith o wasg Rhys Thomas yn y Bont-faen ym Mro Morgannwg mewn 14 o rannau rhwng 1770 a 1783. (Ar hanes helbulus argraffu'r geiriadur, gweler Ifano Jones, *A History of Printing and Printers in Wales* (Cardiff: William Lewis, 1925), tt.85–9.)

Mae'r cyfeiriad at argraffu mewn rhannau yn werth ei bwysleisio yng nghyd-destun 'cymhlethdod' deunydd printiedig. Rhannau 'swyddogol' yw'r Rhan I a'r Rhan II o *Swp o Ffigys* y cyfeirir atynt yma (hynny yw, fe'u bwriadwyd yn ddwy 'gyfrol' gyflawn orffenedig); ond, fel yn achos geiriadur Walters, mae llawer cyfrol Gymraeg yn y gorffennol wedi ymddangos mewn 'rhannau' o ychydig gydiadau ar y tro, dros rai blynyddoedd yn aml. Er enghraifft, er mai '1842' sydd ar wynebddalen cyfrol enwog Thomas Price ('Carnhuanawc'), *Hanes Cymru*, daeth y gyfrol o wasg Thomas Williams ('Cynydr'), Crycywel, yn 14 o rannau swllt yr un rhwng 1836 a 1842. Byddai'r rhannau yn cael eu gwerthu gan ddosbarthwyr i danysgrifwyr yn union fel petaent yn rhifynnau cylchgrawn, ond bod y rhannau hynny, yn wahanol i rifyn o gylchgrawn, yn anghyflawn ynddynt eu hunain, gan ddechrau a gorffen ar ganol brawddeg yn aml. Enghraifft dda o hyn yw *Geiriadur Prifysgol Cymru*, a gyhoeddwyd yn rhannau dros yr hanner can mlynedd diwethaf.

Y Beibl Cymraeg cyntaf i'w gyhoeddi mewn rhannau oedd 'Beibl Peter Williams' (1770). Ymddangosodd yr Hen Destament a'r Testament

Newydd o wasg John Ross, Caerfyrddin, yn 15 o rannau swllt deufisol
rhwng Ionawr 1768 a Mai 1770. Argraffwyd yr Apocryffa ar ôl hynny, ac
yr oedd dewis gan y tanysgrifwyr brynu hwnnw neu beidio, sy'n egluro
paham y ceir rhai copïau â'r Apocryffa ynddynt a rhai hebddo. Yn y
gyfrol hefyd ceir dau fap; ond nid eu hargraffu yng Nghaerfyrddin fu
hanes y rhain; yn hytrach fe'u hanfonwyd yn sypyn o 18,000 taflen o
Lundain i Gaerfyrddin gan Richard Morris yn Ebrill 1770, ar gyfer eu
rhwymo yn y cyfrolau terfynol. (Ceir hanes argraffu'r Beibl yn Gomer
Morgan Roberts, *Bywyd a Gwaith Peter Williams* (Caerdydd: Gwasg
Prifysgol Cymru, 1943), tt.64–71.)

Enghraifft lle y mae gwybodaeth ynghylch cyhoeddi mewn rhannau
yn bwysig o safbwynt astudio'r dylanwadau a fu ar Ann Griffiths yw
Geiriadur Ysgrythyrol Thomas Charles. '1805' sydd ar wynebddalen
cyfrol gyntaf y *Geiriadur*, ac ni orffennwyd argraffu'r gyfrol tan ddiwedd
1805, rai misoedd wedi marw Ann Griffiths ym mis Awst y flwyddyn
honno. Mae rhai wedi cymryd oddi wrth hynny nad oedd hi wedi
gweld dim o'r *Geiriadur*; ond y gwir yw bod pump o chwe rhan cyfrol
gyntaf y *Geiriadur* – ac argraffiadau diwygiedig o rai ohonynt hyd yn
oed – wedi ymddangos dipyn cyn ei marw. (Ar hanes dyrys cyhoeddi
cyfrol gyntaf y *Geiriadur*, gweler D. E. Jenkins, *The Life of the Rev. Thomas
Charles B.A. of Bala*, cyf. 2 (Denbigh: Llewelyn Jenkins, 1908), pennod 42.)

Nid cyhoeddi mewn rhannau yw unig achos 'cymhlethdodau' mewn
deunydd printiedig. Am rai enghreifftiau o fathau eraill, gweler David
Salmon, 'A "Cancel" in "Welch Piety"', *Journal of the Welsh Bibliographical
Society*, 1:4 (Hydref 1912), 118–22; N.S.S., 'Varying Editions', ibid., 2:1
(Gorffennaf 1916), 51–2; 2:2 (Hydref 1917), 73; Eiluned Rees, 'Pre–1820
Welsh Subscription Lists', ibid., 11:1–2 (1973–4), 96–7. Ceir sawl enghraifft
arall ym mhennod Philip Henry Jones, 'Two Welsh Publishers of the
Golden Age: Gee a'i Fab a Hughes a'i Fab', yn *A Nation and Its Books*, ed.
Philip Henry Jones and Eiluned Rees (Aberystwyth: National Library
of Wales, 1998); a sylwer ar yr enghreifftiau o 'variant' sy'n britho tud-
alennau dwy gyfrol Eiluned Rees, *Libri Walliae: Catalog o Lyfrau Cymraeg a
Llyfrau a Argraffwyd yng Nghymru, 1546–1820* (Aberystwyth: Llyfrgell
Genedlaethol Cymru, 1987).

[36] Dylid egluro mai tua dwy ran o dair o'r penillion o waith Ann a
gadwyd yn llawysgrifau John Hughes, Pontrobert, a gyhoeddwyd yn
Casgliad o Hymnau (1806), a'r rheini yn gymysg â phenillion gan
awduron eraill, heb ddynodi awduraeth y penillion gwahanol. Olrheinir
awduraeth penillion y casgliad yn fy nhraethawd doethuriaeth
anghyhoeddedig, 'Golygiad o Emynau Ann Griffiths' (Ph.D. Prifysgol
Cymru, 1998). Ceir yno hefyd drafodaeth fanwl ar y berthynas rhwng
Casgliad o Hymnau (1806) a *Grawn-sypiau Canaan* (1805–6), ynghyd â'r

berthynas rhwng y fersiynau cyhoeddedig cynnar o'r emynau a
fersiynau llawysgrif John Hughes.

[37] Ar Robert Saunderson a gwasg Thomas Charles, gweler D. E.
Jenkins, *The Life of the Rev. Thomas Charles B.A. of Bala*, cyf. 2, tt.443–8,
470–8, 486–7; cyf. 3, tt.67, 69, 147, 480–1, 544–5, 601–2; Jonathan Jones,
Cofiant y Parch. Thomas Jones, o Ddinbych (Dinbych: T. Gee a'i Fab, 1897),
tt.144–9; Ifano Jones, *A History of Printing and Printers in Wales*, tt.177–81;
[John W. Jones], *Adgofion Andronicus* (Caernarfon: Cwmni'r Wasg
Genedlaethol Gymreig, 1894), tt.71–3; Idwal Jones, 'Thomas Jones o
Ddinbych – Awdur a Chyhoeddwr', *Journal of the Welsh Bibliographical
Society*, 5:3 (Gorffennaf 1939), 156–61; Rhiannon F. Roberts, 'Robert
Saunderson yr Argraffydd', *Cylchgrawn Llyfrgell Genedlaethol Cymru*, 11:3
(Haf 1960), 273; 12:2 (Gaeaf 1961), 198; W. J. Edwards, 'Hen Argraffydd
Thomas Charles', *Y Casglwr*, 22 (Mawrth 1984), 19.

Sonia Rhiannon Francis Roberts am ddyddiadur coll a gadwai
Saunderson yn y blynyddoedd 1804–6, yr ymddengys fod y rhan fwyaf
ohono yn Gymraeg – a hynny er gwaethaf yr hyn a ddywed R. T. Jenkins
am ddiffyg medr Saunderson yn y Gymraeg. Os oedd gafael
Saunderson ar y Gymraeg braidd yn simsan, un o oblygiadau hynny yw
y gellid disgwyl y byddai wedi bod, at ei gilydd, yn fwy ffyddlon na
Chymro Cymraeg i'r union gopi a oedd o'i flaen wrth iddo gysodi, gan y
byddai wedi tueddu i ddarllen y copi hwnnw fesul llythyren yn hytrach
na fesul gair, gan beidio o'r herwydd â chamddarllen/camgywiro i'r un
graddau ag sy'n arferol yn achos cysodwyr sy'n deall yr iaith y maent
yn cysodi ynddi.

[38] Mewn llythyr at Iolo Morganwg a ddyfynnwyd yn D. Francis
Roberts a Rhiannon Francis Roberts, *Hanes Capel Tegid, Y Bala* (Y Bala:
Robt. Evans a'i Fab, 1957), t.28.

[39] Goronwy P. Owen (gol.), *Atgofion John Evans y Bala* (Caernarfon:
Gwasg Pantycelyn, 1997), t.125.

[40] Manylir ar hyn oll yn fy nhraethawd doethuriaeth anghyhoedd-
edig, 'Golygiad o Emynau Ann Griffiths' (Ph.D. Prifysgol Cymru, 1998),
pennod 3.

[41] Yr enghraifft glasurol o beidio â sylweddoli hynny yw'r
adargraffiad o Lyfr Gweddi Gyffredin 1567 a baratôdd Glanmor
Williams a Melville Richards ar gyfer Gwasg Prifysgol Cymru yn 1953;
gweler adolygiad W. Alun Mathias yn *Llên Cymru*, 8:3–4 (1965), 236–9,
o'r adargraffiad pellach o Lyfr Gweddi 1567 a gyhoeddwyd gan Wasg y
Brifysgol yn 1965. Ar holl fater defnyddio astudiaethau llyfryddol
manwl wrth olygu testunau, gweler Philip Gaskell, *A New Introduction to
Bibliography* (Oxford: Oxford University Press, 1974; reprinted,
Winchester: St Paul's Bibliographies, 1995); D. C. Greetham, *Textual*

Scholarship: An Introduction (New York and London: Garland Publishing, 1994); George Bornstein and Ralph G. Williams (eds.), *Palimpsest: Editorial Theory in the Humanities* (Ann Arbor: University of Michigan Press, 1993). Enghraifft yn y Gymraeg o astudio'r dystiolaeth lyfryddol yn fanwl wrth olygu testun yw traethawd Dafydd Alwyn Owen, 'Argraffiad beirniadol gyda rhagymadrodd, amrywiadau a nodiadau, o "Canadiau, y rhai sydd ar y môr o wydr, &c. i Frenhin y Saint": ynghyd â "Rhai hymnau a chaniadau duwiol ar amryw ystyriaethau", William Williams Pantycelyn' (Traethawd MA anghyhoeddedig Prifysgol Cymru [Aberystwyth], 1981).

⁴² [John W. Jones], *Adgofion Andronicus*, t.72. Am ddisgrifiad o'r naw cam yr oedd yn rhaid eu cymryd ar wasg law o'r fath er mwyn argraffu un ochr i ddalen, gw. Colin Clair, *A History of Printing in Britain* (London: Cassell, 1965), t.210; am ddisgrifiad manylach o argraffu ar argraffweisg pren, ynghyd â lluniau ohonynt, gweler yr adran ar 'Presswork' yn Philip Gaskell, *A New Introduction to Bibliography*. Disodlwyd yr argraffweisg pren yn gynyddol yng Nghymru gan rai haearn o tua 1820 ymlaen, ond bu digon o ddefnyddio ar rai pren hyd at tua chanol y ganrif. Er enghraifft, 1858 ydoedd cyn i argraffwasg bren Peter Evans, Caernarfon, gael mynd yn goed tân a 1872 cyn i hen wasg bren Robert Saunderson gael ei thynnu'n ddarnau (Ifano Jones, *A History of Printing and Printers in Wales*, tt.147–8, 60, a gweler nodyn 52 isod). Yn ei *Braslun o Hanes Hughes a'i Fab, Cyhoeddwyr Wrecsam* (Croesoswallt: Cymdeithas Lyfryddol Cymru, 1946), rhydd Thomas Bassett ddisgrifiad o arafwch y dulliau cysodi ac argraffu a nodweddai swyddfa argraffu Hughes yn ei dechreuadau yn y 1820au (tt.11–14). Er mai gwasg haearn yn hytrach nag un bren oedd gwasg Hughes o'r dechrau, efallai (gw. Philip Henry Jones, '"We only publish what we think will pay for publishing": Agweddau ar Hanes Hughes a'i Fab, Wrecsam, 1820–1920', *Trafodion Anrhydeddus Gymdeithas y Cymmrodorion 1996*, 3 (1997), 120), ni fyddai hynny wedi effeithio ryw lawer ar gyflymder yr argraffu, gan fod argraffu ar y gweisg llaw haearn newydd yn broses bron mor araf ag ar yr hen rai pren! Yr oedd yn ail hanner y bedwaredd ganrif ar bymtheg cyn y gwelwyd yng Nghymru yr 'argraphu cyflym' y sonia Andronicus amdano yn y dyfyniad uchod. Ar y datblygiadau technolegol a welodd byd argraffu yn ystod y bedwaredd ganrif ar bymtheg, gweler Philip Henry Jones, 'Argraffu a Chyhoeddi yn yr Iaith Gymraeg 1800–1914', yn *'Gwnewch Bopeth yn Gymraeg': Yr Iaith Gymraeg a'i Pheuoedd 1801–1911*, gol. Geraint H. Jenkins (Caerdydd: Gwasg Prifysgol Cymru, 1999), tt.309–18. Y duedd oedd i Gymru fod rhwng 10 ac 20 mlynedd ar ôl Lloegr yn y datblygiadau hyn: gw. Eiluned Rees, 'The Welsh Book Trade from 1718 to 1820', yn *A Nation and Its Books*, t.132; Aled Gruffydd Jones,

Press, Politics and Society: A History of Journalism in Wales (Cardiff: University of Wales Press, 1993), t.73.

[43] Argraffwasg 'Blaeu', hefyd, oedd yr unig argraffwasg arall a fu ar waith yn sir Fôn yn ystod y ddeunawfed ganrif, oherwydd dyna oedd y 'new PRESS after the Dutch Fashion' y bu Lewis Morris yn argraffu arni yn y 1730au, ac a aeth maes o law yn eiddo i Ddafydd Jones o Drefriw. Ar hyn, gweler Colin Clair, *A History of Printing in Britain*, tt.141–2, 209–10; Ifano Jones, *A History of Printing and Printers in Wales*, pennod 9; Bedwyr Lewis Jones, *Argraffu a Chyhoeddi ym Môn* (Gwasanaeth Llyfrgell Gwynedd: Rhanbarth Môn, 1976); Dafydd Wyn Wiliam, *Lewis Morris: Deugain Mlynedd Cyntaf Ei Oes, 1700/1–42* (Llangefni: Yr Awdur, 1997), tt.152–5; Gerald Morgan, *Y Dyn a Wnaeth Argraff* (Llanrwst: Gwasg Carreg Gwalch, 1982).

[44] Ar hyn, gweler Philip Gaskell, *A New Introduction to Bibliography*, tt.115, 353, 354.

[45] Manylir ar y gwallau a'r gwahaniaethau yn fy nhraethawd doethuriaeth anghyhoeddedig, 'Golygiad o Emynau Ann Griffiths' (Ph.D. Prifysgol Cymru, 1998), tt.143–4.

[46] Yn achos y penillion o waith Ann yn llawysgrifau John Hughes nas cynhwyswyd yn *Casgliad o Hymnau* (1806), cyhoeddwyd bron y cyfan ohonynt gan John Hughes yn ail hanner y 1840au, ond nid yn union yn y ffurf sydd arnynt yn y llawysgrifau, oherwydd yr oedd John Hughes yn ddigon parod i'w diwygio yn ôl ei fympwy cyn eu cyhoeddi. O'r saith pennill yn llawysgrifau John Hughes nas cyhoeddwyd yn 1806 na chwaith gan John Hughes yn y 1840au, cyhoeddwyd pump am y tro cyntaf yn 1882 a'r ddau arall yn 1903. (Am fanylion pellach, gweler fy nhraethawd doethuriaeth anghyhoeddedig, 'Golygiad o Emynau Ann Griffiths' (Ph.D. Prifysgol Cymru, 1998), tt.159–72.)

[47] Iago Trichrug, 'Attebiad i Gais Bleddyn', *Goleuad Cymru*, Rhagfyr 1821, 308.

[48] *Trysorfa*, Gorffennaf 1819, 76–7; *Goleuad Cymru*, Tachwedd 1821, 281–2; *Trysorfa*, Mawrth 1823, 19.

[49] *Casgliad o Ysgrifau T. H. Parry-Williams*, t.283.

[50] E. Wyn James (gol.), *Rhyfeddaf Fyth . . .* (1998), t.58.

[51] Morris Davies, *Cofiant Ann Griffiths* (1865), t.69.

[52] Ymddengys fod hen wasg 'Blaeu' Lewis Morris a Dafydd Jones o Drefriw wedi'i gwerthu i John Davies Jones pan ddechreuodd argraffu yn Llanfyllin tua 1843, ond yr oedd yr hen wasg bren honno yn amlwg wedi'i disodli gan wasg haearn 'Albion' erbyn 1847 – gweler Ifano Jones, *A History of Printing and Printers in Wales*, tt.67–70; John Iorwerth Davies, *Argraffwyr Sir Drefaldwyn o 1789 Ymlaen* (Cymdeithas Bob Owen, 1981), t.9.

[53] Derec Llwyd Morgan, *Emynau Williams Pantycelyn* (Y Drenewydd: Gwasg Gregynog, 1991), t.xi.

[54] Gweler Philip Gaskell, *A New Introduction to Bibliography*, tt.110–13, 339, 344–7, 353. Fel y noda Philip Henry Jones, yr oedd diffyg orgraff sefydlog yn y Gymraeg hyd 1928 yn broblem ddifrifol yn y cyd-destun hwn, a gwelid argraffydd megis Thomas Gee yn paratoi rhestrau o sillafiadau awdurdodedig ac yn cefnogi ymdrechion i ddiwygio orgraff yr iaith; gweler Philip Henry Jones, 'Argraffu a Chyhoeddi yn yr Iaith Gymraeg 1800–1914', t.311, a'i 'Two Welsh Publishers of the Golden Age', t.179.

[55] J. E. Caerwyn Williams, 'Cyflwyniad', *Ysgrifau Beirniadol XXII*, gol. J. E. Caerwyn Williams (Dinbych: Gwasg Gee, 1997), t.15.

[56] Meic Stephens (gol.), *Cydymaith i Lenyddiaeth Cymru*, argraffiad newydd (Caerdydd: Gwasg Prifysgol Cymru, 1997), t.212.

[57] Jane Aaron, '"Anadnabyddus neu Weddol Anadnabyddus": Cyd-awduresau Ann Griffiths yn Hanner Cyntaf y Bedwaredd Ganrif ar Bymtheg', tt.110–11.

[58] E. Wyn James, 'Ann Griffiths: Y Cefndir Barddol', 167–8.

[59] O. M. Edwards, *Cartrefi Cymru ac Ysgrifau Eraill*, gol. Thomas Jones (Wrecsam: Hughes a'i Fab, 1962), t.58. Ar Gwerful Mechain, gweler Nerys Ann Howells, *Gwaith Gwerful Mechain ac Eraill* (Aberystwyth: Canolfan Uwchefrydiau Cymreig a Cheltaidd Prifysgol Cymru, 2001).

[60] E. Wyn James, 'Ann Griffiths: Y Cefndir Barddol', 168. Bu sir Drefaldwyn yn fagwrfa i sawl merch lengar mewn cenhedlaeth ychydig yn iau nag Ann Griffiths hefyd, pe bawn ond yn enwi Mair Richards, Darowen; Jane merch Gwallter Mechain; Elizabeth Breeze, gorwyres William Jones, Dolhywel; a Jane Hughes, Pontrobert. Yn ddi-os, y mae i'r sir honno le nodedig yn hanes y ferch yn llenyddiaeth Cymru.

[61] Cafwyd eithriad yn achos Elizabeth Thomas, a gafodd ganiatâd i gynghori rywfaint yn seiat Blaen-porth, ger Aberteifi, yn nechrau'r 1740au yn niffyg dynion a chanddynt ddoniau at y gwaith – Eryn M. White, *'Praidd Bach y Bugail Mawr': Seiadau Methodistaidd De-Orllewin Cymru 1737–50* (Llandysul: Gwasg Gomer, 1995), t.84, a'i 'Women in the Early Methodist Societies in Wales', *Journal of Welsh Religious History*, 7 (1999), 106–7; gweler hefyd Eryn M. White, '"Little Female Lambs": Women in the Methodist Societies of Carmarthenshire, 1737–1750', *The Carmarthenshire Antiquary*, 27 (1991), 31–6, a'i phennod, 'Women, Religion and Education in Eighteenth-Century Wales', yn *Women and Gender in Early Modern Wales*, ed. Michael Roberts and Simone Clarke (Cardiff: University of Wales Press, 2000).

[62] Garfield H. Hughes (gol.), *Gweithiau William Williams Pantycelyn. Cyfrol II: Rhyddiaith* (Caerdydd: Gwasg Prifysgol Cymru, 1967), t.11.

[63] Mae'n werth ychwanegu, efallai, fod yn llyfrgell Williams Pantycelyn gopi o *The Woman as Good as the Man* (1677), trosiad Saesneg o waith gan Francois Poulin de la Barre (1647–1723), a ddisgrifir gan Glyn Tegai Hughes fel 'y gyfrol ffeministaidd gyntaf yn Ffrangeg' ('Llyfrgell Pantycelyn', *Y Traethodydd*, Hydref 1991, 230).

[64] Yn achos y rhai o sir Gaerfyrddin, gweler fy erthygl, 'Merched a'r Emyn yn Sir Gâr', *Barn*, 402/3 (Gorffennaf/Awst 1996), 26–9.

[65] Jane Aaron, '"Anadnabyddus neu Weddol Anadnabyddus": Cyd-awduresau Ann Griffiths yn Hanner Cyntaf y Bedwaredd Ganrif ar Bymtheg', t.111.

WYTHNOS YNG NGHYMRU'R BYD

Grahame Davies

Dyma broffwyd o nofelydd Cymraeg yn rhagweld y dyfodol wrth ysgrifennu yn 1957:

> Bore trannoeth, ar ôl brecwast, digwyddais ofyn i Meistres Llywarch am y papur newydd.
> 'Wel, sefwch chi,' meddai. 'Mae hi'n awr bron yn ddeg o'r gloch. Fe gafodd Alfan *Y Negesydd* y bore 'ma cyn mynd allan, ond mae'n amser *Herald Caerdydd* 'nawr os carech chi'i gael.'
> 'Pam, oes dyn papur newydd yn dod at y drws ar ben bob awr?' meddwn i.
> 'O na, mae'n symlach na hynny.'
> Cerddodd Meistres Llywarch at y pared ger y ffenest, a throi dwrn, a rhoi darn o arian mewn hollt fach. Yr oeddwn wedi sylwi eisoes fod yno len, debyg i len sinema ond nid cymaint, ac yr oeddwn wedi casglu mai math ar set deledu ydoedd. Ond nid oeddwn wedi'i weld yn gweithio hyd yn hyn. Gosododd Meistres Llywarch dair neu bedair dalen o bapur ar wyneb y llen. 'Fe gewch chi weld 'nawr pa ffordd yr ydym ni'n cael ein papurau newydd,' meddai.
> Dechreuodd y llen furmur yn isel, ac o un i un disgynnodd y dalennau papur ar fath o hambwrdd o'i blaen. Cododd Meistres Llywarch hwy, a'u gosod yn fy llaw. Syllais arnynt yn syn. Yn fy llaw yr oedd tair neu bedair dalen o bapur newydd, ac arnynt brint a darluniau – popeth fel a ddylai fod ar bapur newydd, ond bod y dalennau wedi'u hargraffu ar un tu yn unig.
> 'Papur newydd drwy'r radio?' meddwn i.
> 'Yn gymwys. Dyna'r ffordd y mae'n papurau'n ein cyrraedd ni heddiw.'

'Heddiw' yn y dyfyniad yna yw – neu oedd – y flwyddyn 2033, a hynny, wrth gwrs, yn ôl ffuglen wyddonol arloesol Islwyn Ffowc Elis, *Wythnos yng Nghymru Fydd*.[1]

Un manylyn yn ei ddarlun o Gymru ddelfrydol yr unfed ganrif ar hugain yw'r dudalen neu ddwy a neilltuir yn y nofel i drafod papurau newydd Cymru 2033. Ond fe dâl oedi drosto. Rhagwelwyd y byddai sgrin ('llen' oedd y gair am hyn yn y dyfyniad o'r nofel a geir uchod), ym mhob cartref, ac y byddai cynhyrchwyr y papurau newydd yn darlledu eu rhifynnau ar amser penodedig. Fel hyn, yn ôl y nofelydd, y byddai *Herald Caerdydd*, *Y Negesydd*, y *Messenger* a'r *Cardiff Herald* yn cyrraedd, ynghyd â sawl rhifyn lleol, a hynny drwy roi 'pisyn grôt yn yr hollt' yn unig. Yn 1957, breuddwyd yn unig oedd technoleg a fedrai drosglwyddo print a lluniau yn y fath fodd. A breuddwyd hefyd oedd y sefyllfa ieithyddol yn y nofel, lle ceir cylchrediad o 200,000 i rifynnau Cymraeg yr *Herald* yn unig.

Ond gall breuddwydion a delfrydyddiaeth fod yn bethau pwerus dros ben. Wedi'r cyfan, oni welwyd adeg agor y Cynulliad Cenedlaethol yn 1999 rywbeth a fu'n agos at wireddu geiriau olaf diweddglo y nofel hon: 'tyrfa fawr, a thân gwyllt yn ariannu'r awyr, a'r dyrfa'n torri i ganu am fod Cymru wedi dod yn rhydd'?[2] Ac fe ymddengys i Islwyn Ffowc Elis ddod yn rhyfeddol o agos at y gwirionedd ynghylch natur y papur newydd technolegol dyddiol a ffurfiai ran o'r Gymru Fydd. Mae bellach wedi dod i fodolaeth gyda chreu *Cymru'r Byd*, sef gwasanaeth ar-lein Cymraeg BBC Cymru, a aeth yn fyw ar 1 Mawrth 2000 – a hynny rhyw 33 o flynyddoedd o flaen yr amserlen a osodwyd gan y nofel.

Wrth greu rhywbeth y gellir ei ddisgrifio'n deg fel 'papur newydd dyddiol' (er bod *Cymru'r Byd* yn fwy na hynny, fel y gwelwn ymhen ychydig), dyna gyflawni uchelgais bwysig i garedigion y Gymraeg ers dros ganrif. Ac wrth ddewis yr enw *Cymru'r Byd* ar gyfer y gwasanaeth, roedd gennym olwg ar ol-yniaeth anrhydeddus ein cyfnodolion Cymraeg dros y blynydd-oedd, a'r bwriad oedd cyfeirio yn ôl at deitl cylchgrawn arloesol O. M. Edwards ddiwedd y bedwaredd ganrif a'r bymtheg, sef *Cymru*, a thrwy hynny dalu teyrnged i gynheiliaid y wasg Gymraeg. Yn sicr, gellid gwarantu, pe bodolasai technoleg gyffelyb yn nyddiau O. M. Edwards, y buasai'r papur newydd dyddiol Cymraeg wedi gweld golau dydd dipyn ynghynt.

Gadewch imi grynhoi nodweddion y gwasanaeth ar-lein yma. Ei gyfeiriad yw: *http://www.bbc.co.uk/cymru*. Yn gryno, mae'r gwasanaeth ar gael i unrhyw un sydd â chyfrifiadur gyda mynediad i'r Rhyngrwyd, boed hynny yn y gwaith neu gartref neu o declyn symudol, a hynny o unrhyw le yn y byd. Cynnwys y gwasanaeth yw detholiad o brif storïau newyddion y dydd o Gymru, Prydain a'r byd, a hynny mewn ffurf testun, gyda lluniau llonydd lliw, yn debyg i'r hyn a geir mewn papur newydd. Yn ychwanegol, mae'r prif storïau yn cynnwys elfennau sain a fideo 'go-iawn', sy'n chwarae adroddiadau y rhaglen deledu *Newyddion* a rhaglenni newyddion Radio Cymru drwy'r cyfrifiadur ar ffurf sain a lluniau symudol i'r sawl sydd â'r cyfarpar angenrheidiol.

Prif ffynhonnell y deunydd crai a ymddengys ar y safle yw'r cyfoeth o raglenni newyddion Cymraeg a gynhyrchir eisoes ar y radio a'r teledu gan BBC Cymru. Mae tîm o newyddiadurwyr yn arbenigo mewn gwaith ar-lein yn prosesu ac yn fersiynu storïau y gwasanaethau newyddion radio a theledu ar gyfer gofynion y cyfrwng a'r gynulleidfa newydd. Tri o newyddiadurwyr sy'n staffio gwasanaeth newyddion *Cymru'r Byd* saith diwrnod yr wythnos, o saith y bore tan ddeg y nos ar ddyddiau gwaith, ac am wyth awr y dydd ar benwythnosau, bob dydd o'r flwyddyn, ac eithrio dydd Nadolig.

Mantais fawr y Rhyngrwyd yw nad oes raid aros am na gwasg na bwletin cyn cyhoeddi stori, felly nid un rhifyn o'r 'papur newydd' a geir bob dydd, ond yn hytrach bapur newydd a gaiff ei ddiweddaru'n gyson, a chyda chynnwys ei ôl-rifynnau hefyd ar gael i'r defnyddwyr yn barhaol ar ffurf archif chwiliadwy. Ar ddiwrnod arferol, fe fydd hyd at bymtheg o storïau newyddion cyflawn yn ymddangos ar y mynegai newyddion yn ystod y dydd, yn ogystal ag eitemau newyddion cryno a diweddariadau o storïau blaenorol.

Mae sawl elfen atodol i'r gwasanaeth hefyd: adran nodwedd, gwasanaeth tywydd, fforwm trafod, cylchgrawn chwaraeon, nodweddion rhyngweithiol, adolygiadau llyfrau, ffilmiau a dramâu, ac yn y blaen. O ran staff, ceir y tri newyddiadurwr a grybwyllais eisoes, yna ddau newyddiadurwr nodwedd yn cynnal yr adran gylchgrawn, gohebydd chwaraeon yn darparu uchafbwyntiau'r meysydd chwarae, a dau gynhyrchydd Gwe yn gofalu am yr holl agweddau technegol. A minnau yw'r uwch-gynhyrchydd. Dyna ryw naw aelod o staff gyda'i gilydd, ac mae'r gwasanaeth hefyd yn elwa o waith cynhyrchwyr ar-lein Cymraeg mewn adrannau eraill o BBC Cymru.

Dyna'r manylion, ond efallai mai arwyddocâd diwylliannol y gwasanaeth sydd fwyaf diddorol. Mae goblygiadau pell-gyrhaeddol i'r ffaith fod modd am y tro cyntaf dod â rhaglenni a deunydd Cymraeg yn ddyddiol at bobl y tu hwnt i gyrraedd trosglwyddyddion rhaglenni radio a theledu Cymru. Mae modd gwrando ar holl raglenni Radio Cymru drwy'r dydd dros y We. Ni raid ond darllen ymatebion e-bost ein defnyddwyr er mwyn sylweddoli bod dull cwbl newydd o gyfathrebu wedi ymagor i bobl Gymraeg. Cawsom ymatebion o wledydd megis Pacistan, Japan, Canada, Israel, a llawer o negeseuon o'r Unol Daleithiau. Ac nid Cymry alltud mo'r rhain i gyd chwaith. Cawsom sawl neges gan bobl sydd wedi dysgu'r Gymraeg, ond sydd heb fod yn Gymry eu hunain: merch o'r Weriniaeth Tsiec, ambell i ddysgwr yn Lloegr, ac unwaith eto nifer go lew o America. Mewn rhai achosion, cawsom negeseuon gan ddysgwyr tramor sydd wedi clywed y Gymraeg yn cael ei llefaru am y tro cyntaf erioed, a hynny drwy'r We. Mae'n beth cyffredin erbyn hyn i gyflwynwyr Radio Cymru dderbyn negeseuon gan wrandawyr ym mhen draw'r byd. Defnyddiodd y Prifardd Siôn Aled y We yn Awstralia, er enghraifft, er mwyn gwrando ar ddarllediad byw o feirniadaeth cystadleuaeth y Goron yn 1998, i glywed sut hwyl a gafodd ar ei ymgais ef yn y gystadleuaeth.

Ai 'papur newydd' yw'r gair am beth fel hyn, mewn gwir-ionedd? Wel, wrth gwrs, trosiad yw'r term 'papur newydd'. Yr hyn yw *Cymru'r Byd* mewn gwirionedd yw 'gwasanaeth newyddion ar-lein'. Fel y dywedais, mae'r ffaith syml fod y newyddion a gynigir ynddo yn cael ei ddiweddaru'n gyson, nid dim ond unwaith y dydd, yn golygu mai peth amgenach na phapur newydd ydyw. Ond bu defnyddio'r term 'papur newydd' yn drosiad defnyddiol iawn o ran hysbysebu'r gwasanaeth yn ystod ei gyfnod lansio, a hefyd er mwyn iddo hawlio lle yn ol-yniaeth anrhydeddus ein cyfnodolion Cymraeg.

O feddwl am yr olyniaeth honno, fel y dywedais am O. M. Edwards, ni fu'r ugeinfed ganrif yn brin o bobl ymroddedig a fyddai wedi creu papur dyddiol Cymraeg pe buasai modd yn y byd ei wneud. Nid diffyg awydd na gweledigaeth na menter a'u rhwystrodd. Yr hyn a lesteiriodd eu gobeithion oedd, yn syml, cost y dechnoleg o'i chymharu â maint y gynulleidfa Gymraeg. Byddai'n rhaid iddynt fod wedi cyflogi nid yn unig newydd-iadurwyr, ond cysodwyr, argraffwyr, dosbarthwyr a gwerthwyr hysbysebion, ac yn y blaen. Nid oedd maint y gymuned Gymraeg yn medru cynnal y fath strwythur.

Er mai costus hefyd yw sianeli radio a theledu, fe sefydlwyd y rhain yn y Gymraeg, ymhen hir a hwyr, yn rhan o ddarpar-iaeth darlledu cyhoeddus. Gwnaethpwyd y 'papur newydd' dyddiol Cymraeg yn bosibl yn y pen draw drwy gael datblygiadau technolegol newydd yn manteisio ar strwythur darlledu cyhoeddus Cymraeg a oedd eisoes yn bodoli. Yn gyntaf, mae technoleg y Rhyngrwyd, o'i chymharu â thechnoleg papurau newydd a darlledu, yn rhad iawn, heb fod â'r fath gostau dosbarthu nac argraffu na darlledu. Yn ail, roedd y ffaith fod technoleg y Rhyngrwyd yn gorgyffwrdd â thechnoleg darlledu wedi galluogi corfforaeth ddarlledu gyhoeddus i ariannu prosiect o'r fath fel gwasanaeth darlledu cyhoeddus, heb yr angen i'w gynnal gyda gwerthiant na hysbysebion. Yn drydydd, bu modd i'r BBC elwa ar y deunydd crai newydd-iadurol Cymraeg a oedd eisoes yn bodoli yng nghynyrch ei wasanaethau teledu a radio. Seiliwyd y prosiect ar lwyddiant y gwasanaethau a'r sefydliadau eraill.

Wrth sôn am le *Cymru'r Byd* o fewn ystod ein darpariaeth newyddiadurol Gymraeg bresennol, hoffwn bwysleisio nad rhyw-beth i gymryd lle unrhyw elfen o fyd presennol newyddiaduraeth Gymraeg mohono, ond yn hytrach rhywbeth ychwanegol i gyfoethogi'r ddarpariaeth. Mae ganddo ei nodweddion unigryw a'i gwna'n ychwanegiad at gynnyrch presennol y maes. Yn un peth, mae'r newyddiaduraeth a gynhyrchir gan y BBC, yn ddarlledwr cyhoeddus, yn sicr o fod dipyn yn wahanol ei naws a'i harddull i'r hyn a geir gan newyddiaduron Cymraeg eraill. Mae'n wahanol ei chynnwys hefyd, gan ei bod yn darparu storïau Prydeinig a rhyngwladol yn Gymraeg, yn ogystal â rhai Cymreig. Ac mae, wrth gwrs, yn ddyddiol; ac mae gan bapur dyddiol cenedlaethol nodweddion, swyddogaeth a chynulleidfa wahanol i eiddo papur wythnosol, boed y papur hwnnw'n un cenedlaethol neu'n un lleol. Gwelir hyn yn y ffaith fod papurau dyddiol, wythnosolion lleol a phapurau Sul yn ffynnu ochr yn ochr yn y Saesneg, gan fod swyddogaethau gwahanol ganddynt. Felly hefyd, mi dybiaf, y bydd gyda'r gwasanaeth dyddiol ar y Rhyngrwyd.

A beth am y gynulleidfa? Faint o bobl mewn gwirionedd y gellid disgwyl eu gweld yn defnyddio'r gwasanaeth hwn? Wrth ystyried hyn rhaid deall bod rhwystrau arbennig ar ddefnyddio iaith leiafrifol ar y We. Yn gyntaf, mae'r We fel y cyfryw yn siarad Saesneg. Saesneg yn bennaf yw iaith y rhan fwyaf o'r peiriannau chwilio, darparwyr gwasanaeth y Rhyngrwyd, a'r cwmnïau meddalwedd. Yn ail, oherwydd eu sefyllfa addysgol, a rhyw gymhleth israddoldeb, mae llawer o siaradwyr y Gymraeg yn amharod i ddarllen yr iaith. Yn drydydd, gwlad gymharol dlawd yw Cymru yn nhermau'r Deyrnas Unedig ac Ewrop. Yma, mae'r canran o bobl sydd â chyfrifiaduron ar-lein yn eu cartrefi yn is nag yn rhannau eraill o Brydain, ac yn ein heconomi, mae'r adran wasanaethau – lle mae gan bawb, gan amlaf, gyfrifiadur ar ei ddesg y gellid ei ddefnyddio er mwyn syrffio'r We (yn yr awr ginio yn unig, wrth gwrs!) – yn fach o gymharu â gweddill Prydain. Y sector cynhyrchu yw'r sector mwyaf yn economi Cymru o gryn dipyn, ac nid pobl sydd ar-lein yn y gwaith yw'r rhan fwyaf o weithwyr y sector hwnnw. Yn bedwerydd, lansio i mewn i farchnad a oedd wedi ei rheoli gan y Saesneg a wnaethom. Gwyddem cyn lansio *Cymru'r Byd* fod llawer o Gymry Cymraeg yn defnyddio'r We, ond defnyddio safleoedd Saesneg yr oeddent yn bennaf. Ac am y safleoedd Cymraeg, roedd y rheini yn arbenigol ac yn wasgaredig, wedi eu neilltuo i bynciau unigol fel gwleidyddiaeth, hanes teuluol, ac wrth gwrs, yr iaith. A fyddai modd casglu'r gwasgariad hwn a chrynhoi digon o gynulleidfa o amgylch gwasanaeth cyffredinol er mwyn cyfiawnhau'r fenter?

Y newyddion dyddiol oedd yr allwedd er mwyn gwneud i hyn lwyddo. Mae newyddion yn denu pobl yn ôl ac yn ôl er mwyn iddynt gadw mewn cysylltiad gyda'r hyn sy'n digwydd. Dyna un o'r pethau sy'n bwysig iawn ynglŷn â'r We: does dim pwynt creu tudalen statig a gadael iddo heneiddio a dyddio. Hanfod y We yw ei chyflymdra a pha mor gyfredol ydyw. Mae pobl eisiau gweld rhywbeth newydd bob tro yr ymwelant â safle arbennig. Felly, buddsoddwyd yn helaeth yn yr elfen newyddion

dyddiol yng *Nghymru'r Byd*, gan gadw'r elfen gylchgrawn yn
beth atodol. Wedyn, wrth gwrs, buom yn ffodus i allu defnyddio
adnoddau'r BBC, gan gynnwys ein presenoldeb Saesneg helaeth
ar y We, er mwyn hyrwyddo'r gwasanaeth.

Llwyddodd y strategaeth: daeth y gwylwyr at y safle, ac fe
arosasant; a daeth llawer eraill i ymuno â hwy fel yr aeth y
misoedd heibio. O ddefnyddio'r mesur mwyaf ceidwadol ar
ddefnydd o'r safle, sef argraffiadau tudalen (*page impressions*), yr
ydym yn cael, yn rheolaidd, ryw wyth mil o argraffiadau tudalen
y dydd, sef dros 60,000 yr wythnos.[3] Yn y flwyddyn ers y lansiad
ar Fawrth y cyntaf 2000, cafwyd yn agos at 2,500,000 o argraff-
iadau tudalen unigol, a hynny heb gymorth unrhyw ddyfeis-
iadau megis rhaglenni 'adnewyddu awtomatig', a fyddai wedi
chwyddo'r argraffiadau mewn modd artiffisial. O gymharu â
gwasanaethau ar-lein eraill y BBC, mae'r gwasanaeth Cymraeg
hwn yn cael oddeutu traean y cyfanswm a geir ar y tudalennau
cyfatebol Saesneg i Gymru – dipyn yn uwch na'r 18.9 y cant y
dylai ei gael o ystyried canran y siaradwyr Cymraeg ym
mhoblogaeth Cymru.

Dyma newyddion calonogol iawn. Clywais yn ddiweddar fod
Dafydd Glyn Jones ym Mangor wedi awgrymu y dylid creu
papur newydd dyddiol Cymraeg trwy ddulliau traddodiadol,
hyd yn oed os dim ond mil o ddarllenwyr a gâi, gan y byddai
iaith leiafrifol a chanddi fil o ddarllenwyr dyddiol yn sicr o
oroesi. Wel, o ddefnyddio'r mesur hwnnw o ddiogelu iaith, mae
gan y Gymraeg eisoes ei mil darllenwyr newyddion dyddiol, a
mwy, a hynny ar y We. Ni wn a yw hynny'n ddigon i achub yr
iaith ynddi'i hun, wrth gwrs, ond gall yn sicr fod â goblygiadau
buddiol iawn i lythrennedd ac arferion darllen yn y Gymraeg.
A heb fentro'n rhy bell, mentraf awgrymu y gall ein profiad gyda
Chymru'r Byd fod o ddefnydd i ieithoedd lleiafrifol eraill. Mae
gennyf gysylltiad gydag *Eurolang*, sef gwasanaeth gwybodaeth
ar-lein a ariennir gan y Gymuned Ewropeaidd er mwyn hyr-
wyddo gwybodaeth am ieithoedd lleiafrifol. Fe'm sicrhawyd gan
Eurolang nad oes unrhyw beth tebyg i *Cymru'r Byd* yn yr un iaith
leiafrifol arall yn Ewrop. Mentraf obeithio, felly, y gall *Cymru'r
Byd* fod, ar y We, yr hyn y bu S4C ar gyfer ieithoedd lleiafrifol ym
myd teledu. Mae'r ffaith fod y We yn gyfrwng darlledu rhad, a'i
fod yn annibynnol ar drosglwyddyddion, patrymau darlledu,

tiriogaethau darlledu ac amserlenni darlledu, yn golygu bod gan gymunedau lleiafrifol lawer mwy o gyfle i gynnig darpariaeth safonol drwy'r cyfryngau newydd nag a fu ganddynt erioed o'r blaen.

Gobeithiaf, felly, mai un arall o ddarnau ein jig-sô cenedlaethol yn disgyn i'w le yw hyn. Cyfuniad o dechnoleg newydd a hen ddyheadau fydd Cymru'r dyfodol, fel y rhagwelodd Islwyn Ffowc Elis yn ei arddull obeithiol heintus y dyfynnwyd rhywfaint ohoni yn gynharach. Os felly, ar ôl gweld rhyw fath ar hunan-lywodraeth i Gymru, ac yn awr weld papur newydd dyddiol Cymraeg, a fedrwn bellach edrych ymlaen at weld gwireddu mwy fyth o broffwydoliaethau'r nofelydd? Beth am ddyfodiad y trên atomig ar hyd Ddyffryn Conwy, ac yna'r ffordd ddeuol radiofagnetig o dde Cymru i'r gogledd, a chyn hir, yr addoldai cydenwadol uchel-dechnoleg sy'n medru newid o eglwys i gapel drwy gyffwrdd botwm? Dyna beth fyddai Cymru Fydd.

* * *

Rhag ofn fod hyn oll yn edrych fel hysbyseb mawr ar gyfer *Cymru'r Byd*, hoffwn newid y cywair ryw ychydig yn awr, ac ehangu cwmpas yr ymdriniaeth hon ac ystyried y chwyldro gwybodaeth fel y cyfryw. Deilliodd y chwyldro hwn drwy ddyfeisio'r dechneg o ddefnyddio cod digidol i drosglwyddo llawer o wybodaeth yn gyflym drwy gyfryngau fel llinellau ffôn, cebl, a signalau radio a lloeren. Gall y dechneg ddigidol hon gludo llawer mwy o wybodaeth nag y gall cyfryngau traddod-iadol fel signalau radio a theledu, ac mae felly wedi galluogi creu'r cannoedd o sianeli gwahanol sydd bellach ar gael. Mae'r dull hwn o drosglwyddo data wedi mynd lawlaw gyda dat-blygiad y We Fyd-eang, sef y rhwydwaith cynyddol o gyfrif-iaduron drwy'r byd i gyd sydd wedi eu cysylltu â'i gilydd drwy'r llinellau ffôn, drwy gebl neu drwy signalau lloeren. Mae'r We yn datblygu'n gyflym fel trydydd cyfrwng darlledu: er enghraifft, mae ffilmiau ac operâu sebon eisoes yn cael eu cynhyrchu yn unswydd ar ei chyfer, a cheir gorsafoedd radio yn darlledu ar y We yn unig. Mae'r chwyldro gwybodaeth yn golygu hefyd yr amrywiaeth cynyddol o blatfformau – fel y'u gelwir – sydd wedi eu datblygu i dderbyn yr wybodaeth,sef cyfrifiaduron yn y gwaith, yn y cartref, ar gledr llaw, ar ffôn symudol neu ar deledu. Drwy hyn i gyd mae yna ddilyw o wybodaeth yn ein cyrraedd bellach, a braidd ddim rhwystr technolegol i ymagor iddo mewn unrhyw fan, ar unrhyw bryd.

A oes peryglon gyda hyn i gyd? Dyna, fe ymddengys, yw teimlad y dramodydd Cymraeg Siôn Eirian, wrth iddo roi cyfweliad diweddar ynglŷn â'i ddrama newydd am beryglon y We, *Cegin y Diafol*:

> Mae hyn yn gymaint o chwyldro ag oedd y gair printiedig ar ddiwedd y canol oesoedd, ac fe arweiniodd llyfrau wedyn at ddiwylliant byd-eang. Nawr, mae hyn yn rhywbeth cyffelyb ond bod y diwylliant sydd wedi setio hwn lan yn dadwneud lot o'r gwaith sydd wedi bod trwy bob dull sydd wedi bod. Mae hyn yn llarpio'r cwbwl ac yn arwain at ddiffeithwch meddyliol yn y pen draw . . . Ry'n ni'n credu bod pethau rhyfeddol ar y We, ond er yr wybodaeth ddiddiwedd sydd arno fel cyfrwng, pa fudd ydyn ni'n ei gael ohono fe? 'Dw i'n gyfarwydd â byw gyda llyfrau, y teledu a'r sinema – dw i wrth fy modd gyda chyfathrebu o bob math – ond mae 'na *frustration* anferth gyda'r We, jest gwybodaeth a chysylltiadau moel, *layers* a *layers* ohono fe, a 'dw i ddim yn teimlo ei fod e'n mynd â ni i lefel uwch yn feddyliol.[4]

Dyna gwestiwn am effaith y We ar ansawdd ein gallu dadan-soddiadol. Gwêl eraill y We yn peryglu ein gallu i adweithio gyda'n cynefin go-iawn, gan gynnig yn ei le ystod o brofiadau eildwym rhithwir. Mae'r grŵp roc Anweledig, yn eu cryno-ddisg newydd *Gweld y Llun*, yn dychanu'r sawl sy'n defnyddio'r We er mwyn chwilio am y cyntefigrwydd a'r realaeth a aeth ar goll yn eu bywydau uchel-dechnoleg:

> Dwisho byw mewn ogofâu. 'Dwi'm isho matsys i neud tân. 'Dwi'm isho gwn nag arfau trwm. Dim ond fy saeth a fy mwa. Dwisho gwisgo trôns fel Tarzan. 'Dwi'm isho gwisgo C.K's. 'Dwi'm isho gwisgo tei na colar, dim ond fy lledar a fy ngwlân. Y ddaear ydi'r fam a'r haul 'di'r tad. Alla'im gweld y mab na'r ysbryd glân. Cos dwi yn chwilio am gymdeithas wga bwga ar y We.[5]

Dewisais y gair 'dilyw' i sôn am y cyflenwad dihysbydd o wybodaeth yma. Dyna air sy'n dwyn cysyniadau o anhoffter

Saunders Lewis o'r byd modern. Fel y ceisiais ddangos yn fy astudiaeth ddiweddar o Gymru a'r mudiad gwrth-fodern, *Sefyll yn y Bwlch*,[6] mae Saunders Lewis yn enghraifft Gymreig o duedd wrth-fodern y gellir ei holrhain yn islais gwrthwynebus ymhob diwylliant gorllewinol drwy gydol y can mlynedd diwethaf – tuedd a gredai fod torfoli, diwydiannu a mecaneiddio cymdeithas yn creu math ar philistiaeth ddemocrataidd dorfol a materol. Yn ei wrth-fodernrwydd, roedd Lewis yn ddilynwr brwd i brif gynrychiolydd y duedd wrth-fodern yn y gorllewin, sef T. S. Eliot. A chafodd Lewis ei ddilynwr brwd ei hun yn y dyn a etifeddodd ei fantell yn broffwyd cenedlaetholdeb Cymraeg ceidwadol, sef R. S. Thomas. Yn y gyfrol hon, er mwyn ehangu'r drafodaeth y tu draw i ffiniau'r byd Saesneg a Chymraeg, astudiais hefyd awdures Ffrengig a gynrychiolodd y duedd hon yn Ffrainc yn ystod yr un cyfnod, sef yr athronydd Simone Weil. Dyna bedwar ffigwr a enciliodd rhag y byd modern wrth herio ei ragdybiaethau ac wrth osod yn ei erbyn ryw ddelfrydau o gymdeithasau cenedlaethol organig a dilychwin a oedd yn ymgorffori gwerthoedd megis crefydd, traddodiad a threfn.

Mae'n duedd naturiol ymhob oes, wrth gwrs, i ddrwgdybio'r modern a'r dieithr. Fe fu Eliot, Lewis, Thomas a Weil a'u tebyg yn poeni am ddatblygiadau cynharach yn y byd modern megis y sinema, y car a'r wasg dorfol. Yn ein hamser ni, ceir rhai, fel y dangoswyd gyda'r dyfyniad gan Siôn Eirian, sydd wedi cymhwyso'r datblygiadau hynny a welwyd yn fygythiadau mewn cenedlaethau gynt, ond sydd bellach yn ddrwgdybus o agweddau ar ddatblygiadau newydd ein hoes ni.

Nid wyf, yn bersonol, yn cytuno â gwrth-fodernrwydd y pedwar llenor a enwais. Fel y byddwch wedi casglu drwy fy sylwadau ar *Gymru'r Byd* – datblygiad sydd yn fy marn i yn un da digymysg – credaf mai trwy addasu i'r amodau newydd y mae modd i hen ddiwylliannau a hen werthoedd gwerthfawr oroesi, nid trwy geisio cadw popeth yn ddigyfnewid. Yn un peth, yn syml ac yn ymarferol iawn, nid wyf yn credu bod modd gwrthdroi rhywbeth mor anferth â'r chwyldro gwybodaeth hyd yn oed pe byddem eisiau gwneud hynny; mwy nag oedd modd gwrthsefyll y Chwyldro Diwydiannol. Cydweithio gyda'r amodau newydd sydd ei eisiau, yn fy marn i, a cheisio osgoi neu liniaru unrhyw agweddau andwyol arnynt, a defnyddio eu hagweddau llesol i'r eithaf. Rwyf yn ymwybodol o'r perygl o fod yn debyg i gyfaill yr awdur yn llyfr Robert M. Pirsig, *Zen and the Art of Motorcycle Maintenance*,[7] a oedd mor anghysurus ynghylch technoleg nes iddo wrthod dysgu sut i gynnal a chadw ei feic modur, er ei fod yn ddibynnol arno ar ei daith ar draws America. Ceisiaf fy ngorau i osgoi'r fagl arbennig honno o fyw gyda thechnoleg ond teimlo'n anghyffyrddus yn ei chylch. Yn bersonol, ceisiaf rannu agwedd *awdur* y llyfr hwnnw at dechnoleg, sef y dylid ei pharchu, ac y dylid edrych arni hyd yn oed yn gyfrwng goleuedigaeth, ond heb adael iddi ddod yn feistres arnoch chi. Mater o gydbwysedd ydyw – fel gyrru beic modur o ran hynny. Does dim pwynt encilio rhag y chwyldro gwybodaeth, na gwaredu rhagddo. Mae yma i aros. Ond wrth gydnabod hynny, rhaid peidio ffeirio dyfnder am ehangder a cholli cysylltiad â gwerthoedd sylfaenol sydd hefyd yma i aros.

Ni chytunaf â gwrth-fodernrwydd, felly, ac yn sicr ni chytunaf fawr ddim gydag agweddau cymdeithasol adweithiol a cheidwadol y llenorion gwrth-fodern hynny a grybwyllais: Eliot, Lewis, Thomas a Weil. Ond serch hynny i gyd, parchaf yn fawr eu dewrder. Buont yn fodlon gwrthsefyll materoliaeth remp eu hoes. Parchaf yn fawr hefyd eu parodrwydd i roi heibio manteision y gymdeithas fwyafrifol er mwyn ceisio profiadau, boed gelfyddydol neu ysbrydol, nad oedd modd eu blasu heb unigrwydd, disgyblaeth a dyfalbarhad diflino. Dyna werth eu tystiolaeth inni heddiw, mi gredaf: eu bod yn sefyll dros yr hyn a geir drwy beidio â dilyn y dorf, drwy ddewis dyfnder yn lle ehangder a thrwy bwysleisio'r cryfder gwreiddiau a ddaw drwy feithrin ychydig o berthnasau cryfion yn lle'r ehangder bregus a ddaw drwy greu gwe o berthnasau niferus arwynebol.

O dderbyn pwysigrwydd astudrwydd a dyfnder, felly, a yw hynny'n golygu bod rhaid rhannu pryderon rhai, fel Siôn Eirian, sy'n amheus o effeithiau'r chwyldro gwybodaeth? Byddai'n syniad i ymhelaethu ar y pryderon hynny inni weld beth sydd dan sylw. Byddai'r sawl sy'n drwgdybio'r datblygiadau diweddar yn gofyn pa effaith y mae'r dilyw hwn yn ei gael ar eich gallu i dreulio a phrosesu a blaenoriaethu'r holl ddarnau o wybodaeth sy'n rhuthro atoch. Dyna ichi berygl gorlwytho gwybodaeth. Cred rhai hefyd fod perygl o bylu'r galluoedd dadansoddiadol drwy fyw ar ddeiet o ffeithiau arwynebol tameidiog. Tybia eraill fod perygl o ddefnyddio'r cyfryngau fel rhyw fath o gyffur, sy'n rhoi ichi deimlad o wybodusrwydd ond heb y sylwedd. 'Gwae ni wybod y geiriau, heb adnabod y gair,' meddai Gwenallt. Ai ein gwae ninnau felly fyddai profi chwyldro gwybodaeth heb brofi chwyldro dealltwriaeth? A ddaw rhyw bwynt pan yw agor llifddorau eich synhwyrau i'r cyflenwad dihysbydd hwn o wybodaeth yn mynd i amharu ar eich dealltwriaeth?

Mae'r chwyldro gwybodaeth yn dod â llawer iawn o fanteision yn ei sgil, fel yr wyf wedi nodi yn helaeth uchod; ond tra mae rhinweddau cyflymder ganddo, byddai rhai yn dadlau bod ganddo hefyd, mewn rhai agweddau, *ddiffygion* cyflymder. Fel gyda llawer o agweddau ar fyd y cyfryngau torfol fel y cyfryw, mae'n gallu bod yn fyrhoedlog, yn frysiog, yn ddiamynedd ac yn oriog. Mae rhai yn ymboeni bod rhychwant ein sylw fel cynulleidfaoedd yn crebachu o hyd, ac fe welant hynny yn nodwedd anochel mewn diwylliant lle mae'r pwyslais yn ddidrugaredd ar yr ennyd hon, a lle mae disgwyl bodloni pob awydd – am wybodaeth, am adloniant, am fwyd, am lwyddiant – yn ddiymdroi heb oedi dim. Dyma rai o'r cwestiynau a gyfyd o blith y sawl sy'n ddrwgdybus o'r datblygiadau newydd: onid gwell fyddai gwybod ychydig o bethau yn drylwyr a chydag astudrwydd, meistrolaeth a gofal, na gwybod cannoedd a miloedd o bethau yn arwynebol heb ddeall na gwahaniaethu na malio? A yw'r gallu i anfon e-bost i ben draw'r byd yn gwneud iawn am golli cysylltiad â'r gallu i ymdeimlo â'r gwerthoedd hynny – fel perthyn, cariad, creadigrwydd, ysbrydoldeb ac astudrwydd – sydd ond yn tyfu trwy amynedd, dyfalbarhad a gofal, ac sydd yn gysylltiadau dyfnach a sicrach rhwng pobl o ba ddiwylliant bynnag, nag yw unrhyw gysylltiad electronig?

O ddilyn y trywydd hwn, cawn ein hunain yn gofyn a fuasai R. S. Thomas, er enghraifft, yn gystal llenor pe na bai wedi ymwrthod â theledu a phapurau newydd a llawer iawn o dechnegau cyfathrebu ein hoes? A fuasai wedi treiddio mor ddwfn i'r tawelwch hwnnw y cododd ei gerddi crefyddol mawrion ohono pe bai wedi treulio oriau bob dydd, nid yn gweddïo nac yn myfyrio, nac yn darllen llenyddiaeth nac athroniaeth na gweithiau gwyddonol, ond yn hytrach yn gwylio teledu, yn pori drwy'r papurau, yn siarad ar ei ffôn symudol, yn cyfnewid negeseuon e-bost ac yn syrffio'r We? Cwestiynau haniaethol amhosibl i'w hateb yw'r rhain, wrth gwrs, ond mae'n sicr yn deg gofyn i ba raddau yr oedd dyfnder a dwyster gweledigaeth R. S. Thomas, a chywirdeb meistrolgar ei fynegiant, yn dibynnu ar y ffaith ei fod, yn gwbl fwriadol, wedi dewis distawrwydd yn gynefin iddo ac yn gefndir i'w grefft.

Dyna ni felly, trwy gymorth Saunders Lewis, Gwenallt, R. S. Thomas, Anweledig a *Zen and the Art of Motorcycle Maintenance* – pob un a'i feirniadaeth ar rai agweddau ar y byd modern – wedi cyrraedd y cwestiwn o berthynas llenyddiaeth â'r chwyldro gwybodaeth.

Ni feiddiwn geisio ateb cwestiynau fel y rhai a nodais uchod, parthed effaith y dechnoleg fodern ar yr ymwybyddiaeth ddynol. Ond fel un sydd ag un droed ym maes y cyfryngau torfol a'r llall ym myd llenyddiaeth, credaf y gallwn o leiaf awgrymu y bydd dwy brif ffordd i lenyddiaeth ymateb i'r amodau newydd. Yn sicr, gellir ei chymhwyso, os dymunir, at fyd y diwylliant cyfoes, a'i hyrwyddo a'i gwerthu yn rhan o'r diwylliant hwnnw. A phob llwyddiant i'r llenorion a'r artistiaid hynny sy'n addasu eu crefft at ofynion y cyfryngau newydd, gan lunio gweithiau celf yn bwrpasol ar gyfer dibenion y cyfryngau digidol; mae angen hyrwyddo celfyddyd drwy'r cyfryngau hyn, yn bendant; mae angen difyrru, mae angen creu ac mae angen i artistiaid hefyd ennill bywoliaeth. Mae gwaith gwych yn cael ei wneud yn creu prosiectau sy'n defnyddio potensial y cyfryngau a'r dechnoleg newydd i'r eithaf. Rwy'n gwbl hyderus y bydd nifer helaeth o lenorion Cymru, fel ymhob gwlad, yn ymateb i'r her o greu'n llwyddiannus ac yn greadigol o fewn cyfryngau newydd. Wedi'r cyfan, oni lwyddodd ein hysgrifenwyr i ymdopi â'r sinema a'r radio a theledu yn eu tro?

Rwy'n siŵr y bydd hyblygrwydd ein llenorion yn sicrhau y byddant yn defnyddio'r cyfrwng newydd yn llawn. Ond delio gyda'r cyfrwng yn unig y mae'r cwestiwn hwnnw. Beth am gynnwys y gwaith a swyddogaeth oesol llenyddiaeth o fewn cymdeithas? I mi, gwir werth a chyffro celfyddyd yw ei gallu i herio, ac yn hynny o beth mae'n debyg i argyhoeddiad gwleidyddol neu grefydd neu gymeriad personol. Nid wyf yn dweud mai *unig* amcan llenyddiaeth yw herio'r drefn – dyletswydd y llenor yw mynegi'r gwirionedd fel y mae ef neu hi yn ei weld –

ond rwy'n pwysleisio bod gan y mynegi hwnnw werth arbennig os yw'n barod i herio rhagdybiaethau cymdeithas. Na, nid oes raid i lenor herio'r gwerthoedd sydd o'i amgylch, ond bid sicr, dyna lle mae'r cyffro i'w gael. Y tyndra sy'n creu'r gelfyddyd, ys dywedodd Saunders Lewis un tro wrth yr R. S. Thomas ifanc. Dylai llenyddiaeth dda fod fel newyddiaduraeth dda, neu wleidyddiaeth dda, neu grefydd dda – dylai aflonyddu, herio, holi a cheisio newid. Os tybir bod tuedd tuag at yr arwynebol a'r byrhoedlog yn ein cymdeithas wybodaeth bresennol, yna disgwyliwn i lenyddiaeth herio hynny. Yn erbyn unrhyw duedd tuag at y darniog, y brysiog a'r arwynebol, gall llenyddiaeth fod yn esiampl o ymroddiad, astudrwydd, crefft ac amynedd, a gall fod yn arf i herio unrhyw gamsyniad, anghyfiawnder neu anwybodaeth a gyfyd yn ein cymdeithas wybodaeth ni.

Nodiadau

[1] Islwyn Ffowc Elis, *Wythnos yng Nghymru Fydd* (Llandysul: Plaid Cymru, 1957), t.80.

[2] Ibid., t.224.

[3] Mae mwy nag un ffordd i gyfrif defnydd ar safleoedd Rhyngrwyd: un ffordd yw cyfrif yr *hits*, sef faint o ddeunydd mae'ch gweinydd (*server*) yn ei anfon allan. Ond dull amhendant o gyfrif ydyw, ac mae'n tueddu i roi ffigyrau uwch na'r defnydd go-iawn sydd ar y safle. Mae hyn oherwydd ei fod yn cyfrif un *hit* ar gyfer pob darn o wybodaeth a gynigir gan y gweinydd. Felly, dywedwch fod gennych dudalen gyda thestun arno – yna fe gewch un *hit*. Os oes dwy ddelwedd arno hefyd – dyna ddwy *hit* ychwanegol. Ac os oes darn o sain go-iawn, dyna *hit* arall. Ac os oes darn o fideo, dyna *hit* arall, ac yn y blaen. Mae pob un o'r elfennau hynny sy'n creu'r tudalen yn dod o ran wahanol o'r gronfa ddata, ac mae'r peiriannau sy'n cyfri'r *hits* yn cyfrif pob un elfen. Felly gall ymweliad ag un tudalen greu saith neu fwy o *hits* er mai dim ond un glic y mae'r defnyddiwr wedi ei wneud. Felly mae mesur *hits* noeth yn ddull annibynadwy o fesur defnydd. Mae'n cael ei lywio gan faint y ddarpariaeth yn hytrach na maint y defnydd, a gall y ffigurau fod yn chwyddedig o'r herwydd. O gymharu, mae cyfrif argraffiadau tudalen yn golygu cyfrif unwaith ar gyfer pob tudalen y mae'r defnyddiwr yn ei ymofyn, gan anwybyddu faint o elfennau unigol sydd ar y tudalen hwnnw. Mae'n rhoi darlun llawer cywirach.

[4] Siôn Eirian, 'Y Diafol Ar-lein', *Golwg* (8 Chwefror 2000), 17.

[5]   Anweledig, *Gweld y Llun* (Sain, 2001).

[6]   Grahame Davies, *Sefyll yn y Bwlch* (Caerdydd: Gwasg Prifysgol Cymru, 1999).

[7]   Robert M. Pirsig, *Zen and the Art of Motorcycle Maintenance* (London: Bodley Head, 1977).

BARDDONIAETH A THECHNOLEG

Gwyneth Lewis

Yn ôl Alexander Gilchrist, bywgraffydd William Blake, pan ddangoswyd y copi cyntaf o'r *Mechanic's Magazine* i'r bardd, ebychodd: 'Ah, Sir . . . these things we artists HATE!'[1] Mae stori arall sy'n cael ei hadrodd gan Gilchrist yn awgrymu nad oedd Blake yn teimlo ond atgasedd tuag at yr wyddoniaeth newydd. Mae'n werth dyfynnu'r stori'n llawn, gan gofio ei bod hi bob tro'n beryglus derbyn ar yr wyneb yr hyn sydd gan fardd i'w ddweud:

> Some persons of a scientific turn were once discoursing pompously, and, to him, distastefully, about the incredible distance of the planets, the length of time light takes to travel to the earth, etc., when he burst out: 'It is false. I walked the other evening to the end of the earth, and touched the sky with my finger'; perhaps with a little covert sophistry, meaning that he thrust his stick out into space, and that, had he stood upon the remotest star, he could do no more; the blue sky itself being but the limit of our bodily perceptions of the infinite which encompasses us. Scientific individuals would generally make him come out with something outrageous and unreasonable. For he had an indestructible animosity towards what, to his devout, old-world imagination, seemed the keen polar atmosphere of modern science.[2]

Mae'n werth sylwi ar y stori hon am nifer o resymau. Yn gyntaf, am fod Blake, fel bardd, yn reddfol yn cyfieithu syniadau gwyddonol i iaith y 'bodily perceptions'. Dyma, yn fy marn i, yw un o swyddogaethau pwysicaf y bardd mewn perthynas â gwyddoniaeth a thechnoleg: dylai ddysgu i ni beth yw'r chwyldro digidol, er enghraifft, yn ein system nerfol, sut y mae'n gwynto, ei effaith ar y llygaid ac ar osgo'r corff. Y We a'r cyfryngau digidol yw'r chwyldro technolegol diweddaraf i ni ei brofi, ac mae iddynt eu hoblygiadau ar gyfer y corff cyfoes.

Mae gan fy nhad stori am Gwm Ogwr cyn i'r Chwyldro Diwydiannol ei newid. Roedd perthynas iddo yn bugeilio ar gopa'r mynydd ac yn gweld dieithryn yn dod o bell. Gwaeddodd ar ei frawd a oedd yn cerdded ar grib y mynydd gyferbyn. 'Mae 'na ddyn yn dod!' Ac oherwydd mai amaethyddol oedd eu byd, roedd y datganiad i'w glywed yn glir ar draws y cwm. Hynny yw: diwylliant yw pa mor bell y mae eich llais yn cario. Erbyn heddiw, mae sibrwd yng Nghwm Ogwr yn cario cyn belled â Brasil drwy'r We, ac mae hyn yn siŵr o gael effaith ar syniad y siaradwr ynghylch pwy yw ei gynulleidfa ef neu hi, a pha fath o wybodaeth sy'n gwneud synnwyr o fewn y fath system gyfathrebu. Wedi'r cyfan, nid yw'r gosodiad, 'Mae 'na ddyn yn dod!' yn mynd i fod o ddiddordeb i Xavier yn Rio.

Yn ail, er bod Blake yn ei osod ei hun yn erbyn cred wyddonol ei gyfnod ei hun, mae ei sylwadau ynghylch sut yr ydym ni'n canfod y byd yn swnio'n gyfoes iawn i ni heddiw, o feddwl am wyddoniaeth gwantwm a byd cath Schrödinger. Mae gwyddoniaeth, fel llenyddiaeth, yn mynd trwy wahanol ffasiynau, ac mae Blake yn swnio'n agos iawn at ei 'elynion', y gwyddonwyr. Wedi'r cyfan, dyma'r bardd a roddodd yr ateb canlynol:

— When the Sun rises, do you not see a round disk of fire somewhat 'like a Guinea'?
— O no, no. I see an Innumerable company of the Heavenly host, crying, 'Holy, Holy Holy is the Lord God Almighty'.[3]

Os anwybyddwn rethreg gyfriniol Blake am eiliad, mae'r bardd wedi deall hanfod y tebygrwydd sylfaenol rhwng barddoniaeth a gwyddoniaeth, sef y defnydd o drosiadau i gyfleu natur y byd o'n cwmpas. Mae natur y bydysawd yn dibynnu ar ein dewis o drosiad. Mae'n ddiddorol gosod sylwadau Martyn Rees, y Seryddwr Brenhinol, ochr yn ochr â geiriau Blake, a sylwi eu bod ill dau, er gwaethaf ieithwedd wahanol, yn dweud yr un math o beth am y greadigaeth a lle dyn yn y byd. Medd Rees: 'It is indeed remarkable that the external world displays so many patterns that our minds can interpret in mathematical "language".' Onid fersiwn arall o Air Duw yn cael ei sillafu yn y greadigaeth yw'r disgrifiad mathemategol yma o'r tebygrwydd rhwng natur y bydysawd a gallu dyn i'w ddeall? Dyn wedi ei greu yn nelwedd ei Dduw?

Er na fyddai'n blês o'm clywed yn dweud hyn, rwy'n amau bod Blake yn wyddonydd wrth reddf, er ei fod yn gwrthod y dull mecanyddol o edrych ar y byd o'i gwmpas. Fe ddywedodd: 'Energy is eternal delight.' I mi, mae barddoniaeth ei hun yn ffurf ar dechnoleg, gyda phob cerdd yn beiriant bach hunangynhaliol, trosglwyddydd egni, os mynnwch chi, rhwng y bardd a'r darllenydd, trwy gyfrwng iaith. Os yw cerdd ei hun yn rhyw fath o dechnoleg – un blewyn o *fibre optics* – mae traddodiad yn blethiad enfawr o'r llinyn hwnnw, dull o drosglwyddo gwybod-aeth a phrofiad yn y modd mwyaf effeithlon posibl, wedi ei ddatblygu ar hyd y cenedlaethau. Wedi'r cyfan, beth yw iaith barddoniaeth ond iaith bob dydd, wedi derbyn *turbo charge*, wedi ei chywasgu a'i chaboli i gyfleu mwy nag y dylai swm ei geiriau unigol allu ei wneud? Er enghraifft, mae hyd yn oed englyn syml yr olwg, fel 'Y Gorwel' gan Dewi Emrys, yn dangos y cynildeb rhyfeddol hwn, trwy chwarae gwahanol elfennau mydryddol a gramadegol yn erbyn ei gilydd. Cymerwch yr esgyll:

> Hen linell bell nad yw'n bod,
> Hen derfyn nad yw'n darfod.[4]

Mae'r llinellau eu hunain yn nodiant paradocsaidd o'r gorwel rhithiol, gan fod y bardd yn cofnodi endid nad yw'n bod, ac yn gorffen ei ddisgrifiad o'r gorwel diderfyn â diweddglo atalnod llawn ac odl. Mae ymgorfforiad y syniad, felly, yn dyfnhau'r rhyfeddod, heb sôn am y defnydd o dechneg *fuel injection* y gynghanedd.

Enghraifft arall yw 'Yr Esgyrn Hyn' gan T. H. Parry-Williams. Mae'r bardd yn gofyn yn ddigon diniwed: 'Beth fyddi dithau, ferch, a myfi, / Pan gilio'r cnawd o'r hyn yr ydym ni?' Mae wedyn yn ateb:

> Nid erys dim o'r hyn wyt i mi –
> Dim ond dy ddannedd gwynion di.
> Ni bydd ohonom ar ôl yn y byd
> Ond asgwrn ac asgwrn ac asgwrn mud;[5]

Mae ail-adrodd 'asgwrn' yn y llinell olaf yn gwneud i gasgliad y bardd ddigwydd yn llythrennol yn y llinell honno. Ac mewn rhyw broses gyfriniol mae'n creu realiti trwy sôn amdano. Darllenais yn y papurau Sul yr wythnos ddiwethaf am wyddon-wyr yn gweithio ar dechnoleg i'n galluogi ni i weithio cyfrif-iaduron trwy gyfrwng patrymau trydanol yr ymennydd. Nid y patrymau hyn sy'n codi'r dwylo i'r cyfrifiadur, ond mae modd eu defnyddio i wneud i'r weithred sy'n sail i'r patrwm ddigwydd drwy *feedback*. Mae hyn fel gwneud i rywbeth ddigwydd yn y byd trwy ei ymgnawdoli ym mhatrwm mydr ac odl.

Yn wir, mae barddoniaeth yn gyfrwng gwyrthiol yn yr ystyr ei fod yn medru rhoi mwy o egni allan nag a dderbyn gan yr awdur yn y lle cyntaf: math o *cold fusion* llenyddol. Dyma un o'r ffyn mesur y byddaf i yn eu defnyddio i wahaniaethu rhwng barddoniaeth dda a gwaith llai pwysig, waeth pa mor anodd y bydd ei ddarllen ar y dechrau. Os yw'n cymryd mwy o egni i'w ddarllen nag a rydd allan dros amser, yna mae'n esiampl o waith israddol.

Mae bardd, yn enwedig cynganeddwr, yn fwy tebyg i fecanydd car nag y byddwn yn tybio ar yr olwg gyntaf, ac nid oes syndod fod y dychymyg barddonol yn gweld datblyg-iadau gwyddonol yn faes llafur ffrwythlon i'r Awen. Rwy'n meddwl fan hyn am fardd fel Goethe yn cyfieithu ei ddealltwr-iaeth o egwyddorion cemegol i straeon carwriaethol ei nofel *Wahlverwandschaften* ('Ethol Berthnasau' / '*Elective Affinities*'). Yn yr achos hwn, dyma fardd yn gweithio fel lladmerydd i'r gwy-ddonydd. Soniodd Lewis Carroll amdano'i hun fel rhywun oedd am gyflwyno'r 'elfen ddynol' i faes mathemateg, a thrwy hynny ei boblogeiddio. Yn hynny o beth, mae angen y bardd ar y gwyddonydd.

Ond a oes angen y gwyddonydd ar y bardd? Wel, oes, os yw'r bardd am weithio ar ffin bellaf ei iaith ac ymwneud â darganfyddiadau diweddaraf y byd dynol. Dyma'r profiadau diwylliannol a gwyddonol sydd bellaf oddi wrth emosiynau ac ieithwedd ystrydebol. Ac yn aml, wrth geisio canfod iaith i ddisgrifio syniadau sydd bron y tu hwnt i'n dychymyg, mae gwyddonwyr eu hunain yn troi'n feirdd. Er enghraifft, derbyniodd gwyddonydd o'r enw Leberman wobr Nobel am ddarganfod gronyn sydd mor fach fel ei fod yn cael ei alw'n 'spinning nothing'. Dylai rhywun fod wedi cymryd cyngor bardd cyn bathu'r enw 'quark', serch hynny.

Arferid dweud bod delweddau damcaniaethau gwyddonol a wrthbrofwyd yn cael eu troi'n farddoniaeth. Mae'r safbwynt yma'n cymryd mai ffuglen yw barddoniaeth, ac fe fynnwn i hawlio mwy o realiti i'r Awen na hynny. Heblaw am fod yn feithrinfa syniadau a delweddau artistig, mae effaith gwyddoniaeth a thechnoleg ar fywyd cymdeithas yn rhan bwysig o faes llafur y bardd. Mae'n anodd dychmygu cerddi gwledig Wordsworth, er enghraifft, heb gefndir y Chwyldro Diwydiannol. Heddiw, byddai'r Gwenallt cyfoes yn gorfod cofnodi diweithdra cymoedd de Cymru a'r disgiau lloeren y tu allan i gymaint o'r tai teras.

Mae'n anodd peidio â dod i'r casgliad fod bygythiad i ddisgyblaeth ysgrifennu a darllen barddoniaeth ym mhleserau a manteision y We. Nid wyf yn sôn fan hyn am leihau'r amser y mae pobl yn fodlon edrych ar rywbeth, nac am demtasiynau masnachol y We. Yn hytrach, rwy'n sôn am y dulliau cynyddol y mae technoleg newydd yn eu cynnig i ni i beidio â bod yn llwyr bresennol yn ein bywydau ein hunain. Sylwch, er enghraifft, ar y nifer o bobl sy'n cerdded o amgylch y lle yn sgwrsio â chyfaill ar ffôn symudol. Maent yn dal teclyn anweledig yn erbyn ochr eu pennau, fel petai clust dost ganddynt. Nid yw gwneud dau beth ar yr un pryd yn golygu eich bod yn cyflawni dwbl: mae'n fwy tebyg o haneru eich sylw. Un o bleserau mwyaf ysgrifennu i mi yw bod yn rhaid gadael i'r broses gael ei ffordd â chi, ac er mwyn galluogi hynny i ddigwydd, dyletswydd y bardd yw rhoi ei holl sylw – ymwybodol ac anymwybodol – i'r cyfansoddi. Rhowch lai, ac ond cysgod cerdd a gewch. Cyn bo hir byddwn yn darllen testun ar-lein, gwrando ar y radio a chwarae gemau cyfrifiadurol, a byw gyda'n teuluoedd ar yr un pryd.

Mewn ffordd mae'r Rhyngrwyd yn gyfrwng torfol heb y dyrfa, er bod miliwn o bobl ym Mhrydain wedi cysylltu â'r rhwydwaith yn ystod y mis diwethaf. Gadewch i mi egluro: ar gychwyn y We roedd cwmnïau masnachol yn gweithio yn ôl yr egwyddor mai 'cynnwys' oedd yr hyn a ddenai'r cwsmer at eu gwefannau. Ond nid hynny ddigwyddodd. Gwelwyd bod y cwsmer yn mwynhau'r broses o symud yn gyflym drwy'r We

yn fwy na thalu sylw i un safle arbennig. Pen draw rhesymegol
hyn yw cynllunio gwefannau ar gyfer cyfran mor fach o'r
gynulleidfa na fydd neb byth yn eu darllen. Mae'r gynulleidfa
am greu ei defnydd ei hun, yn hytrach na llyncu deunydd sydd
wedi ei baratoi gan rywun arall.

Mae hyn yn sicr o gael effaith ar ein diffiniad ni o gymdeithas
ac o gymuned. Mae byd busnes yn sôn llawer am 'gymunedau
diddordeb', hynny yw, grwpiau o unigolion sy'n rhannu hobïau
neu glefydau arbennig. Mae pob un sy'n ymuno â'r fath grŵp yn
dewis bod yno. Yn wir, maent yn gorfod talu a gwneud ymdrech
i fod yno. Gwir werth cymuned yn hen ystyr y gair oedd ei bod
yn cynnwys elfennau neu bobl nad oedd, o anghenraid, yn
medru cyd-fyw'n hawdd. Ond oherwydd nad oedd dewis, rhaid
oedd darganfod ffyrdd i gyfaddawdu a bod yn oddefol. Heb y
math yma o ddisgyblaeth gymdeithasol, mae ein perthynas ni â
phob math o elfennau gwrthun yn siŵr o newid. A dyma'r math
o faes lle dylai beirdd a llenorion fod yn ein rhybuddio yn erbyn
colli rhywbeth o werth mawr i ni gyd.

Mae sylwi ar ddatblygiad perthynas y Cymry Cymraeg â'r We
yn mynd i fod yn arbennig o ddiddorol, gan fod y cyfrwng yn
mynd yn hollol groes i anian a diwylliant y Cymry. Mae'r rhain
yn rhoi pwyslais mawr ar hanes, ar barhad traddodiad, tra mae y
We yn galluogi pob math o hunanddyfeisio. Mae'n siŵr y bydd y
gwrthdaro rhwng y ddau fath o ddiwylliant yn creu dryswch am
beth amser, ond does dim rheswm na ddylai'r dryswch hwnnw
fod yn bridd ffrwythlon i feirdd. Ac ond dechrau'r darganfod
fydd hyn.

Mae technoleg arall sydd wedi cael llawer llai o sylw na'r We
mewn perthynas â chelfyddyd, ond sydd ag oblygiadau llawer
mwy pellgyrhaeddol, sef gallu cynyddol dyn i olygu'r testun
marwol yn ein genynnau. Dyma faes a fydd yn sinistr o
gyfarwydd i lenorion a beirniaid llenyddol, pan fydd rhaid
dadlau o blaid neu yn erbyn sensoriaeth, ein hawl i gywiro
'camgymeriadau' DNA. Ond y tro hwn, bydd bywydau'r am-
herffaith yn y fantol. Wn i ddim beth yn union fyddai barn
William Blake am y posibiliadau hyn, ond gwn y byddai'n
ymgodymu â'r cwestiynau ac yn taranu, fel y bydd y gorau o'n
beirdd cyfoes yn ei wneud, rwy'n siŵr. Wedi'r cyfan, ein plant
yw ein gweithiau creadigol pwysicaf, a daw amser pan fydd pob

rhiant yn anelu at fod y bardd gorau posibl, nid yn yr ystyr llenyddol, ond yng nghyfrwng cnawd y genhedlaeth nesaf.

Nodiadau

[1]   Alexander Gilchrist, *The Life of William Blake* (1863). Dyfynnwyd yn Humphrey Jennings, *Pandaemonium* (London: Picador, 1987), t.163.

[2]   Ibid., t.162.

[3]   Geoffrey Keynes (ed.), *William Blake: Complete Writings* (Oxford: Oxford University Press, 1972), t.617.

[4]   Dewi Emrys, 'Y Gorwel' yn Alan Llwyd a Gwynn ap Gwilym (goln.), *Blodeugerdd o Farddoniaeth Gymraeg yr Ugeinfed Ganrif* (Llandysul: Gwasg Gomer / Cyhoeddiadau Barddas, 1987), t.32.

[5]   T. H. Parry-Williams, 'Yr Esgyrn Hyn (Ffansi'r funud)', *Cerddi, Rhigymau a Sonedau* (Llandysul: Gwasg Aberystwyth, 1931), tt.18–19.

'CAN THERE BE SUCH A THING AS A WELSH LARA CROFT?'

Jean-Jacques Lecercle

But *who* is Lara Croft?

I must confess that my acquaintance with Lara Croft is of the slightest. I do not play such computer games, nor do I have children who might play them. All I know of her is what I have seen or read in glossy magazines, were she is usually presented as the paragon of cyber sex-appeal. And I must say that in the matter of seduction, with me at least, Winnie the Pooh wins paws down.

So I shall take her as a symbol, or an emblem. In the fields that are our primary concern, the fields of culture and literature, new technology is bringing – has already brought – considerable changes. Thus, Lara Croft is also hailed as the epitome of technological fiction, with all the advantages of interaction over the solitary pleasures of reading literature.

Having ascribed to Lara Croft the function of a symbol, I shall ask, with her help, two questions. The first is the question in my title. There is a slight problem about that question: I have no idea what the answer ought to be, through sheer ignorance. But ignorance has never prevented an academic from speaking, so I shall answer it at length. My excuse for doing so is that the first question conceals a second one: what is the impact of new technology on the culture and literature that are the objects of our deepest affections? This I claim to know something about, or at least have some awareness of the extent of my ignorance: my answer to that question will therefore be more modest and tentative.

Neither question is innocent. You may expect, and will inevitably hear, a jeremiad deploring the disastrous effects of new technology on culture and literature. The academic is rather good at deploration, and his discourse is rather predictable. Clutching his well-worn copy of Wordsworth or Dylan Thomas, the absent-minded professor laments the effects of technology on culture: the vulgarity of television, the time wasted searching for futile information on the Internet, the worldwide audience the Web gives to the most inane and trivial effusions, not to mention the radiation from mobile phones that destroy the brains of those who, in railway carriages, interrupt his thoughts with their silly prattle. He will not, as he is deploring all this, be unduly troubled by the fact that he is speaking through a microphone, and that the conference in which he is taking part has been advertised on the Internet.

I freely confess to being such an academic: I have a healthy dislike of computers, and strong nostalgia for the old typewriter, if not for the goose-quill. But I also claim to be a Marxist, and a Marxist sees himself as an irredeemable optimist, not as an Old Testament prophet of gloom. Hence the title of my second section.

Yes

A Marxist, to use a term that has recently cropped up again in philosophical discussions of the Internet, is no luddite.[1] He believes in progress. He is not afraid of technology, he welcomes it with open arms. Although his sympathy is with the historical luddites, who were defending their livelihoods as best they could (and were by no means, at least in the analysis by E. P. Thompson, in his *Making of the English Working-Class*, the blind reactionaries they are sometimes made out to be), he knows that their struggle was doomed because they were attempting to freeze the very motor of history, that is technological progress. As a child, I always preferred the red Indian chief, however cruel the character was supposed to be, to John Wayne. But this was due to the fact that his was a losing battle, and that the tide of history was against him. The paradox of such a position is, I believe, constitutive of Marxism: Marx's admiration for the bourgeoisie he fights is apparent on every page of *Das Kapital*.

So the orthodox Marxist position on technology is that it is a good thing, a factor of progress. With its relentless development, technology is that aspect of the productive forces that keeps them moving forward. French Marxists in the 1970s used to speak of a 'scientific and technological revolution', and to hail it as a second Industrial Revolution. It was indeed supposed to increase the speed at which we were sailing towards communism – sadly, such discourse is no longer possible. Communism is at best what Kantians call an idea of Reason, a moral or intellectual necessity with little or no chance of actualization, and Derrida, in his Marx book,[2] is right to contrast the failed teleology of orthodox Marxism with the eschatological promise which, according to him, the doctrine still offers.

Nevertheless, a belief in the benefits of technological development has remained central to Marxist culture. And if we hold such beliefs, the answer to my first question must be a resounding 'yes'. If Wales does not wish to disappear as a cultural and national entity, it must not only welcome Lara Croft, but make her Welsh. Nothing is easier: all we have to do is to add Welsh to the list of languages available to us when we install the game on our computer. We may even be a little more ambitious, and increase her Welshness by renaming her Myfanwy Evans. This, incidentally, is not a piece of cheap and patronising local colour: it is the name of my wife's Welsh aunt.

No

That the orthodox Marxist answer has to be revisited and revised is obvious. In an age of global warming, mad cow disease, genetically modified food stuffs and World Trade conferences, a blithe belief in the advantages of technological progress is a blind belief. Such belief is typical of the nineteenth century, and it makes classical Marxism appear dated and perhaps outdated. In such circumstances the other aspect of the Marxist paradox will become dominant: for Marxists will always be on the side of the oppressed, even if historical progress, economic rationalization and globalization condemn them. Marxists were, and rightly so, on the side of Welsh miners: their hero was Arthur Scargill, not the infamous McGregor or his mistress.

Of course, orthodox Marxism will have an answer to this

rejection of technology. The trouble is not with technology itself (a Marxist is no Heideggerian primitivist), but with the social structure that harnesses it to the wrong ends, and in so doing, fetters it. Thus, in the old days, one could deplore the use of atom technology for military ends and approve of it for civilian ends (for instance, Soviet Arctic ice-breakers – that was, of course, before Chernobyl). And we remember that productive forces are fettered by relations of production and violently unfetter themselves in revolutionary outbursts. But such a rejoinder radically alters our attitude to Lara Croft. She is no longer a technological wonder but an agent of imperialism, and particularly of cultural imperialism. So the answer to my first question must now be as firm a 'no' as it was a resounding 'yes'. For two reasons: there cannot be a Welsh Lara Croft, and if by chance there could, there should not be.

There cannot be such a thing as a Welsh Lara Croft because the prevailing relations of production, the economic structure of imperialism, of which she is a fine product, are not concerned with Wales, a small and marginal country on the periphery of a once glorious and now declining imperial power. So, for economic reasons, Lara Croft will always be conceived and pro-duced in the United States, or in a situation of direct economic dependence on them, which means that, as a cultural object, she will also be American, in the name of globalization and world-wide cultural appeal, even if, and especially if, she is peddled to, or imposed upon, the whole planet as an object of consensual and apparently innocuous cultural consumption (this is why Myfanwy Evans has got no chance: she would be judged too parochially Welsh). And we understand why, if there could be a Welsh Lara Croft, in spite of the impossibility just mentioned, there should not be one. New technology, being entirely in the hands of cultural imperialism, would ensure she would be merely an instrument of cultural domination, destructive of minority languages, cultures and literature (as you see, I am already suggesting an answer to my second question, and announcing a jeremiad).

An apparent paradox will illustrate this sad state of affairs. Even if we made her speak Welsh, by improving the game's software, Lara Croft would still be speaking English, and even

American English. For there is more to language than a mere treasure of words and collection of rules – it is the inscription of a whole culture, and therefore also inextricably mixed with gestures, facial expressions, modes of behaviour, etc. I have tried elsewhere to show that an utterance, in that it is the product of a speech-act, occurs at the end-point of a causal chain which goes from institution (what the French Marxist Althusser calls Ideological State Apparatuses) to ritual, from ritual to practice, and from practice to speech-act.[3] So that whatever the words uttered at the end of the chain, the language that is actually spoken is the language of the whole chain, that is of the institution – ritual – practice – speech-act chain of causal determination. In the case of Lara Croft, this language is American *in spite of*, or rather *as revealed by*, the attempts to erase any too individual features in her person or behaviour.

This fragment of theory is only a pretext for uttering a jeremiad, hence the title of my next section.

Jeremiad

So the problem with Lara Croft is that she *will* speak English, not in spite of her creators' efforts to neutralize any cultural characteristics in her, but because of such efforts. What emerges here is her essential cultural Americanhood, which is so deeply ingrained as to be unnoticed by her inventors, who believe it is the set of characteristics that define human nature. This, of course, has disastrous effects on the culture and literature we seek to protect and develop.

The first of such efforts I have already evoked: it is the absorption of peripheral cultures by dominant ones. This is where Lara will speak English. Because such phenomena are well-known to you, an anecdote will be enough. I sometimes switch on the Welsh-language television channel, because I am like Magwitch, the convict in *Great Expectations*, who asks Pip to speak to him in a foreign language in order to marvel at the wonder of it: this, to him unintelligible, babble is to the speaker a sequence of entirely meaningful sounds. And I am of course aware that the existence of such programmes at a decent hour is a sign of successful resistance to the Lara Croftization of culture. I recently came upon a Welsh chat-show, with the usual participants. Suddenly the host, amidst a string of words which I utterly failed to understand, uttered the following words loud and clear: 'Nicyrs ffrili!' He was at the same time holding up a piece of female undergarment to the camera. This was when I said to myself that Welsh is an easy language – and I mean the adjective in more than one sense. But you understand what I mean by speaking English even if the words uttered are in Welsh. Although I am not sure my anecdote is susceptible only of a pessimistic interpretation, it does make manifest the vulgarity of the common-and-garden chat-show, or the futility (but not the inevitability) of imitating American and English television at their weakest, but it also raises interesting questions. Since I cannot believe that the Welsh vocabulary is so poor that such elementary words are missing, does this mean that the hosts of Welsh chat-shows can only be naughty in English, even as the hosts of English chat-shows often speak with an exaggerated Irish accent? This means, of course, that the chat-show is not only an instrument of cultural oppression but an object of desire (since we have read Wilhelm Reich and the *Anti-Oedipus*, we know that such conjunction is by no means impossible).

The second point in my jeremiad concerns the linguistic equivalent of cultural oppression. Linguists call it glottophagy, or the absorption and destruction of a peripheral language by its politically or culturally dominant competitor. I am particularly aware of this because my mother was a Corsican, and Corsica is a peripheral region of France, of relatively recent acquisition (it became French in the second half of the eighteenth century), still struggling to obtain a degree of autonomy (compared to the National Assembly for Wales, the power of the Corsican regional council is strictly limited), a prey to a violent form of nationalism, and, which is my main interest here, with a language entirely different from French. (Although French and Corsican are both Romance languages, and fairly close at that, they do not allow mutual intelligibility.) The problem with the Corsican language is that, unlike Welsh, it is dying. I shall briefly suggest a number of reasons for this. Firstly, there are only 200,000 inhabitants in Corsica, only a tenth of whom are Corsican speakers. The critical mass that would allow survival and development rather than decline is no longer there: enforced economic emigration added to the ravages of the First World War have literally emptied the island. Secondly, although it has so very few speakers, or perhaps because of this, Corsican is fragmented into dialects, none of which is strong enough to become the national idiom, and none of which is weak enough to gracefully concede – so that grammars of Corsican, even school primers, always present not one language but two, and sometimes three, which does not make learning the language any easier, or encourage survival and development. Thirdly, as a result of this the only natural national language of Corsica is Italian (which was still the legal and literary language in the middle of the nineteenth century – Corsica is the only nation I know whose national anthem is sung in a 'foreign' language, namely Italian). Corsican dialects are dialects of Italian, which accounts even for their difference: northern Corsican looks towards the Ligurian dialect of Italian, southern Corsican towards Tuscan. Nevertheless, for reasons of history and national identity, understandable if misguided, speakers of Corsican, and especially their nationalist rep-resentatives, indignantly reject what for the linguist is a statement of fact, and treat Italian as a language which is as foreign to Corsican (in spite of mutual intelligibility), as French is, with the result that French dominates the scene and is killing Corsican. Fourthly, the result of this, and I am coming back to the topic of this paper, is that the Corsican language cannot accommodate new technology, simply because it cannot name it, and has to borrow the words of economic and administrative daily life from French (with the consequence that those activities are always conducted in French, never in Corsican). Thus, a Corsican farmer (Corsican is, of course, mostly a language of hill farmers), who wishes to state he has bought a chain-saw will say: 'Aghiu cumpratu a tronçonneuse', where the first words are easily recognized by a speaker of Italian ('ho comprato') the last word is a French word pronounced with a Corsican accent (a 'tronçonneuse' is the saw that cuts up 'troncs', the trunks of trees). The obvious result is that a Corsican speaker is at best schizophrenic (she will conduct her personal life in Corsican, her professional life in French), at worst no longer a speaker of

Corsican. Lastly, the trouble with the Corsican language is that there is no Corsican Dante, or perhaps that there is already a Corsican Dante, namely Dante himself, by which of course I mean that Corsica has never produced a literature that could foster the unification and development of the language (this is what the nineteenth-century poet, Frédéric Mistral, did for Provençal), because a literature was always already there, or rather elsewhere, in mainland Italy. This is not a criticism, Corsica is a small out-of-the-way place, with poor people bent on sheer survival, and success for a Corsican always meant emigration, as is conspicuous in the case of the island's two most famous sons, Napoleon, and the crooner, Tino Rossi.

I am fully aware that this tale of woe does not apply to Wales. But there are lessons to be drawn from it: there could not be a Corsican Lara Croft not merely because world capitalism would not be interested in it, but because the Corsican language could not even give her a name.

This takes me to the third and last point of my jeremiad. The absence of a Corsican Dante (the archetypal Corsican tale is the story of Colomba: it was written in French by a French writer, Mérimée) is a serious matter. It points to the crucial role literature plays in the establishment of a national language and in the construction of cultural identity. And Italian is a good example, since standard Italian was first developed as a literary language. I cannot remember who the cynic was that said that a language is a dialect with an army. He was wrong: a language is a dialect that has produced a literature. And this is where our Lara entirely fails us. She does speak, in a way (or so I am told – whether there are more groans and grunts than articulated words I do not know), but not enough: she cannot be said to be articulate, in the broad sense of the term. No monologues expressing existential angst for her, no speeches in iambic pentameters richly studded with novel metaphors and other figures of speech, no heart-rending deliberations before actions, no outpourings of feeling to a bemused reader. In fact, she embodies the triumph of fiction over literature – fiction, in its characteristic of universality reflecting consensual human nature: a good story is a good story the world over. So our Lara, even at her most talkative, does not speak. Literature, on the other hand, does. And it may speak Welsh, as we shall see, even if it is written in English. And this is where new technology is detrimental. It will cancel the Welshness out of literary fiction, it will universalize it for world audiences, erase the singularities that make it alive, it will do to it what the BBC already does to Jane Austen, so that Llaregyb will become the eternal fishing village, anywhere and anywhen.

I wonder, however, whether my jeremiad has not become too mournful and nostalgic, whether I have done full justice to our Lara, as the title of the next section suggests.

Yes again, or: Lara Crofts of the world, unite

What is wrong with my jeremiad is that I shall end up defending a conception of literature as the privileged means for the construction of national identity, the privileged locus for identity claims. Whereas, while I do not wish to deny the contribution of the *institution* of literature to such construction, I am strongly committed to the view that the *practice* of literature, the literature that is worth writing and celebrating, is not about the construction of identity, but, on the contrary, about the exploration of *alterity*. Literature is not meant to comfort me in my parochial prejudice, but to liberate me from it.

This is partly due to the fact that I claim to be a Marxist, that is not only an incurable optimist, always ready to welcome the new, but also an internationalist who believes that the future does not lie in prudent retreat into our immediate territory, from which all aliens, or bogus asylum seekers, will be excluded.

This is where Lara Croft can help, and where a Welsh Lara Croft is possible, if she can be made to speak Welsh as a *minor language*, in the strict philosophical sense of Deleuze and Guattari. The concept is developed in their Kafka book.[4] It is meant to account for the literary practice of a Prague Jew who has chosen to write neither in Yiddish nor in Czech, but in German, the language that is the resistance to oppression through subversion of the major tongue: a process of minorization of German, of forcing it to become a minor language. And a minor language, as they define it, has three characteristics. Firstly, it is deterritorialized, not concerned with a parochial sense of identity, with nostalgic recollection of one's past or that of one's immediate neighbours; it encourages the speaker, but also and more importantly the language, to follow its lines of flight, to forget about boundaries, strata and segments, to explore new territories. Secondly, it is immediately political: by practising the stylistic equivalent of brave soldier Schweik tactics (he was, as we remember, another native of Prague), it subverts the relations of social and cultural dominance and raises the cultural-cum-political issues that they seek to forget. Literature that speaks as minor language, that minorizes a major language, proceeds by strange new connections, and thus intervenes in the political conjuncture. Thirdly, it is immediately collective, not so much the product of an individual author, as of what Deleuze and Guattari call a 'collective assemblage of utterance'. This is where its political efficacy comes from, where its deterritorialization is inseparable from a form of reterritorialization, or, to speak plainly, where it can only minorize German because it speaks Czech and Yiddish within it, because there are independent Czech and Yiddish languages and literatures from which it can emerge and invade German. This is why, Deleuze and Guattari say, a minor literature never 'represents' a nation, a state or a class, and yet is 'of the people'.

If we adopt this position, it is clear that Lara Croft, that agent of cultural imperialism, can be waylaid and turned into a heroine of the Welsh or Corsican minorization of the dominant language and culture. For she has a number of natural advantages. For followers of Deleuze and Guattari, her first and main advantage is that she is not a person, but a machine. They defend a concept of desire as machinic, a matter of flows of energy and cuts that code them, so that the machine-like assemblage is prior to phenomena of individuality and subjectivity which are merely its effects. So that even if the joy and complexity of tomb-raiding are strictly limited, our Lara embodies the truth that lies behind the production of effects of individuality and subjectivity in, for instance, a BBC version of Jane Austen, where the characters also are, but do not appear to be, machinic assemblages.

A second advantage derives from the flaunted non-subjectivity: Lara Croft, the emblem of a machinic assemblage, is never individual, but always-already collective. Not only in that she is not the creation of an individual creator, but the mouth-piece of a 'collective assemblage of utterance' (the other and complementary aspect, in Deleuze and Guattari's system, of the machinic assemblage of desire), but in that she cannot be concerned with the themes of ordinary fiction, what Deleuze calls the 'dirty little story of the individual', reeking with nostalgia and self-indulgence, the story of the eternal triangle, which means of course the Oedipal triangle – Lara Croft, in her moronic actions, shares this at least with minor literature: she is always already beyond the Oedipal triangle.

The third advantage is the paradoxical consequence of her main defect. I have said that she speaks American English not in spite of, but because she claims universality. But let us take those claims seriously for a moment: they make her the best embodi-ment I know of potential and radical deterritorialization. Cyber-entities are the most radically non-territorial of all. The problem is not with their potentially liberating deterritorialization, with its infinite possibilities of lines of flight, but their inevitable reterritorialization within international capital, which means American imperialism.

Since all this is rather abstract, and since at this level Lara Croft is merely an emblem, no longer an apt illustration, let me envisage another one. The Internet is the ultimate example of what technology can bring to our fields. And it is a distinctly Deleuzean object:[5] non-territorial, machinic, collective, etc. Can it be used for the development of minority languages and cultures? At first sight, it would appear that it will only foster the worldwide spread of a bastardized form of English. But at second sight, it also allows for the diffusion of smaller languages. Thus, it seems that the development of e-universities is inevitable, it has been announced by a secretary of state for education (no doubt the university of Poppleton will be one of the first to be involved): but the model of an already existing and successful e-university is in Catalan, the position of which towards Spanish is not unlike the position of Welsh towards English. So, a Marxist will conclude, new technology is not neutral, but it is the object of a struggle: the battle is not lost in advance.

It seems the moment has come to make some suggestions. It has also come to reach the point you are all waiting for, hence the title of my next section.

Conclusion

This is where his ignorance will silence even the most voluble of academics. I cannot of course make any suggestion concerning the development and future of the Welsh language and Welsh culture. So I shall restrict myself to three brief points.

The first concerns what I know, the situation of Corsican. How can we prevent the language, and therefore the culture it inscribes, from dying? And what part can technology play in this? The answer is: technology can help Corsican assume the garb of a minor language and minorize French. There are, of course, before this is possible, some political requisites to be fulfilled. Some form of affirmative action must be taken (it already has: there is already a body of qualified teachers of Corsican employed by the state in secondary schools in Corsica), and some form of self-government must be granted (there is talk of a referendum on this issue). But that is not enough: those are territorialized measures. What is needed is a Corsican minorization of two dominant languages: standard Italian, which is very close to Corsican (for instance, as is demanded by a few Corsicans, the systematic teaching of Italian in schools as part of Corsica's heritage would, if not solve, at least tackle the problem of the adaptation of Corsican to modernity and might prevent its complete absorption by French); and French – what is needed is a Corsican literature in French (as Kafka's books were Jewish-Czech books written in German), which can only exist on a basis of reciprocal presupposition with a Corsican literature in Corsican. What is needed is a truly Corsican Dante, at least a Corsican Mistral (he wrote both in French and Provençal).

My second brief point will be closer to you. In what does the minorization of a major language consist? Here is one of the best examples I know. *Under Milk Wood* is not only a masterpiece of world literature, but of literature in English. Yet, I am not particularly fond of its cute local colour Welshness, of Mrs

Evans-Pritchard or Organ Morgan. What I find extraordinary, a joy to read and re-read, is what it does to the English language, for instance in its *incipit*:

> To begin at the beginning.
> It is spring, moonless night in the small town, starless and bible-black, the cobblestreets silent and the hunched, courters'-and-rabbits' wood limping invisible down the sloeback, slow, black, crowblack, fishingboat-bobbing sea.[6]

I could go on indefinitely. This is where a jaded prim-and-proper, I-have-spent-too-much-time-in-Oxford type of English becomes alive again, because here English is minorized by Welsh. I think we understand why Joyce and Beckett were Irish, Conrad a Pole, etc.: what true literature is about is the minorization, the alienation of a major language. It is the only form of reterritorialization in which it is worth indulging.

And you also understand, this is my third and final point, why I am in Cardiff. I decided to reverse the linguistic imperialism of which even France, in spite of its imperial linguistic past, is a potential victim at the hands of English, by invading the United Kingdom myself. Being an old Leninist, I did not make the elementary mistake of landing at Dover. So I landed in Cardiff, where the struggle is going on.

Notes

[1] See G. Graham, *The Internet: A Philosophical Enquiry* (London: Routledge, 1999).

[2] J. Derrida, *Specters of Marx*, tr. by P. Kamuf (New York: Routledge, 1994).

[3] J. J. Lecercle, *Interpretation as Pragmatics* (London: Macmillan, 1999).

[4] G. Deleuze & F. Guattari, *Kafka* (Paris: Minuit, 1975), pp.29–35.

[5] M. Buydens, 'La forme dévorée. Pour une approche deleuzienne d'Internet', in *L'Image: Deleuze, Foucault, Lyotard* (Paris: Vrin, 1997), pp.41–64.

[6] Dylan Thomas, *Under Milk Wood* (London: Dent (Everyman's), 1995), p.3.

ADDASU LLUNYDDOL

Eurgain Haf

Priodoli deunydd ar gyfer defnydd neu gyflwr newydd yw un ystyr 'addasu', a hynny mewn ymateb i ddylanwadau neu amodau newydd. Yn hynny o beth, bu ein llenyddiaeth yn codi ei phen yn ddigon larts i wynebu her cyfryngau technolegol newydd drwy'r amseroedd, gan ddangos bod ganddi'r hyblygrwydd cameleonaidd i 'addasu' ei hun dro ar ôl tro ac i ymateb i ddylanwadau'r oes.

Erbyn hyn daeth yr holl broses o addasu llenyddiaeth yn rhywbeth i'w drin a'i drafod, ei wyntyllu'n drwyadl, a'i adolygu'n academaidd, hyd yn oed. Cydnabyddir bellach fod crefft trosi o un cyfrwng i'r llall yn gelfyddyd ei hunan. Mewn gair, daeth yn dderbyniol: yn rhywbeth i'w dderbyn a'i groesawu; yn ffordd i sbarduno diddordeb newydd yn y gwaith a'i awdur, ac yn gyfrwng cyfathrebu newydd wrth gyfleu gwybodaeth i gynulleidfa sydd, fel yr oes dechnolegol y mae'n rhan ohoni, yn ddylanwadol ac yn gyfnewidiol.

Ond meddylfryd eithaf diweddar yw hwn. Dros y blynyddoedd digon anniddig fu'r ymateb i gysyniad 'addasu', oherwydd y gred fod y gwahaniaethau generig rhwng dau gyfrwng gwahanol yn mynd i dramgwyddo gwerth y gwreiddiol ac ystyr yr addasiad. Dadl ddyrys arall oedd yr un ynghylch 'teyrngarwch' i'r gwreiddiol.

Wrth drafod gwaith Robin Llywelyn, sonia Angharad Price am anniddigrwydd awduron hyd yn oed yn y bedwaredd ganrif ar bymtheg â'r syniad o roi eu geiriau 'ar ddu a gwyn yn barhaol'.[1] Ymateb oedd hyn i'r arferiad o addasu ffuglen ar gyfer ffurf y tudalen argraffedig, gan iddynt ffafrio hen *lafaredd* y traddodiad llenyddol i fecanwaith technegol y broses o argraffu, a oedd yn eu tyb hwy yn 'arddangos pellter y testun yn ei ffurf wreiddiol ym meddwl yr awdur oddi wrth ei ffurf orffenedig ar dudalen llyfr'.[2]

Nid yn annisgwyl, llugoer fu'r ymateb i drosi llenyddiaeth i ffurfiau mecanyddol a thechnolegol y sgrin fawr a'r sgrin fach hefyd. Chwyrn, a dweud y lleiaf, oedd adwaith nofelwyr fel D. H. Lawrence a George Orwell i ddatblygiad ffilm. Haerent mai ffilm oedd gelyn pennaf y traddodiad llenyddol am iddi ddarostwng celfyddyd yn ddiwydiant a thanseilio ffurf y nofel. Yn yr un modd, yn gyfrwng adloniant yr ystyrid y teledu pan ymddangosodd gyntaf. Caed cyfeiriadau brith ato fel y *'goggle box'*, 'llusern yr ynfytyn', 'papur wal symudol', a *'chewing gum* y llygaid'. Wrth i'r ffasiwn o addasu testunau llenyddol a gweithiau poblogaidd ar gyfer y cyfryngau hyn gydio, aml oedd y dwrdio gan feirniaid a gwylwyr-ddarllenwyr, fod y fersiwn gweledol ar y sgrin yn darn-ladd y nofel, yn potsio'i dyfeis-garwch gwreiddiol ac yn tanseilio enw da yr awdur.

Yng Nghymru hefyd, anghymodlon iawn oedd yr ymateb i unrhyw ymyrryd â thestunau llenyddol, gyda beirniaid fel Rhydwen Williams yn mynnu bod holl 'syrjari' y broses addasu yn un llawer rhy 'ddelicet', ac yn un a fyddai'n siŵr o arwain at weld y campwaith gwreiddiol yn '[g]waedu i farwolaeth'.[3]

Hyd yn oed wrth i ni gamu i filflwyddiant newydd, y mae'r ddadl hon ynglŷn ag 'addasu' o un cyfrwng i'r llall eto i chwythu ei phlwc. Testun trafod brwd yw pa mor berthnasol yw llenyddiaeth o gwbl i'n bywydau heddiw, pan fo'r pwyslais i gyd ar ymgyfarwyddo â'r dechnoleg newydd, ei meistroli a chymryd mantais arni yn ei chyflawnder, a hynny er mwyn cyfranogi yn llawn o fywyd yr unfed ganrif ar hugain. Pwnc llosg heddiw yw sut y disodlir y nofel brintiedig gan nofel *hypertext* y sgrin, sef nofel wedi ei throsi i iaith dechnolegol dimensiwn newydd y We Fyd-eang. A ydym ar fin gweld diflaniad y 'llyfr' fel trosglwyddydd – a chraidd – gwerthoedd diwylliannol, wrth iddo wynebu her y microsglodyn, y data-bas, yr archif electronig, a fframwaith y cyfan: y sgrin?

Dyma ddadl a fydd yn parhau am amser hir. Efallai mai tinc o nerfusrwydd a glywir wrth i ni wynebu newidiadau chwyl-droadol yn hanes llenyddiaeth, ffurf yr ydym wedi ymgynefino â hi a thyfu i ymddiried ynddi. Un wedd bositif ar y ddadl yw inni ddod i gydnabod cyfaddasrwydd llenyddiaeth ar gyfer ffurf y naratif electronig. Dyma brawf nad ffurf ddiwylliannol hen ffasiwn yw llenyddiaeth, a honno wedi'i chyfyngu i'r tudalen printiedig. Mae ganddi briodoleddau sy'n ei galluogi i'w haddasu'i hun at amgylchiadau cyfnewidiol yr oes ddigidol, dechnolegol hon – waeth sut y bydd pobl yn ei 'darllen' a'i dehongli.

* * *

Yn dilyn yr adfywiad ym mhoblogrwydd dalen wen y llyfr ar gyfer y diwydiant darlledu yn ystod y 1980au hwyr a'r 1990au, rydym bellach wedi hen arfer â gweld cynhyrchwyr Hollywood, a chynhyrchwyr dramâu y prif sianeli teledu, yn cyflwyno ffilmiau neu gyfresi teledu sy'n seiliedig ar lenyddiaeth, wedi eu hysbrydoli ganddi neu yn ddeongliadau ohoni. Tra bu cynhyrchwyr y 1970au a'r 1980au yn cynhyrchu ffilmiau ffuglen wyddonol ac yn portreadu'r dyfodol mewn ffilmiau fel *2001: A Space Odyssey*, *Star Wars* a ffilmiau *Mad Max*, golygfeydd candifflosaidd nofelau Jane Austen, y Brontës a George Eliot oedd yn mynd â bryd cynhyrchwyr y 1990au.

Heddiw, ar ddechrau'r unfed ganrif ar hugain, mae byd technolegol, cystadleuol, amlsianelog y diwydiant teledu a ffilm yn rhoi pwysau cynyddol ar gynhyrchwyr i ddarganfod rhywbeth newydd o hyd i ddenu cynulleidfaoedd. Eto, parhau i droi at sicrwydd y ddalen wen a'r *bestsellers* a wnânt am yr apêl honno. Gweld dychymyg hudolus yr awdures J. K. Rowling yn dod yn fyw o flaen eu llygaid a wnaeth miloedd o blant (ac oedolion!) pan ryddhawyd addasiad o nofel gyntaf y gyfres *Harry Potter* yn ddiweddar. Ac ymdeimlo â gwewyr byd o gyfrif calorïau, unedau alcohol, a sigarennau, a wnaeth llu o ferched 'trideg-rhywbeth', pan ddaeth creadigaeth Helen Fielding, *Bridget Jones*, yn gymeriad o gig a gwaed ar y sgrin fawr. Mawr fu'r disgwyl hefyd am addasiad diweddaraf S4C a Ffilmiau Llifon a HTV o glasur Marion Eames, *Y Stafell Ddirgel*.

Yr hyn a ystyrir wrth chwilio am nofel gymwys i'w haddasu yw hyblygrwydd y deunydd ar gyfer ei drosi'n weledol i'r sgrin, rhagdybiaethau ynghylch gofynion ac ymatebion y gynulleidfa, ac awydd personol cyfarwyddwr neu gynhyrchydd i daclo darn o waith penodol. Her wirioneddol yw creu profiad esthetig newydd o waith sydd eisoes wedi bod drwy'r pair, a manteisio ar 'iaith' neu dechnegau cyfrwng gwahanol. Hefyd, fel gydag unrhyw gelfyddyd sy'n anelu at gynulleidfa eang, ni ellir di-ystyru'r elfen fasnachol: mae poblogrwydd nofel a'i chynulleidfa barod yn chwarae rhan amlwg yn y penderfyniad i'w haddasu neu beidio.

Erbyn y 1930au, oes aur y diwydiant ffilm Americanaidd, cynulleidfaoedd parod y *bestsellers* oedd prif darged mogwliaid Hollywood. Chwilient am ddeunydd cymwys, gan fargeinio am yr hawl i addasu rhai nofelau cyn iddynt eto weld golau dydd. Pan gyhoeddodd Margaret Mitchell ei nofel *Gone with the Wind* yn 1936, buan y gwelodd y cyfarwyddwr, David O. Selznick, botensial y fath ramant ac antur ar gyfer y sgrin. Gyda chyfuniad deinamig y cast a'r stori, cafwyd un o lwyddiannau *box office* mwyaf Hollywood. Elwodd yr awdures hyd at $33.5 miliwn ar yr addasiad ffilm.

Ar lefel arall gwelir rhyngweithio rhwng y diwydiant ffilm a'r diwydiant argraffu, wrth i addasiad y sgrin sbarduno diddordeb newydd yn y nofel a chynyddu ei gwerthiant yn sylweddol, yn ogystal â chynyddu nifer y copïau a fenthycir o lyfrgelloedd a'r diddordeb cyffredinol yn yr awdur a'i waith. Llanw o'r fath a welwyd dros y blynyddoedd wedi addasiad y BBC o glasuron Eliot, y Brontës, Austen, a llu o nofelau Dickens. Diau hefyd fod addasiadau Eigra Lewis Roberts o nofelau Elena Puw Morgan a welwyd ar S4C, *Y Wisg Sidan* (1995, Ffilmiau Llifon), ac *Y Graith* (1999, Ffilmiau Llifon), wedi ennyn sylw eang i awdures nad oedd cyn hynny brin sôn amdani.

Tacteg gydweithredol a phroffidiol arall yw nofeleiddio sgriptiau ffilm neu gyfresi teledu, a'u gwerthu'n gydamserol gyda'r darllediad ar y sgrin, neu'n fuan wedyn. Dyma a wnaed gyda'r nofelau a seiliwyd ar y ddrama gyfres boblogaidd gan Manon Rhys, *Y Palmant Aur*, a gychwynnodd ar S4C yn 1995. Dull marchnata arall yw ailgyhoeddi'r nofel wreiddiol yn dilyn ei dangos ar y sgrin: yn aml ceir llun llonydd neu gapsiwn o'r ffilm yn serennu ar y clawr (er enghraifft, *Traed Mewn Cyffion* ac *Y Wisg Sidan*). Mewn rhai achosion eir gam ymhellach gyda chyhoeddi llyfrynnau sy'n esbonio sut yr aed ati i addasu'r ffilm. Dyna a ddigwyddodd gydag addasiad cwmni Lluniau Lliw o glasur T. Rowland Hughes, *William Jones* (1993).

Mae estheteg cyflwyno darluniau 'concrid' o'r hyn a fu hyd hynny yn eiddo i lygad y dychymyg, yn fater o bwys wrth baratoi addasiadau. Nid oes wiw i'r addaswyr a'r cynhyrchwyr ei hanwybyddu. Diau y credir o hyd, wrth wylio addasiadau o nofelau clasurol, mai'r nofel sy'n gosod y llwyfan, ac nad yw'r addasiad yn ddim amgen na fersiwn eildwym. Tybed sawl un ohonoch, yn hollol ddiarwybod, a fu'n gwylio addasiad o nofel adnabyddus a chanfod eich hun yn meddwl nad felly y dychmygoch chi hwn a hon, ac nad felly y digwyddodd y peth a'r peth? Rhyfygus ddigon fyddai dweud bod y naill neu'r llall yn iawn. Rhwydd hynt i bob unigolyn a'i farn. Ond yn sicr, dylai'r cyfarwyddwr ddangos rhywfaint o barch tuag at yr awdur a'r gwaith gwreiddiol.

Fodd bynnag, dylid cadw mewn cof hefyd y gwahaniaethau generig sydd rhwng cyfrwng technolegol ffilm, a chyfrwng 'ieithyddol' y ddalen argraffedig. Mae newidiadau yn anochel wrth drosi o un i'r llall – o'r ddalen i'r sgrin.

Dyma sail dadl y beirniad George Bluestone yn ei lyfr *The Two Ways of Seeing*:

> It is insufficiently recognized that the end products of novels and film represent different aesthetic genera, as different from each other as ballet is from architechture.[4]

Cyfeiriodd sawl beirniad at debygrwydd y datganiadau a wnaed gan y nofelydd, Joseph Conrad, a'r arloeswr ffilm, D. W. Griffith, ar droad y ganrif. Meddai Conrad yn 1897: 'My task which I am trying to achieve, is, by the power of the written word, to make you hear, to make you feel – it is before all to make you see.'[5] Adleisiwyd hynny gan Griffith yn 1913 pan ddywedodd: 'The task I'm trying to achieve is above all to make you see.'[6]

Y gyfatebiaeth hon a symbylodd Bluestone i bwysleisio'r gwahaniaethau 'celfyddydol' sydd rhwng cyfrwng y nofel a'r ffilm. Gwraidd ei ddatganiad oedd y gwahaniaeth yn y modd y mae unigolyn yn edrych ar y ddau gyfrwng gwahanol, rhwng y ddelwedd weledol a'r ddelwedd ddychmygol. Er bod y nofelydd a'r cyfarwyddwr yn amcanu at wneud i'w gynulleid-faoedd 'weld', mae eu cyfrwng yn eu cymell i wneud hynny mewn gwahanol ffyrdd.

Cyfrwng syniadol, ieithyddol yw'r nofel sy'n procio darlun, argraff, emosiwn a sŵn drwy gyfathrebu â dychymyg y darllenydd, yn unol â gallu deallusol pob unigolyn. Yng ngeiriau R. Gerallt Jones: 'Ffilm yn y meddwl yw'r nofel.'[7]

Ffurf ganfyddiadol ar gelfyddyd yw ffilm, a'r broses o'i dehongli yn un a gyffredinolir. Gall cyfarwyddwyr ystumio gweledigaeth eu cynulleidfa: mae pawb yn tueddu i weld yr un golygfeydd a chlywed yr un synau. Canlyniad grŵp o bobl yn cydweithio mewn proses ddiwydiannol yw ffilm, ac anelir at ystod eang o gynulleidfa o ran maint a statws cymdeithasol.

Cyfoethogir y nofel gan ei mynegiant, gyda defnydd o idiomau, trosiadau a chymariaethau grymus yn nodweddion unigryw yn ei chrefft. Dyma iaith na ellir byth ei chyfieithu'n uniongyrchol ar gyfer y sgrin. Yn yr un modd, mae gan ffilm ei 'hiaith' fynegiannol ei hun sy'n cyfathrebu'n weledol drwy dechnegau camera a delweddau. Cyfrwng sy'n llyncu deunydd yw ffilm: gall gyflwyno manylder a chefndir i ni mewn mater o eiliadau, tra cymer y nofelydd gryn nifer o dudalennau i wneud hynny.

Cynigia'r addasiad wedd newydd a ffres ar y gwreiddiol sy'n cymell beirniadaeth a rhagfarnau fel unrhyw gyfanwaith artistig arall, ffaith bwysig o gofio nad yw cyfran helaethaf y gwylwyr erbyn heddiw yn gyfarwydd â'r nofel neu'r gwaith gwreiddiol. Ambell dro gwelir rhai addasiadau yn rhagori ar y nofelau y seiliwyd hwy arnynt, gyda mwy o weithredu dramatig a sbeis gweledol i gynnal sylw'r gwyliwr. Bydd eraill, fodd bynnag, yn fethiannau llwyr. Nid teyrngarwch, neu ddiffyg teyrngarwch, i'r nofel wreiddiol neu i'r awdur sy'n gyfrifol am hynny. Yn hytrach, dylid eu beirniadu yn ôl y rhagoriaethau a'r gwendidau sydd o fewn eu 'hiaith' gelfyddydol eu hunain.

* * *

Er nad yw'n bosibl diffinio hynny'n bendant bob amser, mae'r gwahaniaethau technegol rhwng cyfrwng y ffilm a'r teledu yn gosod canllawiau pendant wrth fynd ati i addasu nofel ar gyfer y naill gyfrwng a'r llall. Yr elfen amlycaf, a'r fwyaf trawiadol, yw'r gwahaniaeth ym maint y sgrin. Defnyddia'r cyfarwyddwr ffilm y fantais hon i'w heithaf o safbwynt mynegiant delweddol ei gyfrwng. Oherwydd maint y ddelwedd ar y sgrin, a hynny i gyfeiliant gweddus y miwsig, anogir y gwyliwr i weld drwy lygaid y cyfarwyddwr ac i brofi emosiynau penodol. Mae arwyddocâd ystum ar wyneb, a thempo'r miwsig, yn uno emosiynau y gynulleidfa ac yn cynyddu'r profiad esthetig o ganolbwyntio ar y ffilm mewn ystafell ddu fawr. Er bod y teledu wedi ei anelu at gynulleidfa ehangach, rhennir y gynulleidfa honno yn garfanau llawer llai. Gwylir y sgrin mewn am-gylchiadau domestig hwylus – ystafell fechan olau sy'n llawn ymyriadau, ac felly'n gostwng lefel y canolbwyntio. Ac erbyn hyn, gweithred hawdd ar y naw yw newid y sianel.

Y Ffrancwr, George Meliès, oedd y cyntaf i nodi potensial ffilm fel cyfrwng i gofnodi ffantasi yn ogystal â realiti. Ond ni ddaeth naratif storïol yn rhan o gynnwys ffilm hyd droad y ganrif, a hynny yn sgil datblygu'r broses olygu. Enghraifft o'r math yma o naratif cynnar yw ffilm ddeng munud Edwin Porter (1903), *The Great Train Robbery*, sy'n olrhain hanes y lladrad, yr erlid gwyllt ac anniddigrwydd y lladron, oll mewn 14 golygfa! Daeth ffilmiau *chase* o'r math yma yn boblogaidd yn America a chredir mai William Haggar, un o berchnogion sinema deithiol yng Nghymru, a ddechreuodd y ffasiwn gyda'i ffilm *A Desperate Poaching Affray* (1903). Pinacl y traddodiad oedd ffilmiau *The Keystone Kops*.

Dyma egin y briodas rhwng ffotograffiaeth a drama, a'r hyn a esgorodd ar un o gelfyddydau mwyaf dylanwadol yr ugeinfed ganrif.

Cydnabyddir dylanwad chwyldroadol D. W. Griffith yn y maes hwn, wrth iddo ddynodi gramadeg ffilm yn nhermau technegau camera: golygu, *montage* a *close-ups*. Ef oedd y gŵr cyntaf i fynegi'r gair ysgrifenedig yn nhermau gweledol y ffilm. Gwraidd *montage* Griffith oedd y syniad o weithred gyfochrog wrth ddweud stori: creu toriad yn y naratif, a symud o un grŵp o gymeriadau i grŵp arall, neu o un digwyddiad i ddigwyddiad arall. Deilliodd y math hwn o symudiad o draddodiad y nofel Fictoraidd: nofelau fel rhai Dickens, Hardy, Eliot, Thackeray a Daniel Owen.

Arferid cyhoeddi llawer o'r rhain yn gyfnodol mewn cylch-gronau: dyma esbonio'r toriadau cyson yn y naratif. Nid syndod, felly, sylwi mai dylanwad Charles Dickens ar Griffith a oedd yn gyfrifol am ddatblygiad ei syniad o'r *montage* – cysylltiad a gloriannodd yr arloeswr ffilm Sofietaidd, Sergei Eisenstein, yn ei draethawd, 'Dickens, Griffith and the Film Today' fel a ganlyn: 'From Dickens, from the Victorian novel, stem the first shoots of American film esthetic, forever linked with the name of David Wark Griffith.'[8]

Cyfeiriwyd at Dickens fel nofelydd 'gweledol' iawn, gyda'i waith yn trosi'n rhwydd i gyfrwng y ffilm oherwydd manylder ei ddisgrifiadau. Cymharwyd poblogrwydd ei nofelau ag apêl eang y sinema oherwydd fod ei gymeriadau'n cynnwys yr elfen orliwiedig, 'blastig' honno sydd mor nodweddiadol o arwyr y sgrin fawr.

Erbyn y 1920au, America a Hollywood oedd wrth y llyw yn nhermau cynhyrchu ffilm, a hynny yn sgil sefydlu stiwdios cynhyrchiol fel *Paramount*, *Universal*, *United Artists*, *Warner Brothers*, *Columbia*, *MGM*, *RKO* a *20th Century Fox*. Yn ogystal â'r *bestsellers*, hudwyd y cynhyrchwyr i seilio eu ffilmiau ar fathau poblogaidd o lenyddiaeth. Gwelwyd apêl y 'stori fwystfil' yn cydio, gan ffrwydro ar y sgrin mewn creadigaethau fel *King Kong*, *Frankenstein* a *Dracula*, a ffilmiau lu yn canghennu ohonynt. Er nad oedd y ffilmiau *Young Frankenstein* a *The Bride of Frankenstein* yn dwyn unrhyw gysylltiad â nofel wreiddiol Mary Shelley, roedd eu hapêl yr un i'r cyhoedd sinematig, a'r un mor broffidiol i'r cynhyrchwyr.

Daeth nofelau *whodunnit* yn atyniadau poblogaidd hefyd, gyda nifer o nofelau megis rhai Agatha Christie yn cael eu trosi i'r sgrin, a phoblogrwydd ffilmiau megis rhai Alfred Hitchcock. Daeth nofelau Ian Fleming yn boblogaidd gyda gwneuthurwyr ffilm, a dyrchafwyd James Bond yn un o sêr blaenllaw y sgrin. Hyd yn oed yn y 1990au, roedd apêl y ddalen wen yn dal i gydio gyda ffilmiau yn parhau i swyno paneli enwebu yr Oscars, ffilmiau fel *Remains of the Day*, sef addasiad o nofel Kazuo Ishiguro (enillydd gwobr Booker, 1989); *Orlando*, ffilm a ysbrydolwyd gan nofel Virginia Woolf; *Schindler's List*, ymdriniaeth ddwys Steven Spielberg o nofel Thomas Keneally, *Schindler's Ark*.

Dim ond ar raddfa fechan y gall unrhyw wlad Ewropeaidd gystadlu â diwydiant ffilm Hollywood. Yng Nghymru, mae ein traddodiad ffilm eto i ennill ei dir, er bod addewid mawr i'w weld ers y 1990au, yn sgil ffilmiau fel *Hedd Wyn* (1992) a *Solomon a Gaenor* (1999).

Un ffilm Gymraeg a lwyddodd fel trosiad ar gyfer y sgrin fawr oedd addasiad Endaf Emlyn o nofel Caradog Prichard, *Un Nos Ola Leuad*, a ddarlledwyd ar S4C am y tro cyntaf ar ddydd Gŵyl San Steffan, 1991.

Fis Tachwedd 1972, anfonodd Caradog Prichard lythyr at ei gyfaill, yr actor Hugh Griffith, yn sôn am ei nofel *Un Nos Ola Leuad*. Mynegodd ei farn y byddai'n gwneud 'uffar o ffilm dda, efo chdi yn smalio bod yn ddyn o'i go ac yn cerdded drwy Pesda'.[9] Daeth y llythyr hwn i feddiant Endaf Emlyn, cyf-arwyddwr a chyd-sgriptiwr y ffilm, ychydig cyn iddo ddechrau ar y gwaith ffilmio. Mynegodd yntau ei awydd i fynd ati i drosi astrusi y nofel ar gyfer y sgrin fawr. 'Cydiodd y dirgelwch a'r delweddau yn dynn ynof. Wedyn daeth yr her i ddal yr hunllef a gwarchod y dychymyg.'[10]

Dywedodd mai yr her o gynnig dehongliad o nofel nad oes unrhyw ddehongli pendant iddi a'i denodd i addasu *Un Nos Ola Leuad*. Gwnaeth hynny drwy gyfrwng ffilm delynegol sy'n wead o ddelweddau argraffiadol a bwriadus. Rhinwedd pennaf y ffilm yw ei sinematograffi effeithiol. Defnyddir cynfas ehangach y ffilm 35mm i chwyddo'r delweddau a'r miwsig, gan ddwysáu'r profiad esthetig gweledol. Un math o ddehongliad sydd yma, ac nid ymgais i roi'r cyfan ar y sgrin, a hynny drwy ddefnyddio iaith unigryw y ffilm. Fel y mynegodd y nofelydd a'r addaswr Americanaidd, Ernest Lehman: 'I find the portion of the novel that I might have a movie in it, and use it.'[11]

Cryfder y ffilm yw ei delweddau pwerus a'r gwaith camera gofalus sy'n caniatáu i'r themâu eu cynnig eu hunain. Daw delweddau gormesol y munudau agoriadol yn edefynnau sym-bolaidd y gellir cydio ynddynt drwy gydol y ffilm; adlewyrchiad y lleuad ar ddŵr llonydd y llyn, y lleuad a'i chysylltiadau amlwg â gwallgofrwydd, a'r llun ffotograffig o'r bachgen a'i fam. Er i nifer gyfeirio at absenoldeb y chwerthin, yr hiwmor naïf hwnnw sy'n ein goglais yn y nofel, llwyddwyd drwy amwysedd del-weddau tywyll a miwsig iasol i greu rhyw ymdeimlad o chwerthin hysterig, sydd yn islais thematig priodol.

Yn aml, gwelir rhyngweithio rhwng y diwydiant ffilm a'r diwydiant teledu, gyda chynnyrch y sgrin fawr ymhen amser yn cael ei ddangos ar y sgrin fach. Un o anfanteision hyn yw'r tueddiad i golli ergyd a chynildeb y ddelwedd, gan fod popeth wedi ei wasgu mewn modd hynod artiffisial ar y sgrin fach. Crynhodd un beirniad y trawsnewid hwn fel a ganlyn: 'Compositional subtleties are largely lost, just as the details of a fine painting are lost when rendered onto a postage stamp.'[12] Ni lwyddodd y ffilm *Un Nos Ola Leuad* gystal ar y sgrin fach oherwydd mai ei delweddau grymus – y lleuad, y llyn, a miwsig lleddf yr obo – oedd ei rhinweddau mwyaf.

* * *

O'i gymharu â ffilm, cyfrwng geiriol yw'r teledu. Gellir cyffredinoli drwy ddweud bod y teledu yn gosod tua 60 y cant o'r pwyslais ar eiriau (y clywedol) a 40 y cant ar y gweledol. Crynhowyd hyn yn hwylus i mi gan y cynhyrchydd ffilm, John Hefin, wrth iddo ddiffinio'r gwahaniaeth rhwng cyfrwng y ffilm a'r teledu drwy gyfeirio at y 'prawf cyntedd'. Disgrifiodd rywun yn sefyll mewn cyntedd yn gwrando ar y teledu mewn ystafell gyfagos, heb allu gweld y sgrin. Os drama deledu neu opera sebon sydd yn cael ei darlledu, yna gall y gwrandawr ddilyn y stori yn ei ddychymyg, gan fod yr holl wybodaeth yn cael ei chyflwyno'n eiriol. Gyda ffilm, rhoddir mwy o bwyslais ar y miwsig a'r effeithiau sain i chwyddo argraff ac emosiwn, ac ni cheir cymaint o ddeialog. Er enghraifft, gydag addasiad John Ogwen o nofel epig Kate Roberts, *Traed Mewn Cyffion* yn 1991, gwelir bod llawer o'r pwyslais ar y deialog gwreiddiol er mwyn cyflwyno gwybodaeth. Ond yn y ffilm *Un Nos Ola Leuad* mae'r siarad ym maneg y ddelwedd.

O ran arddull a deunydd storïol, nid tasg hawdd yw addasu gwaith Kate Roberts. Eto, cafwyd sawl ymgais i addasu ei gwaith ar gyfer y teledu dros y blynyddoedd. Darlledwyd addasiad canmoladwy John Ogwen o *Tywyll Heno* yn 1985, gyda'r ffilmio tywyll clawstroffobig, symudiadau gorffwyll y camera drwy goridorau yr ysbyty, a'r deunydd o'r troslais oll yn cyfrannu at gyfleu gwewyr meddyliol Bet, gwraig y gweinidog sy'n gwingo dan golli ffydd. Cafwyd portread grymus gan Maureen Rhys fel Bet, wrth i'r addasiad gychwyn a diweddu o fewn muriau clinigol yr ysbyty meddwl. John Ogwen a fu hefyd yn gyfrifol am yr addasiad o un o'r straeon o'r gyfrol *Yr Wylan Deg*, sef *Un Funud Fach*, a ddarlledwyd ar S4C yn 1989. Ffilm deledu hyfryd oedd dehongliad Angela Roberts a Llun y Felin o *Te yn y Grug* yn 1996, sef *Y Mynydd Grug*.

O safbwynt cyfaddasrwydd ei gwaith ar gyfer darlledu, y prif anhawster gyda gwaith Kate Roberts yw ei bod yn awdures sy'n ymdrafferthu gyda manion er mwyn cyfleu awyrgylch neu ymateb cymeriadau i'w gilydd. Mae'n ysgrifennu'n ddarluniadol, ac yn gallu creu byd cyfan yn nychymyg y darllenydd. Fodd bynnag, gyda chyfrwng fel ffilm a theledu, sy'n gallu trosi iaith ddisgrifiadol i saethiad byr o ychydig eiliadau, mae angen mwy o gnawd cynyrchiadol. Y duedd wrth addasu gwaith Kate Roberts, felly, yw i gynhyrchwyr orfod edrych tu hwnt i'r elfen ddisgrifiadol a chanolbwyntio ar elfennau amgen er mwyn dod â'i gwaith yn fyw. Efallai fod hyn yn wir i raddau am *Traed Mewn Cyffion*. Gydag epig mor hir, ac iddi linyn stori denau, yr allwedd i lwyddiant yr addasiad oedd ei ffresni gweledol, y lluniau panoramig o dirlun Eryri, a'r defnydd a wnaed o fformat ffilm y *Super 16* i gyfnerthu ansawdd y llun a chreu rhyngweithio effeithiol â'r goleuo. Er bod yr addasiad yn cadw'n driw i gronoleg a phlot y nofel (a hynny'n ddefodol, ar brydiau, o safbwynt y deialog a'r manylder disgrifiadol), gyda nofel fel *Traed Mewn Cyffion* ac iddi arddull naturiolaidd a threfn amserol bendant, ni cheir fawr o drwydded artistig ar gyfer arbrofi. Byddai Quentin Tarantino, hyd yn oed, wedi ei thaclo'n weddol strêt.

Ym mlynyddoedd cyntaf darlledu'r BBC roedd drama yn eitem bwysig ar yr agenda. Fel gyda'r diwydiant ffilm, ni roddwyd fawr o bwyslais ar gomisiynu sgriptiau gwreiddiol a thueddwyd i gadw ynghlwm wrth y traddodiad llenyddol, gan ganolbwyntio ar addasu dramâu llwyfan yn benodol.

Yng Nghymru, gwelwyd y BBC a HTV yn addasu dramâu gan ddramodwyr fel Saunders Lewis, Gwenlyn Parry a John Gwilym Jones, gyda'r mwyafrif ohonynt yn addasu eu gweithiau eu hunain. Gwelwyd hefyd addasu nofelau fel *Y Chwalfa*, *Cysgod y Cryman*, *Y Stafell Ddirgel*, *Y Rhandir Mwyn*, *Enoc Huws* a *Gwen Tomos* ar gyfer BBC Cymru, gyda nifer o'r rhain yn cael eu hailddarlledu yn ystod blynyddoedd cynnar S4C.

Hyd yn oed gyda dyfodiad S4C yn 1982, cyndyn oedd y cyfrwng i ollwng gafael ar lawes 'saff' y creiddiau llenyddol. Ffilm fawr gyntaf y sianel yn 1982 oedd addasiad o nofel a ysgrifennwyd yn 1924 gan W. D. Owen, *Madam Wen*. Dilynwyd hyn gan addasiad R. Gerallt Jones o'i nofel, *Gwared y Gwirion*, yn y gyfres boblogaidd o'r enw *Joni Jones*. Cafwyd ail-ddarllediadau o gyfresi fel *Enoc Huws, Gwen Tomos* a *Merch Gwern Hywel*, yn ogystal ag addasiad Eigra Lewis Roberts o'i nofel, *Mis o Fehefin*, yn *Minafon*; cynhyrchwyd addasiad mentrus o *Y Llyffant*, sef cyfrol Medal Ryddiaith Ray Evans yn Eisteddfod Genedlaethol Abergwaun yn 1986, ac ennynwyd cynulleidfa ymysg y to ifanc gyda chyfresi fel *Jabas* gan Penri Jones a *Tydi Bywyd yn Boen?* gan Gwenno Hywyn. Yn wir, dros yr ugain mlynedd diwethaf o gynyrchiadau dramatig ar S4C cafwyd trawsdoriad o addasiadau o nofelau clasurol, nofelau cyfnod, nofelau cyfoes a nofelau ysgafn. Ac roedd yr addasiadau hyn i gyd yn fathau gwahanol o ymdriniaeth â thestun llenyddol.[13]

Erbyn hyn, a'r sianel wedi hen ymsefydlu, daeth y 'ddrama deledu' i olygu llinyn parhaol o operâu sebon neu gyfresi tymor-hir. Cyfyngir ffilmiau bellach i un neu ddwy y flwyddyn, ac fe'u cynhyrchir ar gyllidebau uwch. Gwyrodd S4C, yn unol â'r sianeli eraill, at fformiwlâu rhagbacedig y cyfresi a'r operâu sebon, a symudwyd at ddefnyddio grŵp neu 'sindicet' o awduron. Gwasgwyd y ddrama unigol yn raddol o'r strategaeth raglenni. Gwell gan gynulleidfaoedd heddiw ddod i adnabod eu cymer-iadau, a dod yn gyfarwydd â'u hamgylchiadau, dros gyfnod hir o amser.

Caniatâ technoleg heddiw yr hyblygrwydd i ni ddethol a gwylio yn ôl mympwy botwm, a chyda bron i hanner poblogaeth Cymru erbyn hyn yn derbyn gwasanaeth ar loeren neu gebl, yn ogystal â theledu analog, gorfodwyd penaethiaid y sianeli teledu i ddyfeisio deinamics a gimics bachog fel ffyrdd i ennill cynull-eidfaoedd. Er bod rhywfaint o gyfiawnhad yn y gorffennol dros addasu clasuron ein llenyddiaeth Gymraeg ar gyfer y sgrin – a hynny gan y byddai canran uchel o wylwyr yn barod i wylio o ran parch at ein canonau llenyddol – breuddwyd ffŵl yw hynny, bellach.

Cynhyrchu ffilmiau a rhaglenni teledu yw'r ffordd ddrutaf erioed o greu diddanwch. Annigonol yw dibynnu ar y gred fod cynulleidfa 'barod' ar gael erbyn heddiw. Mae'n ofynnol meithrin dawn ac ymwybyddiaeth o iaith y cyfrwng i gynnal sylw'r gwyliwr o'r saethiad agoriadol. Fel y dysgodd cenedlaethau i ddarllen y gair printiedig, daeth y cyfryngau hyn i feithrin eu hiaith eu hunain, eu 'llunyddiaeth', chwedl gair-bath yr Athro Gwyn Thomas. A dysgodd cynulleidfaoedd heddiw sut i ddarllen a gwerthfawrogi'r iaith honno. Yn ei 'remôt' y mae gan y gwyliwr erbyn heddiw ei arf beirniadol ei hun – os nad yw munudau cyntaf rhaglen yn denu sylw yna gweithred hawdd yw newid sianel.

Wrth edrych i'r dyfodol, mae'n edrych yn debygol, felly, na fydd yr arferiad o gynllunio amserlen rhaglenni yn berthnasol. Wrth i bobl reoli eu 'sianel soffa' unigryw eu hunain yn unol â'u diddordebau a'u chwaeth bersonol, bydd holl bwyslais gwasanaethau teledu yn troi ar y 'cynnwys'.

Dyma linyn llwyddiant addasiadau o nofelau poblogaidd ac ysgafn fel *Amdani* (Ffilmiau'r Nant, 1999) gan Bethan Gwanas, ac addasiad ffilm o nofel Owain Meredith (a ddangoswyd gyntaf ar noson agoriadol Gŵyl Ffilm Ryngwladol Cymru, 2000), sef addasiadau gweddol lac o'u creiddiau llenyddol, ond rhai a lwyddodd yn anad dim i sefyll ar eu traed eu hunain fel cyfresi drama a ffilm arbennig o dda o fewn eu cyfrwng.

Pan ddaeth awdur *Diwrnod Hollol* Mindblowing *Heddiw*, Owain Meredith, y cynhyrchydd, Peter Edwards, a'r cyfarwyddwr, Euros Lyn, at ei gilydd i drafod y ffilm, nid oeddent yn siŵr sut y byddai'r ffilm yn datblygu yn y pen draw. Y rheswm am hynny oedd eu bod wedi penderfynu meithrin arddull sgriptio anghyffredin ar gyfer y ffilm – hepgor tipyn o'r sgript barod a chaniatáu i'r actorion ifainc lunio llawer o'r sgript ar y pryd, hynny yw, actio yn fyrfyfyr.

Mae stori'r ffilm yn disgrifio criw o Gymry ifainc cyffredin yn byw, yn caru, yn meddwi ac yn ffraeo yng Nghymru'r mileniwm newydd wrth deithio o ogledd Cymru i'r de ac yn ôl. Meddai Owain Meredith wrth drafod ei ffilm yn rhifyn Nadolig *Sgrin* (cylchgrawn gwylwyr S4C):

> Pan sgwennais i'r llyfr ar gyfer Gwasg y Lolfa, mi oeddwn i isio mynegi pa mor gyffrous oeddwn i'n meddwl oedd byw yng Nghymru, a chymaint oeddwn i'n mwynhau trafaelio o gwmpas a chyfarfod pobol. Rwy'n credu bod y ffilm wedi llwyddo i ddal y cyffro a'r hwyl o fod yn ifanc yng Nghymru heddiw.[14]

Er mwyn cyflawni hyn, defnyddiwyd yr arddull 'dogma', sef

dull naturiolaidd iawn o actio sy'n defnyddio sefyllfaoedd naturiol mor aml â phosib. Defnyddiwyd yr arddull 'dogma' yn ffilmiau Mike Leigh a chan y gwneuthurwr ffilm arloesol o Ddenmarc, Lars von Trier, ond yn yr iaith Gymraeg roedd yn fenter gymharol newydd, ac yn sicr yn un i'w chroesawu – yn enwedig oherwydd ei llwyddiant esthetig diamheuol.

Atodiad

Rhestr o ddramâu a chyfresi teledu a seiliwyd ar weithiau llenyddol ac a ddarlledwyd ar S4C, 1982–2000[15]

1. Tachwedd 1982: *Joni Jones*, addasiad pum pennod R. Gerallt Jones o'i nofel, *Gwared y Gwirion* (Sgrin '82).
2. Tachwedd 1982: *Enoc Huws*, ail-ddarllediad o addasiad John Gwilym Jones o nofel Daniel Owen, a ddangoswyd gyntaf ar BBC Cymru yn 1974.
3. Rhagfyr 1982: *Madam Wen*, addasiad Dafydd Huw Williams o nofel W. D. Owen (Bwrdd Ffilmiau Cymraeg).
4. Ionawr 1983: *Minafon*, drama gyfres Eigra Lewis Roberts yn seiliedig ar ei nofel *Mis o Fehefin*, gydag ail gyfres yn 1985, trydedd yn 1986, pedwaredd yn 1988 a phumed yn 1990 (Alan Clayton, ac yn ddiweddarach, Ffilmiau Eryri).
5. Ionawr 1983: *Y Tŵr*, ail-ddarllediad o addasiad Gwenlyn Parry o'i ddrama lwyfan a ddangoswyd gyntaf ar BBC Cymru.
6. Chwefror 1983: *Merch Gwern Hywel*, ail-ddarllediad o addasiad Saunders Lewis o'i nofel a deledwyd gyntaf ar BBC Cymru yn 1976.
7. Chwefror 1983: *Un Briodas*, addasiad ffilm o'i ddrama lwyfan gan John Gwilym Jones (Ffilmiau Bryngwyn).
8. Mawrth 1983: *S.O.S Galw Gari Tryfan*, cyfres o bedair pennod wedi eu haddasu o'r sgriptiau radio ac yn ddiweddarach y nofelau ditectif poblogaidd i blant gan Idwal Jones (BBC Cymru).
9. Medi 1983: *Gwen Tomos*, ail-ddarllediad o addasiad wyth pennod John Gwilym Jones a BBC Cymru o nofel Daniel Owen.

10. Hydref 1983: *Congrinero'r Gorllewin*, cyfieithiad Gruffydd Parry o ddrama J. M. Synge, *Playboy of the Western World*.
11. Dydd Nadolig 1983: *Ystoriau'r Henllys Fawr*, addasiad Gareth Miles o gyfrol o straeon gan W. J. Griffith (Teledu Wyvren).
12. Ionawr 1984: *Y Stafell Ddirgel*, drama gyfres gan Huw Lloyd Edwards yn seiliedig ar nofel Marion Eames (ail-ddarllediad o gynhyrchiad BBC Cymru).
13. Mai 1984: *Wil Six*, addasiad gan Meredith Edwards o stori fer gan Huw K. Evans (Teliesyn).
14. Hydref 1984: *Rhyw Ddyn a Rhyw Ddynes*, addasiad teledu o ddrama fuddugol Eisteddfod Genedlaethol yr Urdd, Dyffryn Teifi, 1981 gan Dewi Wyn Williams (BBC Cymru).
15. Hydref 1984: *Myfanwy Arall*, addasiad o'i stori fer ei hun gan Eigra Lewis Roberts (BBC Cymru).
16. Rhagfyr 1984: *Ysglyfaeth*, addasiad o'i nofel gan Harri Pritchard Jones (Ffilmiau Tŷ Gwyn).
17. Mehefin 1985: Cyfres *Arswyd y Byd*, cyfres o ddramâu byrion wedi eu seilio ar straeon byrion gan awduron Eingl-Gymreig (Teliesyn).
18. Medi 1985: *Brad, Dwy Briodas Ann, Esther, Merch Gwern Hywel*; ail-ddarllediadau o addasiadau o waith Saunders Lewis a gynhyrchwyd gan BBC Cymru, yn dilyn ei farwolaeth yn 1985.
19. Tachwedd 1986: *Tywyll Heno*, addasiad ffilm John Ogwen o nofel fer Kate Roberts (Ffilmiau Eryri).
20. Ionawr 1986: *Amlyn ac Amig*, addasiad teledu o gynhyrchiad Cymdeithas Ddrama Gymraeg Coleg Prifysgol Cymru, Bangor o waith Saunders Lewis (Ffilmiau'r Nant).
21. Rhagfyr 1986: *Siwan*, addasiad Siôn Humphreys o ddrama rymus Saunders Lewis (Ffilmiau Bryngwyn).
22. Ionawr 1987: *Ac Eto Nid Myfi*, addasiad Siôn Humphreys o ddrama John Gwilym Jones (Ffilmiau Bryngwyn).
23. Mawrth 1988: *Saer Doliau, Y Ffin, Y Tŵr, Panto*; ail-ddarllediadau o addasiadau BBC Cymru o ddramâu llwyfan Gwenlyn Parry.
24. Ebrill 1988: *Jabas*, addasiad drama gyfres Penri Jones o'i nofel boblogaidd ar gyfer pobl ifainc (Ffilmiau Eryri).
25. Dydd Calan 1988: *Un Funud Fach*, addasiad John Ogwen o stori fer o'r gyfrol *Yr Wylan Deg* gan Kate Roberts (BBC Cymru).

26. Mawrth 1989: *Dwy Ynys*, drama fer gan Margaret Pritchard yn seiliedig ar stori fer o'i heiddo (Ffenics).
27. Mawrth 1989: *Toili Parcmelyn*, drama fer gan Manon Rhys yn addasu stori o eiddo Waldo Williams (Cwmni Cineclair).
28. Mawrth 1989: *Dyn Swllt*, drama fer o stori fer gan W. S. Jones (Ffilmiau'r Nant).
29. Ebrill 1989: *Meca'r Genedl*, addasiad teledu o stori gan D. J. Williams (Gaucho Cyf.).
30. Rhagfyr 1989: *Dyddiadur Dyn Dŵad*, ffilm deledu gan Dafydd Huws yn seiliedig ar ei nofel ysgafn (Teliesyn).
31. Ionawr 1990: *Tydi Bywyd yn Boen?*, addasiad drama gyfres o'i nofel boblogaidd gan Gwenno Hywyn. Ysbrydolwyd ail gyfres yn 1993: *Tydi Coleg yn Grêt?*, a thrydedd gyfres yn 1995 a sgriptiwyd gan John Hywyn a Gwen Ellis (Ffilmiau Eryri).
32. Mawrth 1990: *Blodeuwedd*, addasiad ffilm Siôn Humphreys o ddrama Saunders Lewis (Ffilmiau Bryngwyn).
33. Ebrill 1990: *Y Llyffant*, addasiad chwe phennod o nofel Ray Evans (Penadur).
34. Noswyl Nadolig 1990: *Chwedl Nadolig Richard Burton*, addasiad Michael Povey o stori fer gan Richard Burton (Teliesyn).
35. Rhagfyr 1991: *Traed Mewn Cyffion*, addasiad tair pennod John Ogwen o nofel epig Kate Roberts (Ffilmiau Eryri).
36. Dydd San Steffan 1991: *Un Nos Ola Leuad*, addasiad ffilm Endaf Emlyn o nofel Caradog Prichard (Gaucho Cyf.).
37. Mawrth 1992: *Sigaret?*, addasiad Harri Pritchard Jones o ddrama Saunders Lewis, *Gymerwch Chi Sigaret?* (Ffilmiau Tŷ Gwyn).
38. Ebrill 1992: *Dan y Wenallt*, addasiad animeiddiol T. James Jones o glasur Dylan Thomas (Siriol).
39. Dydd San Steffan 1992: *Gwynfyd*, addasiad ffilm o nofel Jane Edwards, *Blind Dêt* (Ffilmiau'r Nant).
40. Ionawr 1993: *Lleifior*, cyfres deledu wedi ei seilio ar gymeriadau nofelau gwreiddiol Islwyn Ffowc Elis, *Cysgod y Cryman* ac *Yn Ôl i Leifior* (Ffilmiau Tŷ Gwyn).
41. Mawrth 1993: *William Jones*, addasiad teledu tair pennod o nofel T. Rowland Hughes a ddeilliodd o sgript wreiddiol gan Gwenlyn Parry yn 1983 ar gyfer BBC Cymru.
42. Ebrill 1993: *Llygad am Lygad*, addasiad tair pennod Eigra Lewis Roberts o'i chyfrol *Gwlad y Menyg Gwynion* (Ffilmiau Llifon).

43. Dydd Calan 1994: *Tân ar y Comin*, addasiad Angharad Jones o nofel blant T. Llew Jones.
44. Chwefror 1994: *Brad*, addasiad ffilm Harri Pritchard Jones o ddrama Saunders Lewis (Ffilmiau Tŷ Gwyn).
45. Ebrill 1994: *Brodyr a Chwiorydd*, addasiad pedair pennod Emyr Humphreys o'i nofel *Etifedd y Glyn* (*A Man's Estate*) (Ffilmiau Bryngwyn).
46. Ionawr 1995: *Y Wisg Sidan*, addasiad drama gyfres Eigra Lewis Roberts o nofel Elena Puw Morgan (Ffilmiau Llifon).
47. Ionawr 1997, *Pam fi, Duw?*, cyfres deledu a seiliwyd ar nofelau gwreiddiol John Owen, *Pam Fi, Duw, Pam Fi?* a *Pam Fi Eto, Duw?* (HTV).
48. Dydd Nadolig 1997: *Y Mynydd Grug*, addasiad ffilm Angela Roberts o gyfrol Kate Roberts, *Te yn y Grug* (Llun y Felin).
49. Mawrth 1998: *Tylluan Wen*, addasiad ffilm Angharad Jones o'r nofel a gipiodd iddi y Fedal Ryddiaith yn Eisteddfod Genedlaethol Bro Colwyn, 1995 (Ffilmiau'r Nant).
50. Medi 1999: *Amdani*, addasiad drama gyfres Bethan Gwanas o'i nofel boblogaidd. Cafwyd ail gyfres yn 2000 (Ffilmiau'r Nant).
51. Tachwedd 1999: *Y Graith*, addasiad drama gyfres Eigra Lewis Roberts o nofel Elena Puw Morgan (Ffilmiau Llifon).
52. Rhagfyr 2000: *Diwrnod Hollol* Mindblowing *Heddiw*, addasiad Owain Meredith o'i ddyddiadur ysgafn (HTV).

Nodiadau

[1] Angharad Price, *Robin Llywelyn*. Cyfres Llên y Llenor (Caernarfon, Pantycelyn, 2000), t.51.

[2] Ibid., t.52.

[3] Rhydwen Williams, 'Kate Roberts a'r Teledu' yn Rhydwen Williams (gol.), *Kate Roberts: Ei Meddwl a'i Gwaith* (Llandybïe: Christopher Davies, 1983), t.26.

[4] George Bluestone, 'Novels into Film: The Limits of the Novel and the Limits of the Film', *The Two Ways of Seeing* (Berkeley, Los Angeles, London: University of California Press, 1971), t.5.

[5] Ibid., t.1.

[6] Ibid.

[7] Cyfweliad personol, 1994.

[8] Sergei M. Eisenstein, 'Dickens, Griffith and the Film Today', in Jay Leda (ed.), *Film Form: Essays in Film Theory* (San Diego, New York, London: Harcourt Brace Jovanovich Publishers, 1977), t.195.

[9] Dyfynnir yn 'Goleuni Newydd ar *Un Nos Ola Leuad'*, *Y Cymro*, 23 Hydref 1991, t.11.

[10] Dyfynnir yn Luned Meredith: 'Rhagflas o Gynhyrchiad Diweddaraf Ffilm Cymru, *Un Nos Ola Leuad'*, *Y Faner*, 4 Hydref 1991, 11.

[11] Ernest Lehman, 'The Craft of the Screenwriter' in Server Lee (ed.), *Words Become Pictures: Interviews with Twelve Screenwriters from the Golden Age of American Movies* (Pittstown, New Jersey: Main Street Press, 1987), t.203.

[12] Lee R. Bobker, *Elements of Film: The Cinematic Quality of the Image* (New York: New York University and Vision Assoc., 1969), t.54.

[13] Gweler yr atodiad ar ddiwedd y bennod sy'n rhestru y prif addasiadau a ddarlledwyd ar S4C rhwng 1982 a 2000.

[14] Owain Meredith, 'Diwrnod hollol *Mindblowing'*, *Sgrin* (Nadolig 2000), 13.

[15] Nid wyf yn honni bod cofnod yma o bob addasiad a ddarlledwyd dros y blynyddoedd, ond dyma restru y prif addasiadau a ymddangosodd ar S4C yn ystod y cyfnod hwn.

ADDASU Y MABINOGI YN FFILM ANIMEIDDIEDIG

Martin Lamb a Penelope Middleboe

Y flwyddyn yw 1982. Mae Margaret Thatcher wedi ildio i Gwynfor Evans ac mae S4C yma i ddiogelu a hybu'r iaith Gymraeg a'i diwylliant. Ac yn sgil S4C dyma rywbeth na chafodd Cymru mohono erioed: comisiynydd animeiddio! Siawns nad oes stori addas i'w hanimeiddio gennym yn rhywle. Beth am gawr yn llusgo llongau drwy'r môr ac yn cael ei gamgymryd am fynydd? Neu flodau'n troi'n ferch yn troi'n dylluan? Neu lygoden yn wraig i esgob?

Siŵr iawn: mae llenyddiaeth Gymraeg yn gyforiog o botensial animeiddio. Felly pam y bu cyhyd yn cyrraedd y sgrin? Comisiynydd animeiddio S4C yn 1982 oedd Chris Grace, ac mae'n dal yn ei swydd yn 2001. Dyma ei eglurhad ef:

> Rwy'n falch iawn o gyfraniad S4C i gynnydd y diwydiant animeiddio yng Nghymru. Mae'r graff dros yr ugain mlynedd diwethaf yn dangos cynnydd amlwg o ran swm ac – yn fwy pwysig – o ran ansawdd. Mae'r syniad o animeiddio'r Mabinogi wedi bod gennym ers 1982, ond mewn gwirionedd ni wyddem pwy allai ei wneud; wyddwn innau ddim, chwaith. Roedd rhaid i'r ymdrech greadigol ddod o Gymru.
>
> Ddiwedd y 1980au comisiynais fersiwn o *Culhwch ac Olwen*. Fe'i gwnaed gan mwyaf yng ngogledd Cymru ac roedd criw o animeiddwyr o Foscow yn rhan o'r tîm. Tua'r un pryd awgrymodd Geraint Talfan Davies (oedd ar fin dod yn Rheolwr BBC Cymru) inni animeiddio Shakespeare.
>
> Mae'n stori hir, ond euthum i Foscow i chwilio am y Rwsiaid, a'r canlyniad oedd *Shakespeare: The Animated Tales*. Cyfres all-weddol i S4C; fe'n gwnaeth yn hollbwysig yn y farchnad ryng-wladol gyda deunydd o ansawdd yn seiliedig ar destunau

clasurol. Dilynodd *Testament*: cyfres yn seiliedig ar storïau o'r Testament Newydd a rannwyd rhwng Cartŵn Cymru a Rwsia . . . Gwyddwn wedyn y gallem ei wneud. Ond, a dweud y gwir, nid teithwyr talog mo'r Mabinogi. Pe gofynnai prynwr tramor: 'be nesa?'; allwn i ddim dweud 'Y Mabinogi' a disgwyl cydnabyddiaeth yn syth.

Yn 1995, felly, creais bamffled sgleiniog o Glasuron Llenyddol ar gyfer y Cyfarfod Teledu Plant y Byd cyntaf ym Melbourne. Wrth ymyl Chaucer a Cervantes a Melville ac awdur anadnabyddus Beowulf yn y gyfres honno, cynhwysais awdur anadnabyddus y Mabinogi. Ar sail yr hyn a gyflawnwyd eisoes, rhoddais y Mabinogi ar yr un silff â'r lleill.

Felly, a dychwelyd at y cwestiwn, allwn i ddim mewn gwirionedd fod wedi ei wneud cyn hyn. Gwylio'r sgript yn datblygu, gan ddau o bobl a dreuliodd eu bywyd yn gweithio i deledu Cymraeg, gweld y ffilm fyw a wnaed gan un o'n cyfarwyddwyr newydd mwyaf dawnus, gwybod bod y cynhyrchiad yn llaw tîm a gynhyrchodd ffilm animeiddio fwyaf llwyddiannus Cymru – wel, dwi'n falch mai yn 2002, ac nid ym 1982, y daw y ffilm i fod.[1]

Y Mabinogi yw'r ail ffilm animeiddio i gael ei chynhyrchu gan Naomi Jones o Gartŵn Cymru ar gyfer S4C. Magwyd Naomi yn ardal chwedl Lleu, a bu'n byw am flynyddoedd heb fod yn bell o graig Harlech lle dechreua chwedl Branwen. Fel Chris Grace, bu hithau'n awyddus i wneud ffilm o'r Mabinogi, ond bu'n aros am ymdriniaeth 'a fyddai'n deilwng o'r testun'.[2]

Ar gyfer plant o 8 i 80 yr oedd ffilm gyntaf Cartŵn Cymru, sef *Gŵr y Gwyrthiau*. Bwriedir y ffilm o Bedair Cainc y Mabinogi, gyda'i thrais a'i chysylltiadau rhywiol, ar gyfer cynulleidfa ryngwladol o bobl ifainc. Dyma 'Welsh Manga', meddai Derek Hayes, cyfarwyddwr y ffilm. *Manga* yw'r enw a roddir ar gomics cwlt Siapaneaidd. Mae'n hynod graffig ac yn hynod gynrychioladol. Yr her oedd bachu cynulleidfa na chlywsai erioed am y Mabinogi, a dangos i'w haelodau y gallai chwedlau Cymreig fod yn berthnasol i'w bywydau. Y prif ariannwr yw S4C. Mae BBC Cymru, British Screen a Chomisiwn Loteri Cymru hefyd ynghlwm wrth y fenter.

Er ei bwysigrwydd i ddiwylliant Cymraeg, nid yw'r casgliad hwn o 'chwedlau byrion' yn ddeunydd delfrydol ar gyfer creu un ffilm unedig. Mae Pedair Cainc y Mabinogi yn fwy na phedair chwedl fer, ond nid yw'r cysylltiadau rhwng y storïau yn arbennig o gryf ac mae'r bylchau yn rhai o'r chwedlau yn eu gwneud yn fwy o *string vest* nac o siaced wedi'i theilwra. Er mwyn creu ffilm o'r deunydd rhaid cael un stori unedig. O fewn hynny, gellir cael cyd-arwyr yn rhannu agweddau ar deithiau mewnol, ond rhaid i bawb anelu at yr un nod. Mae *Pulp Fiction* yn ffilm lwyddiannus sydd fel petai yn cymysgu storïau ar hap yn ôl amseroedd gwahanol. Mae'n defnyddio cardiau teitl i ddweud wrthym pa stori sydd wrthi. Ond yn y sgript gyhoedd-edig mae i *Pulp Fiction* is-deitl sy'n datgan: 'Three Stories . . . About One Story'. Un stori yw ffilm go-iawn.

I'n hysbrydoli, aethom ati i edrych pam y datblygodd y deunydd hwn fel y gwnaeth. 'Cyfarwydd' yw'r storïwr proffesiynol Cymraeg. Mae cysylltiad rhwng y gair hwn â 'gwybodaeth', 'arweiniad' a 'dirnadaeth'. Y cyfarwydd oedd yr arweinydd, yr un gwybodus, yr arbenigwr. Felly, wrth ddweud stori byddai'n difyrru ei gynulleidfa, ond hefyd yn ceisio'i hyfforddi neu ei hysbrydoli.

Beth, felly, yw'r 'arweiniad' a gynhwysodd y cyfarwydd yn ei chwedlau, fel y gall ddysgu gwers wrth adrodd stori? 'The constant concern of the author of the Four Branches is the modes of personal conduct which are necessary for society to survive and progress.'[3] Chwedlau am natur perthnasau yw'r rhain, sut i gywiro cam, a'r hyn ydyw cyfiawnder. Nid yw'r 'negeseuon' o fewn y storïau yn amlwg: dyna un o gryfderau'r gwaith. Ond mae gan y darllenydd freintiau nad ydynt ar gael i'r gwyliwr. Gall y darllenydd ailddarllen yn ôl ei fympwy: brawddeg wrth frawddeg, tudalen wrth dudalen, stori wrth stori. Nid yw'r tocyn tymor hwn ar gael i'r gwyliwr.

Newid yw ystyr addasu i gyfrwng arall. Rhaid archwilio storïau sydd yn y cefndir, rhaid cyfuno cymeriadau, rhaid pwys-leisio rhannau: mae angen archwilio'r holl bosibiliadau hyn er mwyn egluro'r *stori*.

Yn y Mabinogi y llinyn storïol mwyaf naturiol yw ymgais Llwyd yn y drydedd gainc i ddial sarhad Gwawl yn y gyntaf. Nid yw'r ffaith fod potensial gweledol a dramatig i'r bedwaredd gainc yn fawr o fantais wrth ddod at y deunydd yn ôl trefn amser.

Yn y testun gwreiddiol, arwr rhan gyntaf y gainc gyntaf yw Pwyll, a Rhiannon yw arwr yr ail ran. Y gwrtharwyr yw Gwawl ac yna (fel y dysgwn yn y drydedd gainc), ei gyfaill, y dewin, Llwyd. Yn yr ail gainc, Bendigeidfran yw'r arwr (er mai ar ôl enw ei chwaer yr enwyd y gainc). Y gwrtharwyr yw Matholwch, Brenin Iwerddon, a llysfrawd Bendigeidfran ei hun, Efnisien. Yn y drydedd gainc, Manawydan yw'r arwr, a'i wrtharwr, yn amlwg, yw Llwyd. Yn y bedwaredd gainc, Gwydion sy'n dal y llyw arwrol ac yn ei drosglwyddo i Leu. Daw gwrtharwriaeth yn eu tro gan Bryderi (drwy Wydion), Math (gan sgandal Goewin), Arianrhod, ac yn olaf, Gronw.

Nid yw lluosogrwydd y gwrtharwyr yn foddhaol mewn termau dramatig. Felly, er mwyn gwneud y gorau o'r llinyn storïol mwyaf naturiol, sef dial Gwawl, bu'n rhaid inni ddatblygu'r syniad bod Rhiannon dan felltith teulu Gwawl. Awgrymasom fod Llwyd (dewin trawsnewid), yn rhan o'r grym a ddygodd blentyn Rhiannon oddi wrthi. Yn y ffilm, ef yw un o'r chwe bydwraig, ac ef sy'n gyrru'r pum bydwraig arall i gysgu. Nid oes eglurhad yn y gwreiddiol am y chwe bydwraig yn syrthio i gysgu ar yr un pryd – ond mai hud ydoedd.

Ond ni alluogodd llinyn storïol Gwawl / Rhiannon inni gynnwys y bedwaredd gainc. Yr ateb oedd creu fframwaith y tu allan i chwedlau'r Mabinogi a fyddai rywsut yn cysylltu rhai o'r prif arwyr. Fe'n hysbrydolwyd gan *The Owl Service* gan Alan Garner.[4] Yn sail i'r ffilm, felly, mae taith tri o Gymry ifainc heddiw – Rhiannon, Dan (= Manawydan), a Lleu – drwy'r Mabinogi. Cymeriadau ffilm-fyw fydd y rhain i ddechrau. Mae'r daith yr ânt arni yn eu gwneud yn bobl wahanol, ddoethach erbyn y diwedd. Mewn drafftiau cynnar defnyddiasom bedwar yn eu harddegau, un o bob cainc, a'r pedwerydd oedd Bendigeidfran. Ond mae ef yn marw yn y Mabinogi, ac ni allem greu atgyfodiad iddo o fewn y fframwaith storïol a fyddai'n argyhoeddi'r gynulleidfa.

Galan Mai, i ddathlu pen blwydd Lleu, â'r tri ar drip mewn cwch i Gwales ac fe'u cludir i borth yr Arallfyd – y Nawf Ynys, sef yr ynys arnofiol y soniwyd amdani yn 1896 gan y Capten John Evans yn y *Pembrokeshire County Guardian*. Amddiffynnydd y porth yw'r cychwr, sy'n cymell Lleu i fynd i mewn drwy'r porth. Er gwaethaf eu hamheuaeth o'r Arallfyd, y syniad oedd bod y tri yn dod i sylweddoli bod rhywbeth sylfaenol, rhywbeth cyffredinol wir yn y Mabinogi, a rhywbeth na ellir ei ddad-ddysgu o fod wedi byw trwyddo. Gan na fyddai hyn yn altro'r ffaith nad oedd a wnelo chwedl Lleu ddim â chwedlau Manawydan a Rhiannon, penderfynasom weu neu blethu – yn Geltaidd, felly – storïau gwahanol ein harwyr, fel bod y drydedd a'r bedwaredd gainc yn cyrraedd y diwedd plethedig yr un pryd, a ninnau'n datrys y ddwy gainc gyda'i gilydd.

Rhiannon

Yn y nodiadau ynghylch y cymeriadau ar gyfer y cyfarwyddwr castio, disgrifir y Rhiannon gyfoes fel a ganlyn: **Rhiannon**, 18 (o dde Cymru), chwaer fawr i Elin, gwyllt, penderfynol, gwrthryfelgar, hyderus yn ei gallu ei hun, heb angen cyngor gan neb. Deniadol i ddynion sy'n ei gweld yn gynhyrfus. Byw'n beryglus: mae'n hynod hyderus, ond heb fod yn fyrbwyll. Perthynas dda â'i chwaer. Yn adnabod Dan a Lleu ar ôl bod ar wyliau teuluol gyda hwy. Perthynas blatonaidd â'r ddau. O'r tri, hi fyddai'r un i gymryd blwyddyn fwlch rhwng yr ysgol a'r coleg.

Nid yw'n syndod cael ar ddeall bod Rhiannon y Mabinogi yn rhannu rhai o'r un nodweddion â hon, er ei bod yn cael ei chysylltu ag Epona, y dduwies geffyl, â cheffyl hud, ac ag adar euraid, goruwchnaturiol. Hi sy'n gofyn i Bwyll ei phriodi hi, ac mae'n dangos ei hun yn gymeriad cryf sy'n mynd i'r afael â'r drefn gymdeithasol gyfoes. Mae'n dangos yn glir ei diffyg amynedd â Phwyll pan ddistrywia ef eu cynlluniau priodas, ac mae'n cynllwynio i ddial a bwrw sen ar Wawl mewn ffordd sydd yn frawychus o hyderus ac oeraidd.

A hithau'n brif gymeriad benywaidd y gainc gyntaf, roedd Rhiannon yn ddewis naturiol ar gyfer un o'n harwyr byw. Ond tystiolaeth o'i thaith bersonol yn y Mabinogi a'n cymhellodd i'w defnyddio fel hyn. Yn groes i'r Franwen drasig, sy'n dechrau'n dda ac yn diweddu'n dda, powld yw Rhiannon ar y dechrau. Ond erbyn y diwedd mae'n dod yn fenyw emosiynol aeddfed. Dyma'r math o ddatblygiad yn ei chymeriad sydd ei angen ar gyfer drama. Mae Rhiannon danllyd yn derbyn y cyhuddiad o lofruddio'i mab gyda stoiciaeth annisgwyl. Er ei dioddefaint ofnadwy, nid yw'n dial ar y merched a'i cyhudda. Mae'n wraig gariadus a ffyddlon i Bwyll ac, ar ôl ei farwolaeth, i Fanawydan; ac mae'n caru ei mab yn fwy na bywyd ei hun.

Ar ddechrau'r ffilm mae'r Rhiannon gyfoes mewn cryn gyfyng-gyngor. Mae newydd gael cyfathrach rywiol â rhywun y mae ei rhieni'n ei ddrwglicio; rhywun y tybia'r gynulleidfa nad yw'n 'deilwng ohoni'. Roedd ei mam wedi dweud, fel y gwna mamau, mai ond un peth oedd ar ei feddwl, ac fe ŵyr Rhiannon bellach ei bod yn iawn. Mae ei chwaer bymtheg oed yn holi: 'Beth os wyt ti'n feichiog?' Gan fod ei misglwyf ar fin dod, mae hi'n ateb: 'Mi ddylwn wybod un ffordd neu'r llall dros y Sul.' 'Ond beth os wyt ti?' medd ei chwaer eto. 'Mi fydda' i'n iawn,' medd Rhiannon. Dim ond deunaw oed yw hi ac nid oes dyfodol i'r berthynas rhyngddi a thad y plentyn. Beth bynnag fydd yn digwydd, ni fydd yn hawdd.

Ar y cwch, dywed Lleu wrth Riannon a Dan ei fod newydd glywed iddo gael ei fabwysiadu. Ei fwriad yw canfod ei fam go-iawn, er i'w gyfreithiwr ddweud na fynnai unrhyw gysylltiad ag ef. A hithau'n pendroni ynghylch ei beichiogrwydd posibl, hola Rhiannon: 'Ond beth os nad yw hi am i ti ei chanfod? Siawns bod rheswm pan na allai dy gadw. Efallai ei bod yn rhy ifanc.' Mae Dan a Lleu, heb wybod am argyfwng posibl Rhiannon, yn synnu at ei diffyg cydymdeimlad â Lleu. Ond cyn i'r ffrae ddatblygu ymhellach, mae'r cychwr yn sylwi ar y Nawf Ynys, a phlymia'r tri i'r dŵr ac i fyd – a bodolaeth – cwbl wahanol.

Er mwyn atgyfnerthu'r modd y daw'r Rhiannon ffilm-fyw yn arwres animeiddiedig y Mabinogi, mae munudau yn yr anim-eiddio pan yw Rhiannon yn gweld neu'n cofio peth o'i bodolaeth gyfoes: fel arfer pan fo'r stori'n ymwneud â mamolaeth. Dramateiddir stori Rhiannon yn y Mabinogi mewn modd sydd yn fwriadol yn archwilio ei chymeriad ffilm-fyw, ac yn ei ddatblygu, heb altro stori sylfaenol y Mabinogi.

Dyna pam yr adweithia'n chwyrn ar y dechrau i'r awgrym y dylai briodi Gwawl – neu unrhyw un arall. Mae'n ferch 'fodern' (yn fflyrtiol ac yn uniongyrchol), wrth gyfarfod â Phwyll ar Fynydd Arberth, a phan gred Pwyll ei fod wedi ei cholli i Wawl, gan daro'i ben ar y bwrdd yn anobeithiol, mae hithau'n gafael ynddo gerfydd ei wallt ac yn ei orfodi i edrych arni. 'Gad bopeth i mi, ddywedais i. Gwna fel y dywedaf i. Mi fydda' i'n iawn.' Dyma'r Rhiannon sy'n dal i gredu mai gêm yw bywyd ac y gall drin unrhyw beth.

Ond pan ddihuna a chanfod bod ei baban wedi mynd, a bod

gwaed drosti i gyd, gwelwn ferch ifanc wahanol iawn. Mae darn byr o ffilm-fyw lle mae'r chwaer iau yn gweld Rhiannon yn waed drosti ac yn tybio iddi gael erthyliad. 'Beth wnest ti?' medd Elin. 'Nid yr hyn feddyli di,' yw ateb Rhiannon.

Mae Rhiannon yn derbyn ei chosb yn stoicaidd, ond mae'r gynulleidfa a Phwyll, ei gŵr, yn falch o weld na thorrwyd mo'i hysbryd. Wrth iddi gario teithiwr ar ei chefn drwy'r pyrth ac i'r llys, mae'n 'ddamweiniol' yn baglu ac yn taro pen y teithiwr yn erbyn y wal. Y funud fwyaf pwysig iddi yw pan y'i hadunir â Phryderi. Gwelwn yn eglur ei greddfu mamol. Mae'n ei godi ar ei phen-glin ac yn dweud: 'Nid oes dim byd gwaeth na cholli plentyn . . . ond ni pheidiais â bod yn fam i ti am funud.' Caiff y teimlad hwn, er yn isymwybodol, effaith ddybryd ar y Rhiannon ffilm-fyw. Yn awr fe ŵyr beth yw ystyr bod yn fam. Felly, pan yw Pryderi, yn un ar bymtheg oed, yn ymuno â byddin Bendigeidfran sydd ar ei ffordd i'r Iwerddon, try Rhiannon at ei wraig ifanc, Cigfa, a dweud: 'Ni allaf ei golli eto.'

Perthynas blatonaidd gyda Lleu a Dan sydd gan y Rhiannon ffilm-fyw. Newidir hyn, fodd bynnag, pan yw Rhiannon a Dan (Manawydan), yn cyfarfod a phriodi yn y Mabinogi. Felly pan ddywed Manawydan ei henw am y tro cyntaf, ac wrth iddynt gynnig llwncdestun i'w gilydd, gwelant ill dau adlewyrchiadau ohonynt eu hunain mewn ffilm-fyw yn eu ffiolau. Yn ddiwedd-arach, wrth i Dan a Rhiannon y ffilm-fyw ymadael â'r Mabinogi, dônt i wyneb y dŵr ar yr un pryd. Fe'u cawn yn cofleidio wrth y cwch. Yna, mae'r ddau yn cywilyddio, ac yn ymryddhau. Ond parhad o gofleid y Rhiannon animeiddiedig sydd yma, wedi iddi gael ei haduno â Manawydan drwy law Llwyd.

Diwedda'r ffilm â Rhiannon y ffilm-fyw yn mynd i aros i gartref Dan. Wrth iddynt eistedd yn ystafell Dan (ni fydd yn rhannu ei wely), mae sŵn tylluan (a gysylltir â'u cyfaill Lleu), yn peri iddynt drafod y trip ar y cwch:

DAN: Be ddigwyddodd yn y dŵr?
RHIANNON: Sai'n gwbod.
DAN: Mae'r peth fel breuddwyd . . . ond ellai'm cofio'n
              iawn . . .
RHIANNON: . . . nag anghofio.

              (*Edrychant ar ei gilydd yn gariadus.*)

RHIANNON: Mae rhywbeth wedi newid.

            (*Rhydd DAN ei fraich amdani.*)

DAN: Ond mewn ffordd dda?

RHIANNON   (*Yn disgwyl cusan*): Ie.

            (*Mae DAN yn ei thynnu tuag ato. Cusanant.
            RHIANNON sy'n tynnu'n ôl gyntaf.*)

DAN: Be sy'?
RHIANNON: Dim byd. Dim byd. Dwi ddim am iti gael cam
            argraff.

DAN   (*Yn rhoi ei fraich nôl amdani*):
            Pa argraff o't ti am imi gal?

            (*Mae RHIANNON yn chwerthin ac yn tynnu'n ôl.*)

RHIANNON: Dan, 'wy yn dy garu di! (*Yn fwy difrifol*)
            'Lla i ddim esbonio . . . dim ond gweud, ddoe
            ro'n i'n meddwl 'mod i'n disgwyl . . .
DAN: Ac . . . wyt ti?
RHIANNON: Na – heddi 'wi'n gwbod bo fi ddim . . . ond 'wi
            ddim am gymryd siawns fel 'na byth 'to.

            (*Sylla arno drwy'r tywyllwch. Y tu ôl i'w ben gwêl
            ddelwedd grynedig o'r PRYDERI ifanc a'i freichiau ar
            led tuag ati.*)

RHIANNON: . . . 'Wi ddim yn barod i fod yn fam.

            (*Edrychant ar ei gilydd mewn tawelwch. Sŵn
            tylluan. O'r diwedd mae DAN yn codi ac yn ei
            chusanu'n ysgafn ar ei phen.*)
            (*Mae DAN yn symud at y drws ac yn dechrau
            ei agor.*)

DAN: Rhiannon . . .
RHIANNON: Ie?

DAN: Fyddi di'n fam wych – rhyw ddydd. Mi wn i. Nos
                  da.
RHIANNON   *(Yn gwenu)*: Nos da.

                  (Mae RHIANNON yn gwenu. Saib. Â DAN drwy'r
                  drws. Gwelwn ei ben yn dod rownd y drws pan glyw
                  hi'n galw arno.)

RHIANNON: Dan. *(Saib)* Fase ti'n mynd yn ôl?
DAN: Baswn – ond dim ond efo ti.
RHIANNON: O'n i am iti weud 'na.

                  (Mae DAN yn gwenu)

Bu Rhiannon yn lwcus o beidio â beichiogi, ond diolch i'r
Mabinogi, dysgodd am wir werth mamolaeth.

Dan

Mae taith Manawydan yn y Mabinogi yn llai dramatig na thaith
Rhiannon a Lleu, er ei fod yn ymddangos mewn dwy o'r pedair
cainc, ac er fod un wedi ei henwi ar ei ôl. Manawydan yw brawd
iau Bendigeidfran. Effeithir arno'n ddwfn gan ddigwyddiadau
trasig yr ail gainc: rhyfel yn Iwerddon a dim Gwyddelod ar ôl,
dim ond saith o'r Brythoniaid; llofruddiaeth ei nai gan ei hanner-
brawd, Efnisien; marwolaeth ei chwaer, Branwen; ac yn olaf,
marwolaeth ei frawd mawr, y brenin. Ond, er gwaethaf hyn, yn
yr ail gainc, anaml y mae'n rhan ganolog o'r plot. Ni orseddir
Manawydan wedi marwolaeth ei frawd. Ei gefnder biau'r fraint
honno. Ac eto, cred llawer mai Manawydan oedd 'ffefryn' yr
awdur, gŵr ifanc cytbwys sydd, yn y drydedd gainc, yn gwneud
ei orau i amddiffyn y rhai sydd agosaf ato a chael y gorau ar y
dewin, Llwyd.
    O ganlyniad, penderfynasom gynyddu taith bersonol
Manawydan, er mwyn ei wneud yn un o arwyr y ffilm. Er mwyn
gwneud hynny, cychwynasom drwy roi i *alter ego* ffilm-fyw
Manawydan, Dan, frawd mawr o'r enw Ben. Dan – Manawydan.
Ben – Bendigeidfran! Ar ddechrau'r ffilm, mae'r brawd mawr,
Ben, yn credu bod Dan yn dda i ddim. Mae gan Ben waith

rheolaidd fel adeiladwr; gwaith caled. Myfyriwr yw Dan, breuddwydiwr sy'n anymwybodol o amserlen waith Ben, ac unrhyw amserlen arall.

Dechreua'r ffilm yn fuan y bore hwnnw ac mae Ben, sy'n rhoi lifft i Dan i'r orsaf drenau, yn canu corn ei gar ac yn gyrru lawr y dreif hebddo. Doedd Dan ddim yn barod, a Ben ddim am aros. Mae Dan yn dal y car ac yn beio Ben am beidio â'i ddeffro. Erbyn cyrraedd yr orsaf clywn fod Dan wedi anghofio'i *Railcard* (heb fedru prynu tocyn, felly), a'i fod wedi anghofio ei anrheg pen blwydd ar gyfer Lleu.

Pan gyrhaedda Dan y Mabinogi fe'i cedwir ar gyrion profiad ei frawd mawr, Bendigeidfran. Ni ofynnir am ei farn – hyd yn oed ym mater priodas ei chwaer â Matholwch, brenin Iwerddon. Pan gynigia Bendigeidfran bair y dadeni yn iawndal i Fatholwch, cred Manawydan mai annoeth yw hyn, ond ni hidia neb am ei betruster. Brawd bach ydyw, wedi'r cyfan. Dyfais yw'r tensiwn hwn rhwng y brodyr, fel yr eglurodd ein dau ymgynghorydd, yr Athro Gwyn Thomas a'r Athro Sioned Davies.

Er mwyn creu newid ym mherthynas y brodyr, bu'n rhaid newid – gyda'n 'trwydded artistig' – olygfa'r 'a fo ben bid bont'. Mae Bendigeidfran wedi ymestyn ei gorff dros ran gulaf ceunant dwfn. Wrth i'r gŵr olaf groesi corff Bendigeidfran, mae'r cawr yn colli'i afael. Teflir rhaff iddo gan Fanawydan ac achubir ei fywyd. Dyna pryd y dechreua Bendigeidfran werthfawrogi ei frawd bach.

Erbyn anafu Bendigeidfran yn farwol, dylai'r gynulleidfa gredu y gallai Manawydan fod yn frenin da. Mae'r ffaith ei fod yn barod i ildio'r fraint er mwyn osgoi mwy o golli gwaed yn ei wneud yn gymeriad mwy diddorol. Mae'n dechrau'r drydedd gainc, felly, heb na brawd na chwaer nac eiddo, ond mae'n ffodus o fod â chyfaill da, Pryderi, mab Rhiannon. Yn ei frwydr yn erbyn swynau y drydedd gainc, datblyga Manawydan yn 'feddyliwr' mawr sydd yn y diwedd yn cael y gorau ar y dewin athrylithgar, Llwyd. Yn ei olygfa olaf mae Manawydan yn profi ei fod wedi'i drawsnewid o'r breuddwydiwr ifanc a anghofiodd roi'r larwm i ddal y trên ar ddechrau'r ffilm. Cyflwynasom Gigfa yn yr olygfa hon er mwyn ei dramateiddio. Yn y dilyniant ffilm-fyw ar y diwedd, down i wybod bod Dan yn celu cryn ddawn artistig dan yr wyneb breuddwydiol. Cerflun yw ei anrheg i Lleu

a wnaethpwyd o rannau o geir. Ef yw'r bachgen-drws-nesaf
cyfeillgar, a chariad teilwng i Riannon.

Lleu

Chwedl Lleu yw chwedl fwyaf hynod y Mabinogi. Hawdd
fyddai tybio mai dyma'r chwedl anhawsaf ei chyfuno â stori
cymeriad modern, byw. Ond trwy fynnu bod y Lleu modern
wedi'i fabwysiadu, gallem greu tebygrwydd trawiadol rhwng
y ddau Leu. Dechreua'r ffilm gyda'r Lleu ffilm-fyw ar ei ben
blwydd yn ddeunaw yn clywed ei fod wedi ei fabwysiadu.
Daw'r newyddion iddo drwy lythyr cyfreithiwr sy'n dweud bod
ei fam go-iawn am roi arian iddo ar ei ben blwydd yn ddeunaw.
Dywed y llythyr yn eglur nad yw ei fam go-iawn am gael
unrhyw gysylltiad gydag ef. Mae Lleu wedi cael cryn ysgytwad;
mae'n troi yn erbyn ei rieni maeth, Gwyn a Sian, ac mae'n
penderfynu mynd i chwilio am ei fam go-iawn.

Mae'n mynd i mewn i fyd y Mabinogi yn faban sydd a'i fam
(a'i dad) wedi'i esgeuluso. Yr un sydd yn gofalu am Leu y
Mabinogi yw tad maeth o'r enw Gwydion. Yn yr un modd mae
gan Leu y byd modern fam a thad maeth, Gwyn a Sian. Drwy
gydol rhan animeiddiedig y ffilm, mae cariad Gwydion at ei fab
mabwysiedig yn adlewyrchu cariad y rhieni maeth at Leu.

Mae chwedl Lleu yn y Mabinogi yn dechrau gyda'r bachgen
pedair oed, Lleu, a Gwydion yn mynd i ymweld ag Arianrhod,
y fam, am y tro cyntaf. Disgwyliant aduniad hapus. Ond ym-
gorffori ei ddarostyngiad yn llys Math y mae Lleu, yng ngolwg
Arianrhod. Ac nid oes ganddi unrhyw deimladau mamol tuag
ato. Yn hytrach, fe ddywed: 'Ni fydd yn fab i mi byth!' Dywed
wrth Wydion na fyn ei dderbyn yn fab iddi, ac ni rydd enw iddo.

Gwrthodiad y fam yw thema waelodol chwedl Lleu yn y
Mabinogi. Pan dwylla Gwydion Arianrhod a'i chael i enwi'i mab,
tynga hithau na fydd yn cyflawni ail ddyletswydd mam, sef rhoi
arfau iddo. Ond fe'i twyllir gan Wydion eto. Yn berwi gan
gynddaredd, cais Arianrhod roi diwedd ar linach Lleu drwy
dyngu na chaiff fyth wraig. Ond datrysir hyn gan Wydion, gyda
help Math, drwy greu Blodeuwedd yn wraig iddo o flodau. Ond
mae effaith tynghedau Arianrhod yn parhau. Heb gariad mam,

nid yw Lleu yn deall merched ac mae'n ŵr ansensitif. Diwedd y stori, fel y gwyddom, yw brad godinebol Blodeuwedd, a'i rhan yn y cynllwyn i ladd Lleu.

Pan glwyfir Lleu yn yr ymgais i'w lofruddio, gŵr yn ei ugeiniau cynnar ydyw. Treuliodd ran helaeth o'i fywyd hyd yn hyn yn beio Gwydion am ymddygiad ei fam. Ond pery Gwydion yn ffyddlon iddo. Pan gais Lleu roi cic i Wydion drwy ddiolch i Math yn unig am greu Blodeuwedd iddo, dywed Math wrth Wydion am fod yn amyneddgar. Poen colli'i fam sy'n gyfrifol am ymddygiad Lleu, yn ôl Math, ond cred y bydd hynny'n newid drwy gariad gwraig dda.

Ond parhau i feio Gwydion a wna Lleu pan gyfyd problemau gyda Blodeuwedd. Er ei bod yn berffaith ei gwedd, Math a Gwydion a'i creodd. Doedd gan Leu ddim dewis. Dywedodd ein ymgynghorwyr ein bod yn cam-bortreadu Lleu yma, yn ei wneud yn fwy cysetlyd nag ydoedd. Ond rheidrwydd tensiwn dramatig oedd hyn. Nid arwr pwdlyd, anniolchgar mohono, ond dyn ifanc wedi'i frifo, a chanddo obsesiwn â chyflawni'r amhosibl, sef ennill cariad ei fam. Hynny a'i gwnaeth yn analluog i werth-fawrogi yr un sydd yn ei garu, sef ei dad maeth. Ni chaiff Lleu ei wella nes y sylweddola nad drwy waed y llif cariad. Ni fydd Arianrhod byth eisiau ei mab. Hi yw'r wrtharwres i Riannon. Ond mae Gwydion, fodd bynnag, yn ei garu yn ddigon i wneud iawn am ddiffyg dau riant. Dyma a ddywed: 'Yma, Lleu! Tyrd ata'i. Ata'i. Ti'n perthyn i mi.'

Ar ôl yr ymgais i'w lofruddio, troir Lleu yn eryr, ac fe ym-guddia gyda'i glwyfau ar ben coeden dderw fawr. Â Gwydion i chwilio amdano, ond wedi ei ganfod, ofna ei bod yn rhy hwyr i'w achub. Mae Lleu yn marw, ac ni all Gwydion ei dynnu o ben y goeden. Dewis Lleu fydd mynd at Wydion. Ond nid yw Lleu – a fradychwyd gan y ddwy ferch a garai – am fyw. Clyw Wydion yn galw arno: 'Tyrd ataf, Lleu. Gyda mi mae dy le!'

Mewn tri cham y daw Lleu yn betrus i lawr y goeden at ei dad maeth. Nid canu tri englyn a wna Gwydion, fel yn y testun gwreiddiol, ond datgan ei gariad deirgwaith. Ymbilia ar Leu i ymddiried ynddo. A dyna a wna.

Felly, pan yw Lleu y ffilm-fyw yn dychwelyd adref at ei rieni maeth ar ôl penwythnos yn y Mabinogi, mae wedi'i drawsnewid. Cerddodd ymaith o'i gartref yn ddyn ifanc chwerw a blin am na

ddywedwyd wrtho mai plentyn wedi'i fabwysiadu ydoedd, gan
adael ei fam yn ei dagrau a'i dad wedi'i ysgytio. Anwybyddodd
eiriau olaf Gwyn: 'Ond cofia – ni oedd y rhai oedd dy eisio di.
Roeddan ni'n dy garu di bryd hynny. Dan ni'n dy garu di rŵan.
Paid â gadael i unrhyw beth newid hynny.'
    Dyma olygfa ffilm-fyw o ddychweliad Lleu:

> *(Daw LLEU i mewn drwy'r drws ffrynt. Mae ei dad,
> GWYN, yn darllen papur newydd yn y lolfa.)*

GWYN:	Lleu . . . Gest ti hwyl?
LLEU:	Do.

> *(Saib)*

LLEU:	Fues i'n meddwl cryn dipyn.
GWYN:	O ie?

> *(Cais ei dad ymddangos yn dawel ond mae'n amlwg yn
> bryderus.)*

LLEU:	Lle mae Mam?
GWYN:	Yn y gegin.

> *(Mae LLEU yn cerdded yn ôl i'r cyntedd. Mae ei dad yn
> codi o'i gadair a dechrau ei ddilyn yn betrusgar. Yn
> sydyn, daw LLEU yn ôl.)*

GWYN: Lleu . . . gwranda . . .

> *(Mae LLEU yn torri ar ei draws.)*

LLEU: Wnei di ddelio efo hwn, Dad? *(Mae LLEU yn rhoi'r
             llythyr i'w dad.)* Dwi ddim yn barod i feddwl
             ynglŷn â hyn ar hyn o bryd. Falle . . . rhywbryd . . .

> *(Daw SIAN i mewn.)*

LLEU: Mam.

> *(Cofleidiant).*

Dim gormodiaith, mae'n wir, ond mae'r neges yn glir. Mae Lleu yn gwerthfawrogi'r cariad a ddangoswyd iddo gan ei rieni maeth tros y deunaw mlynedd diwethaf. Ni fyn dramgwyddo'r cariad hwnnw gyda rhyw obsesiwn â chanfod ei fam go-iawn – nad yw am iddo ei chanfod, beth bynnag.

Creu'r testun gweledol

Y dechneg animeiddio yw animeiddio dau ddimensiwn, a ddylunnir yn ôl hen arfer, ar bapur. Ond ar gyfrifiadur yn ddigidol, drwy system a elwir Animo 3.1., y lliwir y cymeriadau a gosod y lluniau at ei gilydd megis ar gamera rostrwm. Er mwyn rhwyddhau'r broses o drawsnewid o ffilm-fyw i ffilm animeiddiol, cyflwynodd Derek Hayes, y cyfarwyddwr, ffoto-graffau a deunydd ffilm-fyw er mwyn creu effaith *collage* arbennig. Mae'r cefndiroedd dau ddimensiwn hefyd, a dynnwyd gan mwyaf o dirluniau Cymreig go-iawn, yn fwy paentiol nag mewn animeiddio arferol. Pan fynnem leoliadau penodol, er enghraifft, craig Harlech, cymerwyd gofal i ail-greu'r graig fel y buasai wedi bod ganrifoedd yn ôl, heb y castell a heb y môr oddi tani. Tynnwyd llun mynydd i'r de-orllewin o Arberth, heb fod yn bell o'n cartref ni yn Ninbych-y-pysgod, yn llwyddiannus. Mae hanner-cylch hir o feddrodau ar arwyneb fflat pen y bryn yn awgrymu bod yma fan cyfarfod hynafol. Gwelir coed i'r cefn (i'r de), a cheir golygfa braf i'r gogledd-ddwyrain o Arberth at fynyddoedd y Preseli. Buom yn llai llwyddiannus yn ein hymgais i dynnu llun o fan claddu Branwen ar Afon Alaw.

Cynhyrchir elfennau naturiol, megis niwl a dŵr, a chefn-diroedd tri dimensiwn eraill, gan *Moving Picture Company* yn Llundain. Ar gyfrifiadur, er enghraifft, y crëwyd y neuadd a godwyd gan y Gwyddelod ar gyfer Bendigeidfran. Galluoga hyn y cyfarwyddwr i bwysleisio anferthedd y neuadd a godwyd mewn coedwig ac a gynhelid gan ddwy res o dderw praff. Gwneir yr animeiddio dau ddimensiwn â llaw gan Gartŵn Cymru, *Christmas Films* (Moscow) a *Pannonia* (Hwngari).

Er mwyn helpu'r gynulleidfa i gyfuno'r ddau linyn naratifol, dyfeisiodd Derek nifer o symbolau gweledol sydd i'w defnyddio ym mhob stori, megis ceffylau ar gyfer Rhiannon ac eryrod ar gyfer Lleu. Ar y cwch, mae Rhiannon yn rhoi eryr i Leu ar ddilledyn lledr. Y syniad yw mai hyn a'i hamddiffynnodd rhag gwaywffon Gronw, a pheri iddo droi yn eryr.

Her gyntaf Derek oedd cynllunio Arallfyd fel y'i gwelir o'r Ynys Nawf. Disgrifiodd y Capten John Evans 'gae hyfryd, heb fod uwchben y dŵr, ond rhai troedfeddi danodd.' Roedd Derek yn poeni yr edrychai hyn fel gwymon ac na fyddai'n ddigon cyffrous i ddenu'r bobl ifainc i blymio tuag ato. Felly, penderfynodd ddangos yr Arallfyd fel y'i gwelir o ben coeden. Gallwn ddychmygu mai topiau'r coed yng ngardd Rhiannon oedd y cae glas a ddisgrifiodd y Capten John Evans, a'r gwellt hir ar ben craig Harlech. Nofia Rhiannon, Dan a Lleu drwy'r dŵr cyn treiddio i mewn i swigen danddwr, a suddo i lawr i'r gwaelod i ddechrau ar eu bywydau Mabinogaidd. Tynnwyd y lluniau tanddwr mewn tanc dŵr, ond tynnwyd y lluniau uwchben wyneb y dŵr mewn lleoliad heb fod ymhell o Borth Clais, y tu allan i Dyddewi. Ffilmiwyd golygfeydd yr harbwr ym Mharrog. Marc Evans oedd cyfarwyddwr y ffilm-fyw, a chyfarwyddwr y ffotograffiaeth oedd Nina Kellgren.

Er na wyddom beth yw cyfnod y Mabinogi, penderfynwyd gosod y ffilm ymhell cyn y bedwaredd ganrif ar ddeg (pan y cofnodwyd y Mabinogi mewn llawysgrif), a chadw'n glir o ddillad a gysylltid â'r Oesoedd Canol Ffrengig neu'r diwylliant Eingl-Normanaidd. Dyfeisiodd Derek fath o wisg a dynnai ar ddilladau'r Celtiaid a'r Llychlynwyr. Fe'n gorfodwyd i anwybyddu nifer o fanylion canoloesol yn y gwreiddiol, megis Rhiannon yn eistedd ar gyfrwy untu (dyfais ddiweddarach). Ond i blesio ein hymgynghorwyr, glynasom wrth y drefn ganoloesol o eistedd wrth y bwrdd, ac roeddem yn falch o roi cynllun yr Athro Gwyn Thomas i'r cyfarwyddwr.

Roedd taldra Bendigeidfran hefyd yn creu cyfyng-gyngor i'r cyfarwyddwr a'r ymgynghorwyr academaidd. Yn amlwg, byddai'n rhaid iddo fod yn dalach na phawb arall, ond os byddai'n anferth, yna byddai'n anodd creu golygfeydd lle siaradai ag eraill. Os y byddai'n sefyll, a fyddai'r lleill yn craffu tua'r topiau ac yn gweiddi siarad? Ynteu a fyddai ganddo glyw da, fel Math? Yr un mor ffals fyddai gwneud iddo orwedd, fel bod y lleill yn gallu sibrwd yn ei glust.

Yn y diwedd, penderfynwyd mai'r flaenoriaeth oedd ei

wneud yn *dalach* na dim arall y gallai mecanweithiau'r cyfnod ei greu yn bensaernïol (sef 10 troedfedd); a chanfod ffyrdd i'w wneud yn ddigon tal i allu ymladd tra cariai Branwen y tu ôl i'w darian (14 troedfedd); yn ddigon mawr i gerdded drwy fôr Iwerddon a phobl ar ei ben neu ei gefn (enfawr); ac yn ddigon hir i fod yn bont (20 troedfedd). Syniad y cyfarwyddwr oedd bod yn dra rhydd yn hyn o beth, ac altro'i daldra, gan awgrymu y gellid newid ei daldra yn ôl gofyn y sefyllfa a'i emosiwn ef ei hun. Mae yma atseiniau o Cù Chulainn, sy'n troi'n anghenfil pan fydd yn ymladd, ac yna'n troi'n ddyn eto.

Yn y ffilm, pan yw Branwen yn dehongli gweledigaethau gofalwr y moch ar gyfer Matholwch, dywed mai 'mynydd yw Bendigeidfran, fy mrawd, sydd yn ffrwydro gan gynddaredd ac yn cerdded drwy'r dyfroedd bas. Daeth i wybod am fy nghywilydd.' Er mwyn osgoi'r syniad o gymeriad a fyddai'n ymdebygu i'r *Incredible Hulk*, cynlluniodd Derek ddillad llac ar ei gyfer, na fydd yn rhwygo pan gynydda'i faint. Fe'n calonogwyd hefyd gan y disgrifiad o Cai, yn, *Culhwch ac Olwen*, yn un a allai fod mor dal â choeden dalaf y goedwig pan fynnai.

Problemau gwahanol a achoswyd gan y 'grafanc' ddirgel. Er lles tensiwn dramatig, byddai'n rhaid dangos mwy na chrafanc – hynny yw, dangos yr anghenfil yn ei lawn faint. Ar ôl archwilio nifer o angenfilod gwahanol, penderfynodd Derek ar 'ddyn-gwellt' Celtaidd. Dyma ffurf dyn enfawr wedi'i wneud o gewyll plethedig. Yn rhan o aberth ddynol, llenwid y cewyll hyn â bodau dynol ac fe losgid y cyfan yn rhodd i'r duwiau. Anodd fyddai bod yn fwy arswydus na hynny, meddai Derek, a phenderfynodd roi crafanc ar ei ddyn-gwellt goruwchnaturiol. Er na lenwir y dyn-gwellt yn y ffilm â dynion i'w haberthu, bydd llygaid yn edrych allan o bob rhan o'i gorff.

Pan dorrir y fraich wellt gan Teyrnon, bydd y baban, Pryderi, y gorwedd y tu mewn i'r fraich, fel petai mewn crud. A phan gyffwrdd y ceffyl â'r fraich, bydd y gwellt pydredig yn datgelu'r baban.

Anodd hefyd i'r animeiddwyr oedd gwahaniaethu rhwng cyflymder ceffyl Rhiannon a cheffyl Phwyll ar Fynydd Arberth. Yn erbyn cefndir y dylunnir cyflymder fel arfer, ond edrychai'r gwahaniaeth rhwng cyflymder carnau'r naill geffyl a'r llall yn ddim byd ond 'animeiddio gwael'. Datryswyd hynny drwy

gyflwyno niwl atmosfferaidd dros y llawr i guddio carnau'r
ceffylau.

Yn dilyn cyfarfod ffrwythlon yn Efrog Newydd rhwng Naomi
Jones, Derek Hayes a John Cale, cytunodd yr olaf i lunio cerdd-
oriaeth ar gyfer y ffilm. Ei fwriad yw defnyddio amrywiaeth o
arddulliau: cerddorfa lawn, offerynnau hynod, ethnig a chyfoes.
Bydd hyn yn addas ar gyfer y gynulleidfa darged a'r ffilm.
Gobeithiwn am bethau mawr.

Un gair olaf am addasu'r ffilm ar gyfer cynulleidfa ddi-
Gymraeg. Enwi oedd fwyaf anodd: Pryderi a Lleu Llaw Gyffes
yn enwedig. Roeddem am gadw'r enwau yn y fersiwn Saesneg,
ond dim ond yn y Gymraeg y golygent unrhyw beth. Rhaid oedd
canfod ffordd i gyfleu ystyr yr enwau i'r gynulleidfa. Nid oedd
defnyddio ymadroddion fel 'yn ein hiaith hynafol' yn ddigon, ac
fe'n cynorthwywyd gan Gwyn Thomas a Sioned Davies i wneud
pen a chynffon o areithiau fel a ganlyn:

RHIANNON: If this is true, and my son is back in my care, then the
cares of the last four years have suddenly vanished.

PENDARAN: Lady, you have chosen your words well, and you have
named your child. In our ancient language, 'care' is
'pryder'. A fitting name. Pryderi son of Pwyll.[5]

Y broblem arall oedd y teitl, sydd yn llai adnabyddus yn
rhyngwladol na'r *Mahabharata*, dyweder, ac yn cael ei ynganu
hyd yn oed yn waeth. Ni chafodd nifer o awgrymiadau fawr o
groeso gennym, teitlau megis *Wounds and Wonders*, *Blood Lines*,
Blood Ties, *Parallel Lives*, *The Island of the Mighty*. Hyd yn oed yn
awr, mae'r rhai ohonom sy'n gyfarwydd â'r Mabinogi yn
anghysurus â'r teitl Saesneg terfynol, *Otherworld*. Ond i arianwyr
a dosbarthwyr y tu allan i Gymru, na chlywsant erioed am y
Mabinogi, mae *Otherworld* yn dweud y cyfan. Bydd yn resyn,
wrth gwrs, na fydd y sawl sy'n gweld y ffilm byth yn clywed nac
yn dweud yr enw, Mabinogi, gan mai dim ond drwy arfer y daw
cyfarwydd-deb. Ond byddai'n fwy o resyn pe na dosberthid y
ffilm yn eang gan fod ar sinemâu ofn teitl tramor. Rhyddheir y
ffilm yn sinemâu Prydain yn 2002.[6]

Nodiadau

1   Cyfweliad personol ym mis Ionawr 2001.

2   Cyfweliad personol ym mis Ionawr 2001.

3   J. K. Bollard, 'The Thematic Structure of the Four Branches of the Mabinogi', *Transactions of the Honourable Society of Cymmrodorion* (1974–5), 250–76, 252.

4   Gofynnwyd yn wreiddiol i Alan Garner ysgrifennu'r sgript, ond bu'n rhaid iddo roi heibio'r cynnig oherwydd ymrwymiadau eraill.

5   Yn y Gymraeg, wrth gwrs, dywed Rhiannon ei bod wedi diosg 'fy mhryder i' > Pryderi.

6   Rhai o'r cast Cymraeg ar adeg ysgrifennu'r bennod hon: Lleu – Matthew Rhys; Manawydan – Daniel Evans; Rhiannon – Jenny Livsey.

'THE FREQUENCIES I COMMANDED': RECORDIO R. S. THOMAS[1]

Damian Walford Davies

>   Between
> one story and another
> what difference but in the telling
> of it? And this life
> that we lead, will it sound
> well on the future's
> cassette? I see the wise man
> with his mouth open shouting
> inaudibly on this side of the abyss.
>   ('Eheu! Fugaces')

> One voice, quieter than the rest,
> Was heard, bemoaning the loss
> Of beauty. Men put it on tape
> For the future, a lesson in style.
>   ('The Times')

Yn aml, daw ystyron dyfnaf barddoniaeth i'r amlwg 'in the telling / of it'. Pan dderbyniodd R. S. Thomas fy ngwahoddiad ddechrau 1999 i recordio 145 o'i gerddi, doedd gen i ddim amheuaeth nad rhoi ar gof a chadw yrfa fawreddog un o feirdd mawr yr ugeinfed ganrif yr oeddwn. Yn briodol, dechreuwyd recordio'r llais unigryw hwnnw yn stiwdios Sain yn Llandwrog ar 29 Mawrth 1999: pen blwydd y bardd yn 86 oed. Braint oedd cael eistedd gydag ef, y clustffonau am fy mhen, a chael gwrando arno'n darllen mor huawdl a difefl:

> So near that I could see the toil
> Of his face muscles, a pulse like a moth
> Fluttering under the fine skin . . .[2]

(Ei ddisgrifiad o weld y fiolinydd Kreisler yn perfformio.)

Gwta flwyddyn ar ôl i'r casgliad, *R. S. Thomas Reading the Poems*, ymddangos, bu farw'r bardd a fuasai'n ein bugeilio mor chwyrn ac yn archwilio ein cyflwr diwylliannol ac ysbrydol mor ddi-gyfaddawd o onest nes dod yn rhan o'n hunaniaeth fel Cymry.

Disgrifiad personol o'r profiad o recordio R.S. yw'r bennod hon yn ei hanfod. Ond gan fod y weithred o leisio barddoniaeth ar y fath recordiad yn taflu goleuni ar rai o themâu canolog y farddoniaeth, hoffwn leoli'r weithred honno, ynghyd â'r profiad o wrando ar y bardd, yng nghyd-destun perthynas gymhleth R.S. â thechnoleg ac â'r *deus absconditus*: y duw cudd a erys, er rhwystredigaeth iddo, mor ystyfnig o ddistaw.

Tybiais ar gychwyn y fenter na fyddai'r fath recordiad â'i newydd-deb digidol wrth fodd R.S., a pharodd hyn i mi ail-ystyried ei berthynas â thechnoleg. Yn ddiamau, mae'r farddoniaeth wedi cydgerdded â datblygiadau technolegol ar hyd y blynyddoedd: 'Move with the times? / I've done that all right' yw'r gosodiad plaen yn 'Movement'; 'I modernise the anachronism of my language', cyhoedda yn 'The Absence'; 'God, I whispered, refining / my technique', yw'r datganiad yn 'One Way'.

Ond ar yr un pryd, dramateiddia'r cerddi berthynas amwys y bardd â darganfyddiadau a dyfeisiadau'r byd modern, a seithug yw edrych am ymateb cyson dros yr *œuvre* ar ei hyd i effaith anochel datguddiadau gwyddoniaeth ar gymdeithas a chrefydd. Mewn cyfweliad radio ar y testun 'Cred, Barddoniaeth a Thechnoleg', gwahaniaethodd R.S. rhwng 'gwyddoniaeth bur' ar y naill law – 'a means of wonder', meddai, sy'n cynrychioli 'a spiritual activity' (cyfeiriai at ffiseg, mecaneg gwantwm a math-emateg) – ac, ar y llall, 'applied science issuing in technology', sydd yn peri bod y ddynoliaeth yn ysglyfaeth i'r Peiriant.

Ni ellir gwadu nad presenoldeb satanaidd yn y farddoniaeth yw'r Peiriant a rwygwyd o ystlys Duw:

> God secreted
> A tear. Enough, enough,
> He commanded, but the machine
> Looked at him and went on singing.
> ('Other'; *CP*, t.235)

A mynegodd R.S. ei ddrwgdybiaeth o'r 'taclau newydd' droeon: 'Mae bod yn Llŷn ar adeg fel hyn yn brofiad rhyfedd', medd y bardd yn *Blwyddyn yn Llŷn* (1990):

> Mae fel petaem ni wedi cropian ar hyd cangen ynghrog mewn amser. Bydd sibrydion yn ein cyrraedd am fyd sydd bron yn gwbl amgenach, lle mae gwyrthiau'n digwydd ym maes technoleg. Y mae celfyddyd, natur, yr unigolyn ei hun dan bwysau mawr. Ni fedr y rhai ifanc fyw yn y gorffennol. Yn reddfol maen nhw'n croesawu'r taclau newydd, y byd newydd bondigrybwyll. Dyna pam maen nhw'n cilio oddi wrth y Gymraeg, am mai Lloegr, neu America, ydi cyfryngwr y byd newydd hwn iddynt.[3]

Fan hyn, ymddengys technoleg yn elyn i ddiwylliant brodorol Cymraeg sydd dan fygythiad o du 'gwyrthiau' anghyfiaith imperialaeth ddiwylliannol Eingl-Americanaidd.

Ond o'r cychwyn, adfeddodd R.S. iaith gwyddoniaeth a thechnoleg (yn enwedig iaith ffiseg is-atomig) er deall a chyfathrebu â'r duwdod: 'radioactive', 'fall-out', 'atom', 'laboratory', 'test-tube', 'microscope', 'virus', 'anaesthetic', 'particles', 'oxygen', 'equations', 'probes', 'God-space', 'air-space', 'light-years', 'orbit', 'thermodynamic', 'silicon', 'strontium', 'plutonium', '$E=MC^2$', 'H_2O', 'laser', 'electron': ceir pob un o'r termau hyn yn y farddoniaeth, ac fe'u hadwaenwn bellach fel rhan o idiom nodweddiadol y bardd. Yn wir, pwysleisiodd R.S. mor *hanfodol* oedd defnyddio ieithwedd gwyddoniaeth a thechnoleg mewn barddoniaeth. Ond ochr yn ochr â beirniadaeth R.S. ar systemau deallusol mecanistig ac ar y ffordd y mae gwyddoniaeth wedi 'datgyfrinio' rhyfeddodau'r Cread ('Now it is all clinical light' yw ei gŵyn yn 'Approaches'), dylid ystyried cerddi fel 'Suddenly' a 'Nuance', er enghraifft, lle y try technoleg a gwyddoniaeth yn gyfryngau cyfathrebu â'r *deus absconditus*. Mae 'Mediations', er enghraifft, yn cydnabod

bod y duwdod yn amlygu'i hun 'in the angles between / stars, in the equations / of [His] kindgom': dyma'r 'God of form and number' y mae'r bardd yn ei ganfod yn epiffani'r gerdd 'Emerging'. Mae fformiwlâu megis 'the laboratory of the spirit', 'oxygen of the spirit', 'ante-room of the spirit', 'mineral poetry', 'composer of the first radioactive verses', 'transmitted prayers', 'computed darkness', 'silicon angels', ac 'embryo music' nid yn unig yn dal gwyddoniaeth a chred mewn cydbwysedd paradocsaidd a chythryblus ond hefyd yn tanlinellu parod-rwydd y bardd i adael i un weithredu *ar ran* y llall at ddiben ehangach. Mewn epiffani arall yn 'Navigation', gwelwn fod yr awyrennau bondigrybwyll – y Deraon modern hynny sy'n poenydio'r R.S. ymddeoledig yn Llŷn – bellach yn adlewyrchu'r duwdod 'with the clarity that is thought'; 'By night', medd y bardd, 'their instruments deputise / for him and are unerring'. Mae'r gerdd yn gorffen â gweddi:

> God, on this latest stage
> of my journey let me profit
> from my inventions by christening
> them yours. Amid the shoals and hazards
> that are about me, let me employ
> radar as though it were your gift.[4]

Er gwaetha'r eiliad o densiwn a awgrymir gan y geiriau 'as though' (erys technoleg, yn ddiymwad, yn un o greadigaethau dyn), portreedir gwyddoniaeth fodern yma fel drych o'r duwdod. Ac fel y pwysleisia R.S. yn *Blwyddyn yn Llŷn*, gellir cymathu'n ddi-densiwn yr 'wybodaeth gyfoes' â rhyfeddod neu barchedig ofn y crediniwr:

> Felly pan safaf innau gyda'r nos ac edrych tua'r sêr, a meddwl am y galaethau sy'n ymestyn un ar ôl y llall i ebargofiant, tra'n cofio bod y cwbl o fewn gofod cyfyngedig sydd eto'n ymledu, nid breuddwydiwr yn perthyn i hil gyntefig Llŷn mohonof, ond un sydd trwy gyfranogi o'r wybodaeth gyfoes yn gallu rhyfeddu o hyd at y Bod sy'n cloriannu'r cwbl.[5]

Yn wir, mae'r ymgodymu parhaus ag angel technoleg a welir yn y farddoniaeth yn pwysleisio mai R.S. oedd un o feirdd mwyaf modern ein hoes. Arbrofai'n ddygn ag Amen.

Ond doedd dim angen imi bryderu; bendithiodd y bardd-offeiriad y recordiad. Does dim dwywaith na fu iddo ymlacio ac adfywio'n rhyfeddol yn ystod degawd olaf ei fywyd, gan ddod i delerau, i ryw raddau o leiaf, â nifer o agweddau ar y byd modern y treuliodd ran helaeth o'i oes yn eu fflangellu. Yn ogystal, roeddwn eisoes wedi profi ei hynawsedd a'i natur-ioldeb yn wyneb bwgan technoleg wrth lunio'r rhaglen ddogfen *A Rare Bird* ddechrau 1998. Roedd mor gartrefol yng nghwmni'r camerâu, y meicroffonau a'r genweiriau ar draeth Bae Cemaes ag a oedd ymysg y môr-wenoliaid gwridog a phïod y môr.

Dewis delfrydol oedd stiwdios Sain gan eu bod yn agos at gartref y bardd yn Llanfrothen; byddai ymhen mis yn symud i'r gorllewin eto (rhywbeth a nodweddai lwybr ei yrfa fel offeir-iad), y tro hwn i Bentrefelin. Yn ystod y pum sesiwn, cefais ganddo ddatganiadau hynod ddadlennol ynghylch natur ei grefft, ynghyd â phrawf diamheuol o'i smaldod heintus nod-weddiadol. 'Dyw'r llais ddim yn gweithio heddiw,' dywedodd ar ddechrau'r ail sesiwn, gan gyffesu bod pob dim yn effeithio ar ei lais yn ei henaint, o'r tywydd i'w ddannedd gosod. Aeth rhagddo i gynnig fersiwn amgen o'i gerdd 'Gifts' – 'From my father my strong heart, / My weak stomach. / From my mother the fear' – trwy ddatgan ei fod wedi etifeddu nid llais cryf ei dad (y mae'r gerdd 'The Fisherman' yn bortread ohono, datgelodd yn ddidaro), ond yn hytrach lais gwannach ei fam.

Ar ôl iddo ddarllen 'A Thicket in Lleyn', gofynnais iddo a oedd y llinellau olaf yn adleisio cerdd fawr Waldo, 'Mewn Dau Gae' – cerdd y mae R.S. wedi'i chyfieithu:[6] – 'Yr oedd rhyw ffynhonnau'n torri tua'r nefoedd / Ac yn syrthio'n ôl a'u dagrau fel dail pren':

> Your migrations will never
> be over. Between two truths
> there is only the mind to fly with.
> Navigate by such stars as are not
> leaves falling from life's
> deciduous tree, but spray from the fountain
> of the imagination, endlessly
> replenishing itself out of its own waters.
>
> (*CP*, t.511)

'Na,' atebodd gan wenu. 'Roeddwn yn meddwl am ddryslwyn yn Llŷn.' Dyna fy rhoi i yn fy lle, ac rwy'n cofio meddwl y dylai beirdd ymateb yn fwy aml â'r fath *bathos* iach i feirniaid llenyddol gorfrwdfrydig sy'n palu yma a thraw am adleisiau llenyddol i lenwi tudalennau *Notes and Queries*. Ar ôl darllen y gerdd 'Questions' –

> What is a bed for? Is there no repose
> in the small hours? No proofing of sleep's
> stuff against the fretting of stars, thoughts?
> Tell me, then, after the night's toil
> of loving or praying, is there nothing
> to do but to rise tired and be made
> away with, yawning, into the day's dream?
> (*CP*, t.504)

– dywedodd yn ffraeth: 'Dach chi'n gweld pam nad yw fy ngwaith yn boblogaidd.' Cyn darllen y cerddi hwy, byddai'n aml yn craffu ar y testun am beth amser er mwyn 'ailafael' ynddynt. Yn achos llawer ohonynt, diau mai dyma'r tro cyntaf iddo eu darllen ers amser maith. Esboniodd mai ei fwriad oedd sicrhau bod y gerdd ar ei hyd yn berffaith glir yn ei feddwl cyn dechrau, gan ychwanegu'n chwareus: 'Dyna beth sy'n digwydd pan ych chi'n mynnu ysgrifennu rhyddiaith sy'n honni bod yn farddoniaeth.' Ar nodyn mwy difrifol, dyfynnodd yn gymeradwyol eiriau Yeats yn ystod darllediad radio: 'These poems cost me some time, and I won't read them as prose.'

Byddai golygyddion a haneswyr llenyddol wedi gwerthfawrogi sesiwn tri. Wrth ddarllen o'r gyfrol *The Echoes Return Slow*, esboniodd R.S. sut y darganfu, wrth ddarllen proflenni'r gyfrol honno, fod rhywrai yn Macmillan wedi dyfarnu bod y teitl gwreiddiol yn anramadegol ac wedi rhoi yn ei le y teitl cloff, *The Echoes Return Slowly*. Bu ond y dim iddo beidio â sylwi ar gamgymeriad gwaeth o lawer, meddai'r bardd: dychwelwyd proflenni *Song at the Year's Turning* â'r llinellau 'But man remains summer and winter through, / Rooting in vain within his dwindling acre' (o'r ddrama radio, *The Minister*) yn ymddangos fel 'But man remains summer and winter through, / *Tooting* in vain within his dwindling acre'. Awgrymais fod y cyhoeddwyr am weld dyfodiad y Peiriant i'r farddoniaeth ychydig yn gynt na'r bardd ei hun.

Dyfynnodd Yeats droeon, gan ddynwared y Gwyddel yn ei henaint yn darllen 'The Lake Isle of Innisfree'. Adroddai o'i gof yn ogystal farddoniaeth Wallace Stevens a Larkin. Cyflwynwyd ef i Larkin, meddai, yn y llyfrgell yn Hull, lle'r oedd awdur *The Whitsun Weddings* yn gweithio. 'How can you write poetry in a place like this?' oedd cwestiwn R.S. iddo. Nid yw'n syndod i Larkin atgoffa R.S. o'r *gambit* hwnnw pan gyfarfu'r ddau flynyddoedd yn ddiweddarach i ddathlu pen blwydd John Betjeman yn 75 oed – y gŵr a ysgrifennodd y rhagair canmoliaethus i gyfrol R.S., *Song at the Year's Turning*, yn 1955.

Wrth hel atgofion am ei brofiadau yn Eglwys-fach (1954–67), dywedodd fod ei fab Gwydion – bryd hynny yn ei arddegau – wedi ei recordio yn darllen cerdd fawr Thomas Wyatt, 'They flee from me that sometime did me seek', ond pwysleisiodd na fyddai'n rhaid i *R. S. Thomas Reading the Poems* gystadlu â'r mynd mawr oedd ar '*R. S. Thomas: The Bootleg Tapes*' ar y farchnad ddu.

Wrth drafod gallu – ac anallu – beirdd i ddarllen barddoniaeth, mynegodd ei barch mawr at lais Ted Hughes ac at 'fiwsig cryf' ei acen. Fel hogyn direidus, soniodd sut y bu iddo ddatgan wrth ddynes ddieithr yn ystod trip i Selborne a drefnwyd gan ffyddloniaid y bardd Edward Thomas fod barddoniaeth yn beth anodd iawn ei ddarllen yn ystyrlon, a bod cymaint o'r rhai a ddarllenai farddoniaeth ar y radio yn gwneud smonach ohoni. Cyflwynodd y ddynes ei hun fel yr actores Jill Balcon, gwraig C. Day Lewis a darllenwraig fawr ei pharch mewn cymdeithasau llenyddol ac ar y BBC.

Ar ddiwedd yr ail sesiwn, parodd cyd-ddigwyddiad hynod i'r farddoniaeth danio ag ystyr o'r newydd. Roedd R.S. newydd orffen darllen un o'i gerddi mwyaf enwog, 'Reservoirs':

> There are places in Wales I don't go:
> Reservoirs that are the subconscious
> Of a people, troubled far down
> With gravestones, chapels, villages even;
> The serenity of their expression
> Revolts me, it is a pose
> For strangers, a watercolour's appeal

> To the mass, instead of the poem's
> Harsher conditions. There are the hills,
> Too; gardens gone under the scum
> Of the forests; and the smashed faces
> Of the farms with the stone trickle
> Of their tears down the hills' side.
>
> (*CP*, t.194)

Canodd y ffôn, a derbyniodd y bardd alwad oddi wrth newydd-iadurwr o'r *Western Mail* a oedd am ei holi ynglŷn â'r gofeb arfaethedig i gymuned Capel Celyn a dyffryn Tryweryn. O'r cychwyn, bu R.S. yn effro i gamweddau'r byd mawr hefyd – 'from as far off as Tibet the cries come' ('After the Lecture') – ac ar ddiwedd y drydedd sesiwn, profais foment arall ddramatig pan amharodd y byd modern am ennyd ar heddwch delfrydol pentref Cymreig ar brynhawn o wanwyn. Roedd stiwdios Sain yn cael eu llwyr adnewyddu yn ystod y sesiynau recordio, ac roedd argyfwng Kosovo ar ei anterth. Wrth basio drwy ran ddrylliedig o'r adeilad ar ei ffordd i'r car, mynegodd R.S. ei ddymuniad i ysgrifennu cerdd ar bwnc Kosovo, gan ddweud bod y coridor yn edrych fel petai wedi'i falurio gan un o daflegrau NATO.

Awgrymais ar y dechrau mai 'in the telling / of it', chwedl R.S., y profwn 'ystyron dyfnaf' barddoniaeth, ac yn wir, ymdeimlwn trwy gydol y recordiad hwn â'r gallu sydd gan y llais i wneud i'r glust *weld*. Ond mae yna ystyron na fedr y cyfrwng clywedol eu datgelu, *frissons* geiriol na fedr y donfedd fyrhoedlog eu cyfleu. Gochelwn rhag tradyrchafu ynganiad bardd ar recordiad fel *R. S. Thomas Reading the Poems* ar draul natur fwy awgrymog ac – yn eironig – ansefydlog y gair ysgrifenedig. Yn hyn o beth, mae'r siom a brofodd F. R. Leavis wrth wrando ar recordiad o T. S. Eliot yn darllen ei *Four Quartets* yn werth ei nodi. Yng ngolwg Leavis, roedd 'tonal identity' cerdd Eliot ar y tudalen yn braffach ac yn amlycach o lawer na'r hyn a brofodd wrth wrando ar Eliot yn lleisio'r llinellau ar y recordiad. Dengys y darlleniad 'how good the verse is', bid siŵr, ond, yn ôl Leavis:

> it does so not by teaching us anything new about the rhythms –
> anything we didn't know already from the printed page. The
> printed page tells us how they go: the verse is marvellously exact

. . . [Eliot's] command of inflexion, intonation and tempo – his
intention, as performer, under these heads – is astonishingly
inadequate.[7]

Dywedodd Robert Frost rywbeth tebyg wrth ddatgan y dylai'r
sawl sy'n darllen barddoniaeth fod 'at no loss to give his voice the
posture proper to the sentence'.[8] I Leavis, roedd cerdd Eliot yn ei
ffurf brintiedig eisoes yn *ddarlleniad* bywiol – nid oedd amheuaeth
ynglŷn â sut i'w hynganu – sy'n esbonio'i siom pan glywodd
'studied blankness' llais Eliot ar y recordiad. Serch hynny, hyd yn
oed pan glywn fardd yn darllen â goslef ddadlennol – pan yw'r
llais, hynny yw, *yn* llwyddo i ddysgu rhywbeth newydd inni
ynghylch 'cywair' cerdd – rhaid cofio mai un math o bwyslais
yn unig, un oslef benodedig, y gall geiriau unigol eu cario, tra
bo'r llinell brintiedig yn medru awgrymu *cyfres* o ystyron a
darlleniadau. Mae cerdd R.S., 'Silence', yn enghraifft dda:

> It had begun
> by my talking all of the time
> repeating the worn formulae
> of the churches in the belief
> that was prayer . . .
> (NTF, t.83)

Ar y recordiad, pwysleisia R.S. y gair 'that' yn eglur, a chlywn y
bardd-offeiriad felly yn cyferbynnu'r weithred o ailadrodd
fformiwlâu litwrgïol â ffurfiau eraill mwy personol, llai defodol,
o gyfathrebu â'r duwdod. Ond sylwn, wrth gwrs, nad yw'r gair
'that' wedi'i italeiddio mewn print, a bod y darlleniad amgen,
'Repeating the worn formulae / of the churches in the belief /
[which] was prayer' hefyd yn bosibl – llinellau sydd yn awr yn
cyfystyru gweddi â'r 'belief' a fynegir trwy gyfrwng y fformiwlâu
litwrgïol traddodiadol, er gwaethaf eu natur 'dreuliedig'. Yn wir,
yn y fath *frissons* geiriol a ddaw i'r amlwg wrth inni ddarllen a
gwrando *ar y cyd*, dramateiddir dwy agwedd gyferbyniol ar
bersonoliaeth y bardd – R.S. y clerigwr anghydffurfiol ac R.S. yr
offeiriad uniongred. Yn sicr, ni ddylem orseddu'r llais fel safon
derfynol, *determinate* pob ystyr posibl; ildio fyddai hynny i
duedd technoleg i symleiddio a chyfyngu ar bosibiliadau iaith.

Fel y sylwodd Christopher Ricks – beirniad sydd, fel un o edmygwyr mwyaf selog a chraff Bob Dylan, yn hen law ar nodi'r gwahaniaethau diddorol rhwng geiriau'r donfedd a geiriau'r tudalen – wrth drafod awgrymusedd y gair printiedig:

> sometimes the printed page will tacitly acknowledge that both its glory and its peril may reside in its right *not* to tell us how the rhythms or cadences or tones go; glory, because of how uniquely responsive it can be to delegate responsibility . . . peril, because this can so easily become not delegation but evasion of responsibility.[9]

Bedwar mis ar ôl marwolaeth R.S., ymddengys o'r ysgrifau coffa a'r teyrngedau fod barn unfrydol eisoes wedi ymffurfio ynghylch pa gerddi sy'n cynrychioli ei orchest farddonol. Erys cerddi'r gyfrol gynnar, *Song at the Year's Turning* (1955), ymhlith ei rai enwocaf a mwyaf poblogaidd, ond cerddi crefyddol tri degawd olaf ei fywyd a fydd yn sicrhau iddo statws blaenllaw yng nghanon barddoniaeth Saesneg yr ugeinfed ganrif. Cyf-eiriais eisoes at berthynas R.S. â'r duw cudd. Cynrychiola ei waith fynegiant dwysaf barddoniaeth Gristnogol yr ugeinfed ganrif o'r profiad o ddisgwyl yn amyneddgar am arwydd ac ystyr, o geisio canfod presenoldeb 'an eavesdropping God' mewn absenoldeb, o orfod cyfeirio gweddi at yr Anhysbys 'without hope / of a reply', o gyrraedd uchelfannau'r ysbryd a darganfod bod y duw cyflym – 'such a fast god' – eisoes wedi gadael.

Yng nghyd-destun pwnc y gyfrol hon, diddorol yw sylwi bod y bardd yn aml yn defnyddio trosiadau o fyd recordio a darlledu i gyfleu ei berthynas â'r duw mud. Dro ar ôl tro, mae'r bardd yn tiwnio ei offer ysbrydol er mwyn clywed siffrwd y duwdod, ond yn canfod dim ond sŵn cefndir neu gleber a sgrechfeydd tonfeddi seciwlar:

> There was one being
> would not reply. God,
> I whispered, refining
> my technique, signalling
> to him on the frequencies
> I commanded. But always

amid the air's garrulousness
there was the one station
that remained closed.
('One Way'; *CP*, t.385)

Sound, too? The recorder
that picks up everything picked
up nothing but the natural
background. What language
does the god speak?
('The Film of God'; *CP*, t.360)

Nightly
we explore the universe
on our wave-lengths, picking up nothing
but those acoustic ghosts
that could well be mineral
signalling to mineral
as immortal mind communicating with itself.
('The Tree'; *CP*, t.417)

Yn y gerdd 'In Church', ni chlyw'r bardd ond yr ystlumod, 'resum[ing] their business', ynghyd â 'the uneasiness of the pews', ac fe'i gadewir unwaith yn rhagor yng nghangell yr eglwys, 'analys[ing] the quality / Of its silences'.

Roedd y broses o *olygu'r* recordiad yn fersiwn diddorol o'r ffenomen y mae'r cerddi hyn yn ei ddisgrifio. Dim ond acwsteg absenoldeb, gwichian ystlumod a seddau, a glyw'r bardd wrth benlinio o flaen allorau Eglwys-fach ac Aberdaron, ond y dasg yn fy wynebu i a'r periannydd sain, Siwan Evans, ar ddiwedd pob sesiwn oedd *ynysu* llais R.S. a *dileu'r* swn cefndir. Gall hyd yn oed stiwdio recordio fod yn anhygoel o lafar, ac â chymorth technoleg ddigidol, 'the day's breath / bated', rhaid oedd sicrhau na fyddai'r un dim – 'nothing / No casual improvisation / Or sounding of a false chord' ('The Conductor'[10]) yn amharu ar eglurder llais y bardd. Mae'n briodol fod bardd a fu'n 'balked by silence' mor aml, ac sydd yn y gerdd olaf ar *R. S. Thomas Reading the Poems* yn dewis ateb byddardod Duw â'i fudandod ei hun – 'answering / his deafness with dumbness' – i'w glywed yma'n *siarad* mor rymus. Mae'r gerdd honno, 'Silence', yn agor â'r geiriau, 'The relation between us was silence'. Mae'n gorffen, serch hynny, â gweithred – a gweithred yw'r gair cywir fan hyn – o wrando dwys: erthygl ffydd i R. S. Thomas.

Achubwyd llais y bardd rhag distawrwydd y tudalen printiedig gan y recordiad hwn. Sieryd R.S. â ni bellach ar donfeddi technoleg; clywn y gŵr a ymgorfforai gydwybod ystyfnig y genedl yn siarad i gyfeiliant – ac ar draws – cerddi'r *Collected Poems*. Wrth wrando ar *R. S. Thomas Reading the Poems*, fe'n rhoddir, felly, yn rôl R.S. – rôl y gwrandäwr astud. Ac efallai y caniateir inni'r heresi o gredu bod y recordiad yn gosod Duw R.S. yn yr un sefyllfa, 'And no one daring to interrupt', fel y dywed y bardd yn 'The Musician':

> Because it was himself that he played
> And closer than all of them the God listened.
>
> (*CP*, t.104)

Nodiadau

1 Gwnaed defnydd helaeth o ddarlleniadau R. S. Thomas oddi ar y cryno-ddisg/casét triphlyg, *R. S. Thomas Reading the Poems* (Sain, SCD 2209 a C2209) pan draddodwyd y bennod hon yng nghynhadledd *Chwileniwm*.

2 'The Musician', *Collected Poems, 1945–1990* (London: Dent, 1993), t.104; wedi hyn, *CP*.

3 *Blwyddyn yn Llŷn* (Caernarfon: Gwasg Gwynedd, 1990), tt.7–8; wedi hyn, *ByLl*.

4 *No Truce with the Furies* (Newcastle-upon-Tyne: Bloodaxe Books, 1995), t.65; wedi hyn, *NTF*.

5 *ByLl*, t.56.

6 Gweler *Modern Poetry in Translation*, New Series, 7: Welsh Issue, ed. Dafydd Johnston (Spring 1995), tt.156–7.

7 *Scrutiny* XV (1947), 80.

8 *Selected Letters of Robert Frost*, ed. Lawrance Thompson (London: Jonathan Cape, 1965), t.80.

9 Christopher Ricks, *T. S. Eliot and Prejudice* (London: Faber and Faber, 1988), t.183.

10 A sôn am 'arwain', fe'm plesiwyd gan sylwadau Hugh Macpherson mewn adolygiad ar y recordiad ('The Sound of the Poems', *Planet* 139

(February–March 2000), 99): dywedodd Macpherson fod gwrando ar y casgliad yn debyg i 'hearing a piece of music conducted properly for the first time, after experiencing other more muddied versions. The colours and harmonies, the pace of the progression now make sense . . . here we've been given the interpretation that provides the full potential of the written score.'

FERSIYNAU ELECTRONIG O'R MABINOGION

Mick van Rootseler

Faint o gyfrolau a fyddai eu hangen i gyhoeddi holl gorpws y Mabinogion, gan gynnwys y testunau o lawysgrifau canoloesol? Faint o dudalennau a fyddai mewn geiriadur Cymraeg Canol ar gyfer y Mabinogion, yn rhestru pob gair? Neu faint o dudalennau a fyddai eu hangen ar gyfer rhestru holl enghreifftiau y geiryn berfol 'y', gydag enghreifftiau a chyfeiriadau llawn? A fyddai'n bosibl cymharu pob paragraff o'r chwedl *Gereint uab Erbin* yn y Mabinogion fel na byddai raid mynd drwy dudalennau diddiwedd rhyw olygiad neu'i gilydd, neu gopïo pob paragraff mewn colofnau cyfochrog â llaw? A yw'r gorchwylion uchod yn bosibl o gwbl?

Bydd y bennod hon yn archwilio rhai o'r problemau a gyfyd wrth weithio ar ddeunydd testunol o'r Mabinogion. Bydd hefyd yn canolbwyntio ar ddatrys rhai o'r problemau hyn, ac yn cynnig technegau newydd a fydd o gymorth i symleiddio gweithio gyda'r math hwn o ddeunydd.

'Y Mabinogion' yw'r teitl a ddefnyddir ar gasgliad o un ar ddeg o chwedlau rhyddiaith canoloesol yn y Gymraeg. Mae pob un ond un o'r un chwedl ar ddeg i'w canfod mewn dwy lawysgrif bwysig: Llyfr Gwyn Rhydderch (llawysgrif Peniarth 4, tua 1350) a Llyfr Coch Hergest (llawysgrif Coleg Iesu (Jesus College 111), tua 1400). Ymhellach, mae tua dwsin o lawysgrifau eraill sydd wedi'u dyddio cyn 1500 yn cynnwys rhannau o'r chwedlau.

Ymhlith chwedlau'r Mabinogion mae chwedl *Culhwch ac Olwen*, sef y chwedl Arthuraidd fwyaf hynafol sydd gennym, chwedl Arthuraidd arall o'r enw *Breuddwyd Rhonabwy*, dwy chwedl frodorol annibynnol, sef *Cyfranc Lludd a Llefelys* a *Breuddwyd Macsen*, pedair cainc unigryw y *Mabinogi*, sef ceinciau Pwyll, Branwen, Manawydan a Math, a'r tair rhamant sy'n dwyn yr enwau *Owein, Peredur* a *Gereint*, ac yn arddangos dylanwadau Ffrengig sylweddol.

Mae'r chwedlau i gyd wedi eu hastudio a'u cyfieithu yn fanwl iawn yn y gorffennol ac mae astudiaethau ar y Mabinogion yn dal i barhau ar lefel uchel. Mae'r testunau o bwysigrwydd sylweddol i nifer o ddisgyblaethau academaidd, megis ieith-yddiaeth, astudiaethau llenyddol, hanes, archaeoleg, astud-iaethau cymdeithasol, astudiaethau Ewropeaidd, astudiaethau merched, anthropoleg ddiwylliannol a nifer o rai eraill. Maent hefyd yn cael eu gwerthfawrogi am eu ceinder ac am eu syml-rwydd, am eu hiwmor hefyd, a'u gwerth a'u cyfraniad nid yn unig i etifeddiaeth ddiwylliannol Cymru, ond – ar lefel Ewrop-eaidd – i lenyddiaeth yr Oesoedd Canol hyd heddiw.

Cyfyd nifer o broblemau wrth weithio ar ddeunydd testunol y Mabinogion. Yn gyntaf, nid yw'r holl ddeunydd wedi ei drawsgrifio, ei olygu a'i gyhoeddi eto. Yn ail, mae'r deunydd a olygwyd ac a gyhoeddwyd eisoes yn dangos diffyg unffurfiaeth yn y modd y'i cyflwynir. Yn drydydd, ni chyhoeddwyd erioed holl gorpws y testunau, o'r holl lawysgrifau, mewn un gyfrol. Ac yn bedwerydd, bydd fersiwn printiedig o'r testunau yn rhwym o ddangos nifer o gyfyngiadau.

Mae hygyrchedd y testunau o hyd yn creu problemau i'r sawl na allant fynd at lyfrgell astudiaethau Celtaidd. Mae'n ddrud archebu ffotogopïau o'r golygiadau ac mae'n cymryd amser. A hyd yn oed yn achos y rheini sydd yn gallu troi at lyfrgell dda, mae'n bosibl y canfyddant nad yw'r testun neu'r llawysgrif a fynnant wedi ei drawsgrifio neu ei gyhoeddi. Mae archebu microffilmiau o lawysgrifau unwaith eto yn gostus iawn.

Mae'r gwaith o drawsgrifio testun o lawysgrif yn anodd ac mae fel arfer yn cymryd llawer o amser. Yn gyntaf, nid yw'r rhan fwyaf o ysgolheigion ym maes astudiaethau Celtaidd yn arbenigwyr mewn palaeograffeg. Mae gwneud trawsgrifiad eich hun yn golygu mentro gwneud camgymeriad, ac mae'n well gadael i balaeograffydd arbenigol wneud y gwaith. Dim ond unwaith y mae'n rhaid trawsgrifio a chyhoeddi'r deunydd er mwyn galluogi i eraill ei ddefnyddio a gweithio arno.

Yr ail broblem y daw unrhyw ymchwilydd ar ei thraws yw'r ffaith nad oes dull unffurf o gyflwyno'r gwahanol destunau. Mae pob cyhoeddiad yn dilyn ei ffordd ei hun o olygu a chyflwyno'r deunydd. Weithiau mae'r dull a ddefnyddir yn dilyn y llaw-ysgrifau gwreiddiol yn agos, hynny yw, cyflwynir y testun 'fel ag y mae', yn debyg i'w ymddangosiad go-iawn yn y llawysgrif, ffolio am ffolio, colofn am golofn, llinell am linell a gair am air (er enghraifft yng ngolygiad diplomataidd Llyfr Gwyn Rhydderch).[1] Mewn achosion eraill, mae'r golygydd wedi dewis cyflwyno'r deunydd mewn llinellau sy'n rhedeg i'w gilydd (fel y gwelir yng ngolygiad diplomataidd Llyfr Coch Hergest, lle mae dechrau pob colofn yn cael ei ddynodi gan seren yn y testun, a rhif y golofn wedi'i argraffu ar frig y tudalen).[2]

Nid yw ambell i destun arall wedi ei olygu na'i gyhoeddi hyd yn oed, ac mae'n rhaid canfod yr amrywiadau testunol o olyg-iadau eraill sy'n cyfeirio atynt. Y broblem gyda hyn fel arfer yw mai ond nifer cyfyngedig o amrywiadau a roddir (oherwydd cyfyngiadau gofod testun argraffedig), a dewis goddrychol y golygydd sy'n penderfynu pa amrywiadau i'w cynnwys a pha rai i'w hepgor.

Mae'r problemau a ddisgrifir uchod yn creu rhwystr arall: mae'n anodd iawn cymharu deunydd ac mae'r gwahaniaethau mewn dull cyflwyno yn cymhlethu unrhyw ymgais sylfaenol i gymharu testunau, er enghraifft, 'mae gair X yn llawysgrif A yr un â gair X yn llawysgrif B' neu 'mae darn Y o lawysgrif A yn cyfateb i'r un darn yn llawysgrif B'.

Daw'r angen am system gyfeirio yn amlwg mewn achosion eraill, yn ogystal â chymharu testunau. Dyma enghraifft syml iawn o sut y gall pethau fynd o'i le: fe'i dyfynnir o olygiad ffacsimili o Lyfr Aneirin. Mae gan olygiad 1989 'corrigenda' lle mae'r golygydd wedi rhestru cywiriadau.[3] Un o'r cywiriadau yw:

14.1 *pro* nawd *lege* ~~nawd~~

O edrych ar y testun ar dudalen 14 (y mae'r cywiriad yn cyfeirio ato), mae'r benbleth yn parhau: at ba 'nawd' y cyfeiria'r golygydd?

wy lledin ny rodin nawd nawd y saesson

Dim ond wrth edrych ar y llawysgrif ei hun (a gynhwyswyd yn y llyfr, yn ffodus, am mai golygiad ffacsimili ydoedd), y gellir canfod pa 'nawdd' a olygir; yn yr achos hwn, y cyntaf. Gellid bod

wedi osgoi y broblem hon drwy rifo'r holl eiriau yn y llinell a
chyfeirio – yn yr achos hwn – at y pumed gair:

wy lledin ny rodin ~~nawd~~ nawd y saesson

Ymddengys mai bychan yw'r broblem yn yr enghraifft uchod.
Ond gellid cael sefyllfa fwy cymhleth. Mae golygyddion, fel
arfer, yn ofalus gyda manylion. Ond mae'n rheidrwydd arnynt i
ystyried y cyfyngiadau gofod sydd ynghlwm wrth gyhoeddiad
argraffedig. Wrth gynnull geirfa rhyw destun neu'i gilydd, mae
bron yn amhosibl enwi pob gair yn y testun hwnnw. Fel arfer,
ond ychydig o enghreifftiau a roddir, gyda chyfeiriad at rif y
llinell. Ond beth sy'n digwydd pan ddigwydd gair fwy nag
unwaith mewn llinell? A beth os oes i'r gair hwnnw sawl ystyr
gwahanol? Bydd yn rhaid dibynnu ar wybodaeth y darllenydd i
allu gwahaniaethu rhyngddynt. Enghraifft dda yw'r frawddeg
ganlynol o chwedl Pwyll (mae'r frawddeg dan sylw mewn print
bras, ac mae enghreifftiau o'r geiriau perthnasol wedi'u tan-
linellu):[4]

> llinell 60: gyuarwyd a uyd y mi o ymgael a'r gwr a dyweyd
> di?' **'Blwydyn,'**
> llinell 61: **heb ef, 'y̲ heno y̲ mae oet y̲ rof i ac ef ar y̲ ryt.** A
> byd di i'm rith

Nid yw yr un o'r enghreifftiau hyn wedi'u henwi yn yr eirfa, nac
yn y nodiadau i'r testun. Ond gellid rhestru elfennau'r eirfa yn
hawdd, fel hyn:

- **y** arddodiad 'i', llinell 61;
- **y** geiryn berfol, llinell 61;
- **y** gyda'r arddodiad *rwng* 'rhwng', gyda'r rhagenw person 1
  unigol *y rof*, llinell 61;
- **y** y fannod, llinell 61.

Byddai wedi bod yn well cael cyfeiriad at y gair hwn yn yr eirfa,
fel hyn, o bosibl:

- **y** arddodiad 'i', llinell 61, gair 3;
- **y** geiryn berfol, llinell 61, gair 5;
- **y** gyda'r arddodiad *rwng* 'rhwng', gyda'r rhagenw person 1 unigol *y rof*, llinell 61, gair 8;
- **y** y fannod, llinell 61, gair 14.

Byddai'n amhosibl cynnwys rhestr o holl enghreifftiau y geiryn rhagenwol 'y' mewn golygiad argraffedig, gan y byddai'r rhestr, mae'n siŵr, mor hir â'r testun ei hun. Ond nid yw'r cyfyngiadau hyn yn cyfrif mewn fersiwn electronig o destun arbennig na'i eirfa. Mwy am hyn yn y man.

Mae'r drydedd broblem yn codi yn sgil y ddwy broblem a enwyd uchod: os oes sawl fersiwn o'r un testun ar gael, ac os yw rhywun am eu cymharu er mwyn gweld sut mae'r testunau yn wahanol (sillafu, ychwanegiadau, hepgoriadau, ac yn y blaen), rhaid yn gyntaf gasglu'r testunau, eu copïo, a'u hargraffu, o bosibl mewn colofnau cyfochrog. Mae'n broses hir a llafurus a gymhlethir ymhellach gan y ffaith nad yw systemau cyfeirio'r gwahanol fersiynau yn gymharus.

Y broblem olaf a drafodir yma yw'r ffaith nad oes gan y darllenydd fawr o ddewis gyda golygiad argraffedig unrhyw destun. Gwneir y penderfyniad ynghylch yr hyn sydd i'w gyflwyno (a'r hyn sydd i'w hepgor) gan y golygydd. Mae'n bosibl na fydd yr hyn sy'n bwysig i'r darllenydd mor bwysig i'r golygydd. Eto, dyma un o gyfyngiadau gofod testunau argraffedig.

Gellid tybio ar yr olwg gyntaf nad yw'r pedair problem a ddisgrifir uchod – caffaeledd, cyfeiriadau, cymharu a chyflwyno – yn feini tramgwydd mawr. Bydd rhai academwyr yn berffaith hapus o weithio â'r deunydd sydd eisoes ar gael. Ond maent yn broblemau sylfaenol sydd angen eu datrys cyn y gellir datblygu'r drafodaeth ymhellach.

Un cyfrwng ardderchog ar gyfer cyflwyno deunydd testunol yw'r Rhyngrwyd. Mae gan bawb fynediad posibl i'r Rhyngrwyd ar raddfa fyd-eang; mae gan bob llyfrgell gyhoeddus gyfrifiaduron. Nid oes gan unrhyw gyfrwng arall rychwant cynulleidfa mor eang. Mantais arall y Rhyngrwyd yw ei bod yn gyfrwng rhad. Mae hefyd yn annibynnol o safbwynt platfform (*platform independent*), ac yn gymharus o ran croesblatfformau (*crossplatform compatible*), sy'n golygu y gellir ei defnyddio ar nifer o wahanol fathau o gyfrifiaduron, fel *Apple Macintosh*, *PC* ac *Unix*, ac felly gyda nifer o wahanol systemau gweithredu. Mantais fawr defnyddio cyfrifiadur yw nad yw cyfyngiadau print yn cyfrif o gwbl. Nid yw cyflwyno rhestr o enghreifftiau o'r gair Cymraeg Canol 'a', yn y Mabinogion, gyda chyfeiriadau at eu lleoliad, yn mynd i fod yn broblem wrth ddefnyddio cyfrifiadur. Ond byddai gwneud yr un fath mewn golygiad argraffedig yn golygu cannoedd os nad miloedd o dudalennau. A chyda'r Rhyngrwyd, gellir cael nifer o wahanol ffyrdd o'u harddangos, gan nad yw cyfyngiadau gofod testunau argraffedig yn bwysig.

Y peth cyntaf i'w wneud yw datblygu dull cyfeirio da. Mae'n bosibl dyfeisio dull o'r fath, ond yn ffodus mae'r llawysgrifau eu hunain yn cynnig dull cymwys. Wrth edrych ar y llawysgrifau, gwelir y nodweddion canlynol, fel arfer: mae gan y llawysgrif enw a chod neu arwyddnod; mae'n cynnwys tudalennau neu ffolios a rifwyd, neu rai y gellir eu rhifo; rhennir y ffolios hyn fel arfer yn ddwy golofn ac yn aml rhifir y colofnau hyn hefyd; mae'r colofnau yn cynnwys llinellau ac mae'r llinellau yn cynnwys geiriau ac elfennau eraill y gellir eu rhifo. Yn fyr (ID = cyfeiriad):

- llawysgrif ac ID llawysgrif;
- ffolio ac ID ffolio;
- colofn ac ID colofn;
- llinell ac ID llinell;
- gair ac ID gair.

Mae'r pum nodwedd hon gyda'i gilydd yn creu cyfeiriad unigryw ar gyfer pob gair ac elfen. Ni fydd gan unrhyw air arall, o unrhyw lawysgrif, yr un cyfuniad o nodweddion.

Er mwyn gweld sut mae hyn yn gweithio yn ymarferol, dyma'r enghraifft ganlynol o ddechrau *Cyfranc Lludd a Llefelys* o Lyfr Gwyn Rhydderch.[5] Llinell gyntaf y chwedl yw: 'Y Beli uawr vab manogan u bu.' Wrth edrych ar yr enw Beli yn y llinell hon, gellir sefydlu'r nodweddion canlynol ar ei gyfer:

- llawysgrif: Peniarth 4
- ffolio: 218v

- colofn: 191
- llinell: 27
- gair: 2

Felly, y cyfuniad 'Peniarth 4, 218v, 191, 27, 2' yw cyfeiriad unigryw y gair arbennig hwn.

Gellir defnyddio y dull cyfeirio hwn er mwyn creu cyfeiriad at ddarn cyfan drwy gyfeirio at ddechrau a diwedd y darn. Wrth wneud hyn ar gyfer mwy nag un testun gellir cyfeirio at ddarnau o wahanol destunau a'u cymharu.[6]

llawysgrif	Peniarth 4	Peniarth 16	Jesus College 111
darn	Maxen wledic a oed amherawdyr yn rufein. A theccaf gwr oed a doethaf a goreu y a wedei yn amherawdyr or a uu kyn noc ef. A dadleu brenhined a oed arnaw diwarnawt. Ac ef a dywawt y annwyleit. Miui heb ef a uynnaf auory vynet y hela.	Maxen wledic oed amperauder en ruvein a thecaf gur oed a doethaf a goreu a wedei en amperauder or a vuassei kyn noc ef. Dadleu brenhined a oed arnaw diwyrnaut ac a dywaut urth y anwylyeit. Mivi hep ef a vynnaf avory hely	Maxen wledic oed amherawdyr yn ruuein. A theccaf gwr oed a doethaf. A goreu a wedei yn amherawdyr or a vu kyn noc ef. A dadleu brenhined a oed arnaw diwarnawt. Ac ef a dywawt y annwyleit. Miui heb ef A vynnaf avory vynet y hela.
cyfeiriad dechrau	llawysgrif: P4 ffolio: 215r colofn: 178 llinell: 34 gair: 1	llawysgrif: P16 ffolio: 40b colofn: llinell: 26 gair: 1	llawysgrif: JC111 ffolio: 172r - colofn: 697 llinell: 40 gair: 1
cyfeiriad diwedd	llawysgrif: P4 ffolio: 215v colofn: 179 llinell: 3 gair: 4	llawysgrif: P16 ffolio: 41a colofn: - llinell: 3 gair: 8	llawysgrif: JC111 ffolio: 172r colofn: 697 llinell: 45 gair: 9

Gellid tybio bod y dull cyfeirio hwn yn un hir a llafurus, ond rhaid cadw mewn cof mai gan y cyfrifiadur y defnyddir y cyfeiriad fwyaf, ac y gall fod yn anweledig i'r defnyddiwr.

Fel y disgrifiwyd uchod, y ddau fater mwyaf pwysig wrth ymdrin â deunydd testunol o'r Mabinogion yw cynyddu caffaeledd y deunydd, a datblygu dull cyfeirio da. Eglurir yn ddiweddarach sut y gellir datblygu'r ddau a'u defnyddio'n effeithiol.

Nawr fod dull cyfeirio clir wedi ei sefydlu mae'n amser symud ymlaen a gofyn sut y gellir ei ddefnyddio mewn system brosesu gwybodaeth. Er mwyn galluogi ein cyfrifiadur i wneud rhywbeth gyda'r data, bydd yn rhaid bwydo gwybodaeth am natur y data iddo a dangos iddo sut i'w brosesu. Y dull a awgrymir yma yw defnyddio iaith farcio (*mark up*).

Nid yw marcio testun yn golygu dim mwy nag ychwanegu gwybodaeth berthnasol i destun – mewn geiriau eraill, dangos bod 'y darn hwn' yn 'hyn a hyn', a'r 'darn acw' yn 'llall a'r llall'.

Defnyddir tagiau i farcio yr wybodaeth. Fel arfer mae tagiau marcio yn dod mewn parau: tag dechrau a thag diwedd. Gosodir yr wybodaeth sydd i'w marcio o fewn y tagiau. Felly, gall y cyfrifiadur adnabod yr hyn a gaiff ei farcio, a gall ddirnad o'r tagiau natur y data.

Gosodir tagiau mewn cromfachau <tag>; dangosir tag diwedd gan slaes yn y tag: </tag>. Er enghraifft: os am farcio yr holl enwau yn y frawddeg ganlynol, gosodir y tagiau <enw> ac </enw> o gwmpas yr enw:[7]

<enw>Bendigeiduran</enw> uab <enw>Llyr</enw> a oed urenhin coronawc ar yr ynys hon, ac adyrchawc o goron <enw>Lundein</enw>.

Gellir defnyddio unrhyw nifer o dagiau ond mae'n rhaid trefnu'r tagiau mewn dull rhesymegol. Ni allant, er enghraifft, orgyffwrdd.

Enghraifft arall o ddefnyddio tagiau yw wrth farcio elfennau gramadegol mewn testun. Er enghraifft, mae'n bosibl marcio yr holl ferfau mewn testun:[8]

'Mi a <berf>welaf</berf> longeu racco,' <berf>heb</berf> y brenhin, 'ac yn <berf>dyuot</berf> yn hy parth a'r tir.

Gall tagiau hefyd gynnwys priodweddau sydd yn cynnig gwybodaeth bellach. Yn achos tag <llawysgrif>, gellir cynnwys y priodwedd 'enw' yn y tag:

```
<llawysgrif enw='Llyfr Coch Hergest'> [Mae cynnwys y
llawysgrif yn mynd o fewn y tagiau dechrau a diwedd yma.]
</llawysgrif>
```

Mae tagiau fel arfer yn ymddangos mewn trefn hierarchaidd.
Gall rhai tagiau fod yn blant i dagiau eraill. Felly, mae tagiau
ffolio yn blant i dag y llawysgrif, ac mae tag y golofn yn blentyn i
dag y ffolio, ac mae tag y llinell yn blentyn i dag y golofn, ac yn y
blaen. Er mwyn gwneud eu darllen yn hawdd, mae pob tag
'plentyn' fel arfer wedi ei gilosod.

Mae'r enghraifft ganlynol yn defnyddio pedair priodwedd
sydd yn ddilys ar gyfer nifer o lawysgrifau'r Mabinogion, sef
llawysgrif, ffolio, colofn a llinell, ynghyd â phriodweddau enw y
llawysgrif a rhifau y ffolio, colofn a llinell. Dyma enghraifft fer ar
gyfer un ffolio, ac ailadroddir y ffolios dilynol:

```
<llawysgrif enw=' '>
   <ffolio rhif-ffolio=' '>
      <colofn rhif-colofn=' '>
         <llinell rhif-llinell=' '> ... </llinell>
         <llinell rhif-llinell=' '> ... </llinell>
         <llinell rhif-llinell=' '> ... </llinell>
         ... llinellau eraill yma ...
      </colofn>
      <colofn rhif-colofn=' '>
         <llinell rhif-llinell=' '> ... </llinell>
         <llinell rhif-llinell=' '> ... </llinell>
         <llinell rhif-llinell=' '> ... </llinell>
         ... llinellau eraill yma ...
      </colofn>
   </ffolio>
   <ffolio rhif-ffolio= ' '>
   ... ffolios eraill yma ...
</llawysgrif>
```

Y dull marcio a ddefnyddir yn yr enghraifft hon yw dull yr
eXtensible Mark-up Language (XML). Mae'r XML yn rhan o grŵp
llawer mwy o ieithoedd marcio a elwir yn *Standard Generalized
Mark-up Language* (SGML). Fe'i datblygwyd yn ystod y 1990au ac
fe'i hargymhellir bellach gan Gonsortiwm y We Fyd-eang.[9] Fe'i

cynllunwyd yn arbennig ar gyfer ei defnyddio ar y Rhyngrwyd, ond nid oes raid ei defnyddio yno yn unig.

Un o brif fanteision yr XML o gymharu ag ieithoedd marcio eraill yw nad yw wedi'i chyfyngu i un dull arddangos. Ymhellach, mae nifer o wahanol arddangosfeydd posibl ac maent yn hawdd eu cynhyrchu. Gellir eu defnyddio ar broses-yddion geiriau, rhaglenni DTP (*Desktop Publishing*) a systemau mynegai. Ac yn olaf, mae XML ei hun, fel mae'r enw yn ei awgrymu, yn hynod hyblyg ac yn hawdd ei hymestyn, sy'n golygu nad yw'r defnyddiwr wedi ei gyfyngu i set o gyfarwyddiadau; gall yn hytrach ddiffinio ei gyfarwyddiadau ei hun. Mae hefyd yn cynnwys mecanwaith dosbarthu gram-adegol sy'n dilysu ac yn rheoli marciadau. Mae'n annibynnol ar lwyfan, felly gellir ei defnyddio ar nifer o systemau cyfrif-iadurol.

Un o brif fanteision yr XML, fodd bynnag, yw y rhaniad pendant rhwng cynnwys a chyflwyniad. Nid yw testun a farc-iwyd o fawr ddefnydd yn ei ffurf amrwd. Mae angen dull o arddangos y cynnwys y gall y darllenydd ei ddefnyddio.

Mae cynnwys y ffeil ffynhonnell (ffeil XML) yn cael ei roi drwy hidlen wrth wneud y deunydd yn weledol. Mae'r hidlen yn cynnwys yr holl wybodaeth angenrheidiol i roi y ffeil ffynhonnell yn y fformat gyflwyno gywir. Mae'n gyrru drwy y ffeil XML yn chwilio am yr elfennau angenrheidiol, yn eu copïo ac yn eu cyf-lwyno yn ôl safonau a ddiffiniwyd eisoes.

Enghreifftiau o hidlenni posibl gyda brawddegau wedi eu marcio:

ffeil
ffynhonnell: <enw>Bendigeiduran</enw>uab <enw>Llyr</enw> a oed urenhin coronawc ar yr yny hon, ac adyrchawc o goron <enw>Lundein </enw>.

hidlen: Sganiwch y ffeil ffynhonnell am y tagiau <enw> ac

</enw>, copïwch gynnwys y tagiau hynny, arddangoswch y frawddeg a rhowch yr holl enwau mewn llythrennau italig.

canlyniad: *Bendigeiduran* uab *Llyr* a oed urenhin coronawc ar yr yny hon, ac adyrchawc o goron *Lundein*.

ffeil   'Mi a <berf>welaf</berf> longeu racco,'
ffynhonnell: <berf>heb</berf> y brenhin, 'ac yn <berf>dyuot</berf> yn hy parth a'r tir.'

hidlen: Sganiwch y ffeil ffynhonnell am y tagiau <berf> a </berf>, copïwch gynnwys y tagiau hynny, dilëwch weddill y cynnwys a chyflwynwch restr o'r holl ferfau yn nhrefn yr wyddor.

canlyniad: • dyuot
                  • heb
                  • welaf

Mae gwahaniaethu rhwng y cynnwys a'r cyflwyno yn bwysig. Gellir, er enghraifft, gael nifer o ffeiliau allforio ar gyfer un testun unigol: prosesu geiriau, data-bas, mynegai, Rhyngrwyd, print, ac yn y blaen. Mae'r ffeiliau hyn i gyd yn defnyddio'u fformat eu hunain; unrhyw fformat prosesu geiriau fel *Word* neu *Wordperfect*, fformat ffeil data-bas, HTML (*Hypertext Mark-up Language*) ar gyfer y Rhyngrwyd, PDF (*Portable Document Format*) ar gyfer print. Nid yw'r fformatau ffeil gwahanol hyn yn gymharus. Mae'n bosibl trosi un fformat yn un arall, ond bydd hyn yn creu problemau. Os yw rhywbeth wedi ei newid mewn un ffeil, bydd yn rhaid ei newid mewn ffeiliau eraill hefyd, gan gynyddu tebygolrwydd camgymeriadau. Bydd ieuo anghymarus yn rhwym o ddigwydd rhywbryd, naill ai oherwydd problemau trosi neu oherwydd problemau llwyfan.

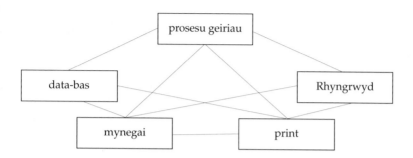

Felly, mae'n well ac yn fwy diogel i gael un ffeil ffynhonnell a thynnu fformatau ffeil ohoni.

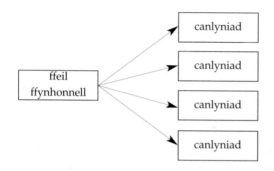

Gellir gwella hyn ymhellach drwy roi'r ffeil ffynhonnell drwy wahanol hidlenni er mwyn creu gwahanol ffeiliau allbwn.

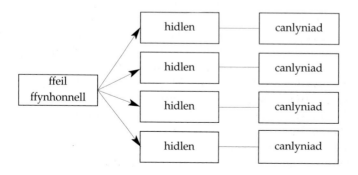

Byddai hefyd yn bosibl ailddefnyddio hidlenni a rhoi ffeiliau ffynhonnell sydd â strwythur tebyg drwyddynt, neu set o hidlenni sydd yn rhoi canlyniadau gwahanol ond sydd wedi'u bwriadu ar gyfer yr un set o ffeiliau ffynhonnell.

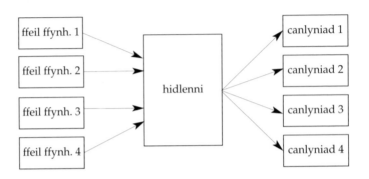

Creu'r ffeil ffynhonnell sydd fel arfer yn achosi'r rhan fwyaf o'r gwaith. Ond unwaith y mae ffeil solet wedi ei chreu, bychan yw'r gwaith o greu hidlenni. A chan nad yw trosi bellach yn angenrheidiol – ond ar lefel gyfyngedig – arbedir llawer o amser. Gellir ailddefnyddio'r hidlenni ar gyfer ffeiliau eraill sydd â strwythurau tebyg. Nid oes raid i'r testun fod yn yr ieithoedd y cynlluniwyd yr hidlenni ar eu cyfer. Mewn geiriau eraill, gellid defnyddio hidlenni a fwriadwyd ar gyfer y Gymraeg ar gyfer testunau Saesneg, Almaeneg neu Tsieineaidd hyd yn oed, cyn belled â bod strwythurau'r testun yn debyg.

Un ffordd i greu hidlenni yw defnyddio *eXtensible Stylesheet Language* (XSL) a ddatblygwyd ochr yn ochr ag XML. Mae XSL yn erfyn hynod rymus ar gyfer tynnu allan y data yn ôl yr angen, a'u harddangos mewn nifer o wahanol ffyrdd. Gellir defnyddio gwahanol hidlenni XML ar gyfer yr un ddogfen XML, gan greu gwahanol bosibiliadau arddangos. Gydag XML byddai'n bosibl, mewn egwyddor, sillafu testun y Mabinogion am yn ôl.

Mewn gwirionedd, gellir defnyddio XML i ddatrys y problemau sydd ynghlwm wrth gyflwyno testun mewn cyfrol argraffedig. Bydd yn rhoi dewis gerbron y darllenydd i edrych ar y testun ar gyfer dibenion penodol. Hwyrach y byddai rhai ymchwilwyr am weld y testun yn unig. Byddai eraill am weld y lliwiau a ddefnyddiwyd yn y testun, neu faint a math y llythrennau, talfyriadau, newidiadau, ymddangosiad y geiriau, bylchau, gwallau ar felwm neu bapur, ac yn y blaen.

Isod, dyma nifer o enghreifftiau sydd yn arddangos gwahanol gyflwyniadau yr un darn o destun, ochr yn ochr. Mae pob enghraifft yn canolbwyntio ar un wedd arbennig. Mae cyfuno sawl arddangosiad hefyd yn bosibl, wrth gwrs.[10]

Arddangosiad llinell wrth linell yn erbyn llinellau sy'n rhedeg i'w gilydd

[Peniarth 4, ffolio 215r, colofn 178]

[Peniarth 4, ffolio 215r, colofn 178, llinellau 34–8]

[34] MAxen wledic a oed am-
[35] herawdyr yn rufein.
[36] A theccaf gwr oed a doe-
[36] thaf a goreu y a wedei yn am-
[37] herawdyr or a uu kyn noc ef.
[38] A dadleu brenhined a oed
       arnaw

Maxen wledic a oed amherawdyr yn rufein. A theccaf gwr oed a doethaf a goreu y a wedei yn amherawdyr or a uu kyn noc ef. A dadleu brenhined a oed arnaw

Priflythyren normal yn erbyn priflythyren wreiddiol y llawysgrif

[Peniarth 4, ffolio 215r, colofn 178]

[Peniarth 4, ffolio 215r, colofn 178, llinellau 34–8]

[34] MAxen wledic a oed am-
[35] herawdyr yn rufein.
[36] A theccaf gwr oed a doe-
[36] thaf a goreu y a wedei yn am-
[37] herawdyr or a uu kyn noc ef.
[38] A dadleu brenhined a oed
       arnaw

M Axen wledic a oed amherawdyr yn rufein. a theccaf gwr oed adoethaf a goreu y a wedei yn amherawdyr or a uu kyn noc ef. Adadleu brenhined aoed arnaw

Ceir y canlyniad hwn drwy farcio'r briflythyren 'M' yn y testun yn y ffordd ganlynol: <priflythyren lled-llinell=3 safle=testun >M</priflythyren>.

Talfyriadau a newidiadau yn erbyn testun plaen

[Jesus College 111, ffolio 165v, colofn 672]

[1] Trannoeth y bore ef agyfodes odyno.
[2] Aphan deuth allan yd oed gawat o
[3] eiry gwedy ryodi y nos gynt. gw
[4] alch wyllt wedy llad gwyat yntal y
[5] kudugyl. Achan dwryf y march ^kilyaw or walch ~~adis~~
[6] ~~gyn~~ adisgyn bran ar gic yr ederyn.
[7] Sef aoruc p*eredur*. seuyll achyffelybu du

[Jesus College 111, ffolio 165v, colofn 672]

[1] Trannoeth y bore ef agyfodes odyno.
[2] Aphan deuth allan yd oed gawat o
[3] eiry gwedy ryodi y nos gynt. gw
[4] alch wyllt wedy llad gwyat yntal y
[5] kudugyl. Achan dwryf y march kilyaw or walch
[6] adisgyn bran ar gic yr ederyn.
[7] Sef aoruc peredur. seuyll achyffelybu du

Caiff talfyriadau eu marcio mewn gwahanol ffyrdd, gan ddangos y math o dalfyriad ydyw:

> llinell 5: <talfyriad math= 'uwchsgript'>kilyaw or walch</ talfyriad>
> llinell 7: p<talfyriad math='suspens'>eredur</talfyriad>

Mae hyn yn wir am newidiadau. Noder y gellir marcio mathau eraill o newidiadau, megis testun wedi'i ddileu.

> llinell 5: <newidiad math='llinell-drwodd'>adis</ newidiad>
> llinell 6: <newidiad math='llinell-drwodd'>gyn</ newidiad>

Mae'r testun plaen yn arddangos y talfyriadau a'r newidiadau fel testun normal.

Testun anolygedig yn erbyn testun golygedig

[llawysgrif: Peniarth 4, ffolio 171r, colofn 1]

[llawysgrif: Peniarth 4, ffolio 171r, colofn 1, llinellau 1–8]

[1] Pwyll pendeuic dyuet	Pwyll Pendeuic Dyuet
[2] aoed yn arglwyd ar seith	a oed yn arglwyd ar seith
[3] cantref dyuet. Athreig	cantref Dyuet. A threig
[4] ylgweith yd oed yn arberth	ylgweith yd oed yn Arberth,
[5] prif lys idaw adyuot yny	prif lys idaw, a dyuot yn y
[6] uryt ac yny uedwl uynet	uryt ac yn y uedwl uynet
[7] y hela. Sef kyueir oy gyuoeth	y hela. Sef kyueir o'y gyuoeth
[8] auynnei y hela glynn cuch.	a uynnei y hela, Glynn Cuch.

Y newidiadau a ddefnyddir gan y golygydd yma yw: ychwanegu priflythrennau, ychwanegu atalnodau a chollnod mewn achosion fel oy > o'y.[11]

Gyda'r enghreifftiau uchod gobeithiaf imi ddangos pa bosibiliadau sydd ar gael ar gyfer datblygu ymhellach ddeunydd testunol y Mabinogion.

Gellir datrys problemau, megis anghyflawnder y deunydd a diffyg dull cyfeirio unffurf sy'n gwneud cymharu yn anodd, y ffaith nad oes gan y defnyddiwr unrhyw ddewis o ran cyflwyno deunydd, drwy wneud defnydd helaeth o'r cyfrifiadur fel y dangoswyd yma.

Mae prosiect ar waith ar hyn o bryd i gasglu yr holl ddeunydd a chreu ffeiliau ffynhonnell mewn fformat XML. Gobeithir cyhoeddi'r deunydd ar y Rhyngrwyd ar ei ffurf fwyaf syml yn 2002. Bydd yn cynnig posibiliadau i eraill gael mynediad i'r wybodaeth yn fyd-eang.

Atodiad: defnyddiau sampl

Prototeip Llyfr Aneirin

Datblygwyd y defnydd prototeip hwn yn gynnar yn y prosiect er mwyn profi'r gwahanol bosibiliadau ar gyfer marcio a chyflwyno.

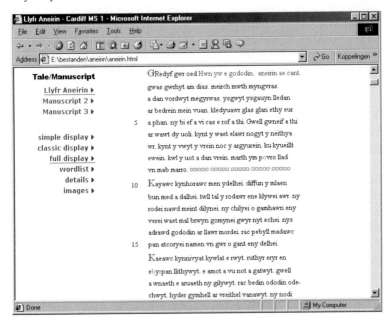

Prototeip Mabinogion

Dyma sampl o brototeip sydd wrthi'n cael ei greu. Gall y defnyddiwr ddewis un o chwedlau'r Mabinogion o'r fwydlen *pull down* ar y chwith. Wrth ddewis, mae'r holl lawysgrifau ar gyfer y testun hwn yn cael eu dangos o dan y fwydlen. Dangosir y testun a ddewiswyd ar ochr dde y sgrin. Drwy glicio ar un o'r dewisiadau arddangos, gall y defnyddiwr ddewis pa ddull cyflwyno a ddewisir ar gyfer y testun.

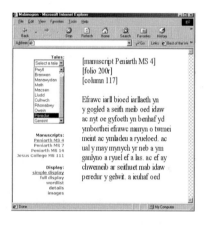

Nodiadau

[1] J. Gwenogvryn Evans (gol.), *Llyfr Gwyn Rhydderch; Y Chwedlau a'r Rhamantau* (rhagymadrodd gan R. M. Jones) (Caerdydd: Gwasg Prifysgol Cymru, 1973).

[2] John Rhys a J. Gwenogvryn Evans, *The Text of the Mabinogion and other Welsh Tales from the Red Book of Hergest* (Oxford: J. G. E., 1897).

[3] Daniel Huws, *Llyfr Aneirin: A Facsimile* (South Glamorgan County Council, The National Library of Wales, 1989), t.137.

[4] R. L. Thomson, *Pwyll Pendeuic Dyuet*. Medieval and Modern Welsh Series, volume 1 (Dublin: Institute for Advance Studies, 1986), t.3, llinellau 60–1.

[5] Evans, *Llyfr Gwyn Rhydderch*, t.96.

[6] Talfyrrwyd arwyddnodau'r llawysgrifau. Noder bod y darn o

Peniarth 16 yn wahanol i'r llawysgrifau eraill; nid oes iddo golofnau, dyna pam y defnyddir cysylltnod ar gyfer 'colofn'.

[7] Derick S. Thomson, *Branwen uerch Lyr*. Medieval and Modern Welsh Series, volume II (Dublin: Institute for Advanced Studies, 1986), t.1, llinellau 1–2.

[8] Thomson, *Branwen uerch Lyr*, t.1, llinellau 16–17.

[9] Gweler *http://www.w3.org/XML/* ar gyfer manylion yr XML.

[10] Noder bod cyfeiriadau at y testun gyda phob enghraifft. Cyn-hyrchir y cyfeiriadau hyn yn awtomatig.

[11] R. L. Thomson, *Pwyll Pendeuic Dyuet*, t.1, llinellau 1–5.

LLEDAENU'R WE-FENGYL

Ceri Anwen James

Roedd erthygl yn y *Sunday Times* ddechrau 2001 yn honni bod miliynau o ddefnyddwyr y Rhyngrwyd wedi rhoi'r gorau i ddefnyddio'r cyfrwng newydd yn ystod y flwyddyn a aeth heibio.[1] Mae'r erthygl yn sôn am gynifer â 28 miliwn o bobl yn yr Unol Daleithiau, a dwy filiwn ym Mhrydain, sydd wedi syrffedu ar y dechnoleg newydd yn barod. Ar y llaw arall, mae'r Gymru Gymraeg sydd ohoni yn dal i geisio dygymod â'r We, ac er bod rhai wedi syrffedu cyn dechrau, go brin ein bod ni mewn sefyllfa eto i fedru bwrw arf mor newydd a phellgyrhaeddol o'r neilltu. Mae braidd yn gynnar i fynegi barn eto.

Wrth gwrs, ceir trafodaethau astrus ac arbenigol ynglŷn â'r methiannau, gyda'r rhan fwyaf yn ymwneud â llinellau ffôn araf, a'r cyhuddiadau'n cael eu hanelu at BT yn fwy na neb arall, yn ôl y sôn. Ac eto, mae erthygl y *Sunday Times* yn crybwyll arolwg a ariannwyd gan lywodraeth San Steffan sydd wedi darganfod nifer o bobl a ddadrithiwyd yn sgil methiannau'r We am resymau nad ydynt yn rhai technegol. Mae'n debyg mai un o'r rhesymau mwyaf cyffredin dros y cefnu yw anallu'r defnyddiwr i ddod o hyd i wirionedd ar y We, neu i ymddiried yn y gwirionedd a gynigir. Fel cyfrwng i ddarganfod y gwirionedd, dyma un o'r cyfryngau mwyaf di-ddal erioed. Fe all honiadau neu gelwyddau gael eu lledaenu dros y We yn ddiwahân, heb unrhyw oruchwylio na gwirio. Nid oes modd dod o hyd i wraidd unrhyw stori neu honiad, ac yn wahanol i'r cyfryngau traddodiadol, ychydig iawn y gellir ei wneud mewn achosion o gelwydd noeth neu enllib. Mae'n bosibl diffodd gwefan os yw'n lledaenu straeon celwyddog neu'n cynnwys deunydd anghyfreithlon, ond anaml iawn y digwydd hyn, ac mae'r gwybodusion technolegol wrthi'n dyfeisio systemau dosbarthu sy'n amhosibl eu sensro ac felly'n hollol ddirwystr.

Wrth sôn am geisio dod o hyd i wirionedd, rhaid nodi cyn dechrau bod i gelwydd ac anwiredd wahanol lefelau o ddifrif-oldeb. Un peth yw gwneud honiadau enllibus am ryw enwogion yn nhraddodiad gwaethaf papurau tabloid Llundain. Clywir hefyd am dwyllo nifer o bobl gan wefannau sy'n honni gwerthu rhyw gynnyrch arbennig. Dyma gamddefnydd amlwg o'r We. Ond mae ffurfafen arall o wefannau sy'n hawlio arbenigedd o ryw fath, ond sy'n methu â chyrraedd y nod. Aneffeithiolrwydd yw'r bwgan y tro hwn. Nid yw'r gwefannau hyn yn peryglu, yn twyllo, nac yn niweidio unigolion penodol, ond fe allai pen draw eu harbenigedd amheus fod yn andwyol. Byddai siniciaid yn dweud mai gwyn yw byd y Cymry sydd yn poeni am dreigladau ar y We, gyda llond gofod o bornograffi yn medru cyrraedd ein cyfrifiaduron, ond dylid ystyried o ddifrif fodolaeth gwefan megis *InterTran*, sy'n ffug-honni bod yn gyfieithydd 'grammar aware' ac yn cynnig gwasanaeth rhad ac am ddim:

InterTran(TM), short for Internet Translator, is a free web translation service that can translate single words, phrases, sentences and entire web pages between 767 language pairs.[2]

Petai gwasanaeth o'r fath yn effeithiol ac yn llwyddo, byddai pob cyfieithydd yn y byd ar y clwt. Ond nid felly y mae, ac mae'n braf medru cyhoeddi bod eu swyddi'n saff. Ar y llaw arall, mae'r smonach ieithyddol a ddaw o berfedd y wefan hon yn achos pryder i unrhyw un sy'n parchu rheolau iaith. I brofi effeith-iolrwydd y wefan, a chan barhau ar y trywydd ieithyddol-dechnolegol, cynigiwyd y frawddeg ganlynol i'w chyfieithu:

The future of the Welsh language depends on increasing use of modern technology.

Arhoswyd yn eiddgar, a chafwyd y cyfieithiad canlynol ar ôl ychydig eiliadau:

'r ddyfodol chan'r Cymraeg depends acha yn amlhau arfer'n ddiweddar chan dechnoleg.

Yna, cynigiwyd broliant gwefan Gwasg Gomer i weld a fyddai unrhyw welliant:

> Here you will find books from Wales, about Wales, in Welsh and in English. From novels and short stories to history, politics, biography, art, poetry, drama, nature, railways and a full range of books for children.[3]

Yn anffodus, roedd y canlyniad cynddrwg os nad gwaeth nag o'r blaen:

> 'ma canfyddi llyfrau chan Cymru, am Cymru, i mewn Cymraeg a i mewn Saesneg. Chan ffugchwedlau a'n anhydwf chwedlau at hanes, gwleidiadaeth, buchdraeth, celf, awenyddiaeth, chwaraegerdd, anian, chledrffyrdd a llonaid range chan llyfrau achos blant.

Roedd cyfieithu'r un frawddeg i'r Ffrangeg a'r Almaeneg yn dangos diffygion tebyg, diffygion gramadegol a berfol yn bennaf, ond yn wahanol iawn i'r Gymraeg, roedd yr eirfa'n agos iawn at y nod. Pwy ar wyneb daear a lwythodd eirfa mor amherthnasol o hynafol i grombil *InterTran*? Neb sy'n siarad Cymraeg naturiol yr unfed ganrif ar hugain, mae hynny'n sicr. Yn Denver, Colorado y mae cartref y cwmni.

Gellir dadlau mai ychydig iawn o bobl yng Nghymru fydd yn digwydd taro ar y wefan dan sylw. Fodd bynnag, oherwydd anghenion y ddeddf iaith a defnydd cynyddol a chlodwiw o'r Gymraeg yn iaith gyhoeddus ar hyd a lled y wlad, byddai'r wefan hon yn medru tanseilio'r holl waith diweddar a wnaed o ran hyrwyddo'r Gymraeg yn iaith gyhoeddus a gweladwy yng Nghymru. Gyda chwmnïau'n cwyno am gostau cyfieithu, byddai rhai'n sicr yn cael eu denu gan *InterTran* ac yn achub ar y cyfle i arbed arian.

Byddai cyfieithiadau'r dyfodol a fyddai'n deillio o ddefnyddio'r wefan hon yn dilyn yn ôl traed yr arwyddion mawr a chostus, ond gwallus, sydd i'w gweld ar hyd ein priffyrdd ac yn ein harchfarchnadoedd ers cantoedd. Byddai'n ddiddorol gwybod tarddiad rhai o'r cyfieithiadau hyn sy'n addurno ein gwlad. Efallai bod *InterTran* eisoes ar waith ac wedi cyfieithu'r arwydd newydd sbon ger cyffordd 34 yr M4, sy'n anfon gyrwyr i'r *Vale Hotel Golf and Country Club*, neu *Clwb Golff Gwestry Iechyd Dyffryn*, fel y'i gelwir yn y cyfieithiad. O le bynnag y daeth yr arwydd hwn, byddai ymdrechion *InterTran* yn yr un modd yn ychwanegu'n ddyddiol at broses a all arwain at danseilio urddas iaith. Efallai bod *InterTran* yn cynnig gwasanaeth am ddim, ond beth yw'r gwir gost yn y pen draw? Mae un peth yn sicr: mae talu cyfieithydd i greu fersiwn cywir yn y lle cyntaf yn rhatach o lawer na chost codi arwydd newydd.

Er bod lle i amau ansawdd y cyfieithu, hawdd derbyn bod cyfathrebu hwylus a slic yn un o ragoriaethau amlwg y We, gan fod hygyrchedd y byd 'un-clic' yn caniatáu rhannu gwybodaeth dros y byd yn ddidrafferth, ac o fewn ychydig eiliadau. Ac eto, mae rhannu anwybodaeth yr un mor hawdd â rhannu gwybodaeth. Ni chafwyd sefyllfa erioed o'r blaen lle y bu cyhoeddi o fewn cyrraedd y mwyafrif helaeth, gydag un drafft, heb wirio na chywiro na golygu o gwbl. Roedd cyhoeddi ar un adeg yn golygu proses o gomisiynu, ysgrifennu pwyllog, cywiro a darllen proflenni. Ni pherthyn y camau hyn i fyd y We, ac felly mae rhinwedd pennaf y dechnoleg newydd, a'i bai mwyaf yr un pryd, yn deillio o'r ffaith fod unrhyw un, yn unrhyw le, yn medru bod yn gyhoeddwr ac yn awdur gwefan. Nid cyfrwng a berthyn i dechnegwyr y byd yn unig yw'r We, ond dull newydd o gyhoeddi sydd yn camochri prosesau traddodiadol golygu a chyhoeddi.

Llyfrau gan awduron cydnabyddedig a fyddai fel arfer yn gweld golau dydd yng Nghymru. Câi'r awduron hyn gomisiwn gan un o'r gweisg, neu'r Cyngor Llyfrau, CBAC, ACCAC, a chyrff tebyg, ac roedd yr awduron hyn gan amlaf yn llenorion toreithiog, yn ohebwyr proffesiynol, yn athrawon, darlithwyr ac ymchwilwyr profiadol. Gyda dyfodiad y We, gall unigolyn gomisiynu'i hunan dros de, a chyhoeddi i'r byd erbyn swper. Gyda dyfodiad y We, mae pawb sydd â chyfrifiadur addas ac awr i'w sbario yn gyhoeddwr, yng Nghymru a thros y byd.

Gan ddilyn yr egwyddor hon, crëwyd gwefan Ysgol Tegryn. Mae'r ysgol bellach wedi'i hailenwi wedi i gyngor sir Benfro gyfuno nifer o ysgolion bychain a chreu ysgol newydd yn adeilad hen Ysgol Tegryn. Gyda diflaniad yr ysgol, mae'r wefan bellach wedi diflannu o ffurfafen y We, a hynny er tegwch i'r

ysgol. Unigolyn brwdfrydig yn y pentref, nid yr ysgol, fu'n
gyfrifol am y wefan, a dyma ddyfyniad o'r tudalen rhag-
arweiniol:

> Agorodd yr ysgol yn Medi 1897. Cafodd eu adeiladi fel ysgol am
> yr pentref ar ardal o clydau. Maer pentref yn y bro o sir benfro ac
> yn sefull tua un a haner o milltiroedd or trod y Frenni Fawr. Mae
> Ysgol Tegryn yn ysgol gynradd gyda 22 o ddisgyblion or oedran 4
> i 11. Maer digyblion yn dod or pentref ar amgylchredd ardal. Yr
> prif iaith yr ysgol yw Cymraeg.[4]

Yn ei hanfod, mae gwefan unrhyw fudiad neu sefydliad yn
ffenestr siop i'r byd. Mae gwefan, fel unrhyw gyfrwng cyhoedd-
usrwydd arall, yn effeithio ar y ddelwedd arbennig a grëir. Ysgol
a gyflwynir yma. Pa fath o ddelwedd a grëir drwy gyfrwng
y disgrifiad anffodus uchod? Ai dyma'r ffordd i hyrwyddo
ansawdd y dysgu a gysylltir â'r ysgol?

Pan soniwyd am y wefan wrth yr athrawon, nid oeddent hwy
wedi'i gweld, er ei bod i'w gweld ledled y byd. Diddorol nodi
bod fersiwn Saesneg gwefan yr hen ysgol i'w gweld o hyd, ond
fod y Gymraeg wedi'i thynnu oddi ar y tonfeddi. Mae'n ddigon
posibl y diffoddwyd y wefan wedi i rywun dynnu sylw'r ysgol
at y gwallau, ond mae'n ymddangos bod angen system a all
sicrhau nad yw'r iaith yn cael ei thanseilio gan wefannau sy'n
wallus a chamarweiniol, neu bydd y We yn un her yn ormod i'r
Gymraeg. Mae cwestiynau ynglŷn â phwy fydd yn gwneud y
gwaith, a pha rym fydd ganddynt i ddiffodd gwefan benodol, yn
rhai diddorol, yn enwedig pan nad yw'r gwefannau'n hanu o
Gymru, fel yn achos *InterTran*.

Er bod ansawdd yr iaith yn medru amrywio o le i le ac o
wefan i wefan, derbynnir bod newid cyson yn yr ieithwedd ac
yn y dull o gyfathrebu. Mae geirfa newydd yn cael ei bathu
bob dydd wrth i un ddyfais ar ôl y llall ddod yn rhan o'n
bywyd beunyddiol. Geiriau Saesneg yw'r rhain bob tro, ac mae'r
Gymraeg yn brwydro i geisio bathu termau slic newydd i fyw
law yn llaw â'r rhai Saesneg sy'n cael eu defnyddio ledled y byd.
Mae'n nodweddiadol ohonom ni Gymry nad ydym yn medru
cytuno ar eirfa o'r fath. Ceir *website* yn y Saesneg, *die Website* yn
yr Almaeneg, ac *une site* yn y Ffrangeg, ond yn y Gymraeg rydym

yn dal i anghytuno rhwng *gwefan, safle Gwe, safle ar y We, lle ar y We* a *safwe*.

Pa obaith sydd i'r dechnoleg newydd drwy gyfrwng y Gymraeg wrth i ni fethu â chytuno ar eirfa newydd? Mae'r eirfa Saesneg-Americanaidd yn rheoli'r cyfrwng newydd, ac mae'r termau Cymraeg yn brwydro i gael eu cydnabod law yn llaw â'r termau rhyngwladol Saesneg. Mewn erthygl ddiweddar yn *Poetry Wales*,[5] mae Claire Powell yn nodi mai teclyn cwbl Americanaidd yw'r We, a bod yr orgraff a'r sillafu a arddelir yn adlewyrchu hynny. Mae'n dadlau nad yw byd y We'n un democrataidd a byd-eang gan fod grym yr Unol Daleithiau'n tra-arglwyddiaethu dros y cyfrwng newydd, ac felly'n gosod y norm o ran iaith, ieithwedd a sillafiad. Mae'n rhagweld y bydd 'non-English-language lingos and literatures' yn cael eu hanwybyddu neu ar y gorau'n cael eu hesgymuno i'r cyrion.

Ond beth am wefannau'r 'lingos and literatures' hyn? Yng Nghymru gwelir yr iaith yn esblygu yn unol â gofynion y dechnoleg, a cheir newid o ran confensiynau chwilio gwybod-aeth. Wrth eu henwau blaen, nid eu cyfenwau, y mae chwilio am feirdd ar wefan Byd y Beirdd.[6] Wrth chwilio am Grahame Davies, fe ddewch o hyd iddo rhwng y Ficer Pritchard a Gruffudd ab yr Ynad Coch. Ond, yr hyn sy'n fwy dadlennol wrth archwilio'r wefan hon a grëwyd gan y prifardd Robin Llwyd ab Owain, yw sillafiad rhai o'r geiriau. Cafwyd esboniad ar y wefan, yn am-linellu'r dull o sillafu, ond wrth ddychwelyd drachefn, methwyd â dod o hyd i'r esboniad. Dyma un arall o nodweddion y We – sef bod testun yn gallu diflannu'n ddirybudd. Pryd oedd y tro diwethaf i chi ddychwelyd at lyfr a chael bod tudalennau ar goll? Mae'n bosibl fod yr awdur wedi newid ei feddwl erbyn hyn, ac eisiau hepgor ei esboniad. Roeddwn wedi argraffu'r esboniad ar f'ymweliad cyntaf, a dyma a ddywedai:

Ni ddefnyddir yr acen grom (ayb) genym oni bai fod hyny'n gwbwl angenrheidiol – i wahaniaethu dau air sydd a'r un sillafiad – pan nad yw'r cyd-destun yn amlygu'r gwahaniaeth hwnw. Er enghraifft:
Byddem yn cynwys yr acen grom yn y llinell hon:
'Un wên oedd ei hangen hi'
ond ni fyddem yn cynwys yr acen grom yn y llinell ganlynol:

'Ei gwen yw'r awel gynes . . .'
gan fod yr ystyr yn gwbl eglur.
Ni ddyblir yr 'n' a'r 'r' genym ychwaith oni bai fod gwirioneddol
angen hyny. Morffiwn neu ffosiliwn ni! Confensiwn diangen,
bellach, yw'r rhan yma o Orgraff JMJ.

Y gwir amdani yw na fyddai cyfrol wedi'i hysgrifennu yn y fath
ddull yn gweld golau dydd gan un o'n prif dai cyhoeddi yng
Nghymru, a dyna pam, mae'n debyg, y mae'r prifardd dan sylw
wedi bwrw ati i gyhoeddi ei waith ar y We. Ac eto, dyma
egwyddorion sylfaenol Robin Llwyd ab Owain wrth ysgrifennu,
boed ar y We ai peidio. Wrth gyflwyno erthygl i *A470*, cylch-
grawn yr Academi, defnyddiodd Robin Llwyd ab Owain yr un
egwyddorion sillafu, gan nodi yng nghorff yr erthygl 'doedd yr
un hysbyseb i'w weld yn unman ar ein safwe tan eleni (na dwy
'n' nac acen grom ychwaith! – i beth?)'.[7] Roedd y frawddeg hon
yn cynnig achubiaeth i'r golygydd a oedd yn ceisio penderfynu,
nes cyrraedd y frawddeg honno, beth i'w wneud gyda brawdd-
egau megis 'mae hono'n tori tir newydd . . .'. Roedd yr esboniad
yn rhyddhau'r golygydd rhag unrhyw gwynion am ddiffyg
darllen proflenni.

Mae swmp a sylwedd deunyddiau'r We yn sicr yn hanu o'r
Unol Daleithiau, fel y nodwyd gan Claire Powell, ond mae
gwefannau tebyg i rai Robin Llwyd ab Owain,[8] ac Annedd y
Cynganeddwyr,[9] Cyfwe,[10] Llenyddiaeth Cymru Dramor,[11] a
gwefan Robin Llywelyn,[12] yn sicrhau bod ein 'non-English-
language lingo and literature' ni yn arddangos iaith hynaf Ewrop
a'i thraddodiad llenyddol i gynulleidfaoedd ledled y byd.

Mae Robin Llywelyn, er enghraifft, wedi rhoi ei holl waith,
ynghyd â chyfieithiadau Saesneg, ar y We. Mae ei waith ar gael i
bawb sy'n defnyddio cyfrifiadur, lle bynnag y bônt: ei ddwy
nofel Gymraeg a chyfieithiadau Saesneg ohonynt; ei storïau
byrion o'r gyfrol *Y Dŵr Mawr Llwyd* ynghyd â chyfieithiadau
Saesneg o ddwy ohonynt; testun Cymraeg ei ysgrif am Lan-
frothen yng nghyfres 'Y Man a'r Lle' Gwasg Gregynog, a
gweithiau eraill megis y stori, 'Gŵr y Plas' a'r ysgrif daith,
'Gwartheg ar y Draffordd'. Ar wefan Annedd y Cynganeddwyr
gwelir gweithgaredd a rhyngweithgaredd nifer o gynganeddwyr
cyfoes: fe'u ceir yn cyd-gyfansoddi, yn ymateb i'w gilydd, yn

ymateb yn farddonol i ddigwyddiadau cyfoes a chyfredol, yn creu ymrysonau barddonol mewn cyfrwng newydd; ceir yma hysbys am lyfrau newydd; ceir cyngor ar gynganeddu neu englyna a seiat drafod y cynganeddwyr. Honiad gwefan Byd y Beirdd yw mai dyma'r casgliad mwyaf erioed o gerddi i blant yn y Gymraeg. Er mai megis dechrau mae'r wefan hon ar y funud, gydag enwau nifer o'r beirdd a restrir yn dal yn gwrthod ymateb i glic y llygoden, ceir ar gyfer sawl bardd, megis Ifor ap Glyn, er enghraifft, lun ohonynt ynghyd â manylion am y beirdd drwy holiadur, sy'n cyflenwi gwybodaeth werthfawr megis meddyliau'r bardd yn y bath (ei fol, yn yr achos hwn). Ar wefan Cyfwe, wedyn, ceir detholiad tra helaeth o destunau Cymraeg cyfoes gan feirdd ac awduron megis Gwyneth Lewis, Twm Morys, Wiliam Owen Roberts, Menna Elfyn, Iwan Llwyd, Emyr Lewis, Angharad Tomos, ynghyd â chyfieithiadau amlieithog ohonynt sy'n cynnwys cyfieithiadau Groeg, Almaeneg, Ffrangeg, Sbaeneg, Eidaleg, Daneg, Swedeg a Saesneg. Adnewyddir y wefan hon yn gyson â detholiadau o weithiau sydd newydd eu cyhoeddi. Tebyg yw gwefan Llenyddiaeth Cymru Dramor sy'n hysbysebu a marchnata gweithiau llenyddol cyfoes o Gymru, yn cynnig cyfieithiadau mewn sawl iaith gan gynnwys Catalaneg a Swedeg, yn cyflenwi gwybodaeth am awduron Cymraeg cyfoes, am brosiect Llenyddiaeth Cymru Dramor ei hun (dan arweiniad Sioned Puw Rowlands), ac am gynadleddau y mae'r prosiect yn rhan ohonynt, megis y gynhadledd 'Llenyddiaeth ar Draws Ffiniau' (Prâg, Mai 2001).

Yn ei herthygl yn *Poetry Wales*, rhoddodd Claire Powell yr argraff ei bod hi wedi derbyn mai Saesneg America fydd prif iaith y cyfrwng newydd. Mae hynny'n wir ar hyn o bryd, oherwydd amcangyfrifir bod tri chwarter tudalennau'r We Fydeang yn Saesneg, er mai ond 5.4 y cant o drigolion y byd sydd yn siarad Saesneg fel mamiaith. Americanwyr yw mwyafrif y siaradwyr Saesneg mamiaith, a cheir 7 y cant pellach ledled y byd sydd yn siaradwyr Saesneg gweddol o rugl. Golyga hyn fod y Saesneg yn iaith gyfathrebu effeithiol i wythfed rhan poblogaeth y byd. Mae erthygl a gyhoeddwyd yn ddiweddar yn y *Financial Times* yn awgrymu y byddwn yn gweld twf buan yn nifer y gwefannau mewn ieithoedd heblaw'r Saesneg, oherwydd bod defnydd o'r famiaith yn ystyriaeth mor bwysig. Yn ôl yr

erthygl, mae mwyafrif llethol defnyddwyr y We yn gwerth-
fawrogi gwefannau yn eu hiaith eu hunain, yn enwedig ar gyfer
siopa ac ati, a byddant yn fwy tebygol o brynu cynnyrch oddi ar
y We os cânt ddefnyddio'r iaith honno.

Er mwyn i wefan lwyddo, mae'n bwysig bod y defnyddiwr yn
ymddiried yn yr iaith a ddefnyddir yn ogystal ag ymddiried
yn y dechnoleg. Yn sicr dyma'r egwyddor a amlinellir uchod
wrth werthu nwyddau dros y We. Ar ddechrau'r unfed ganrif
ar hugain, mae'r dechnoleg newydd yn rhan annatod o fywyd
Cymry ifainc. Nid oes angen eu darbwyllo i'w defnyddio. Fodd
bynnag, mae angen i'r Gymraeg fedru apelio at y Cymry ifainc
hyn os yw'r iaith i ffynnu. Bydd y We'n cynorthwyo yn hyn
o beth drwy gynnig gwefannau sy'n profi bod y Gymraeg yn
hyblyg, yn gyfoes, ac yn medru cyflwyno gwybodaeth ac ad-
loniant gan ddefnyddio'r dulliau diweddaraf.

Mae'n hanfodol fod y Gymraeg yn cael ei hystyried yn iaith
trendi, ac yn sgil hyn, fe ddaw pobl ifainc i ymddiried yn yr iaith o
fod wedi'i gweld ar waith ar y We. Dyma'r prif reswm dros gael
Cymraeg sy'n weladwy a chredadwy ar y We. Wrth gwrs fod y
cyfrwng yn ddefnyddiol wrth i ni brofi i weddill y byd ein bod ni
yma, ac yn siarad ein hiaith, yn ei hysgrifennu ac yn ei defnyddio
wrth wynebu chwyldro'r dechnoleg newydd. Dyma'r cyfrwng
delfrydol wrth wneud gwaith hyrwyddo, gan fod un clic yn
lledaenu unrhyw wybodaeth amdanom i bedwar ban byd. Ond yn
fwy pwysig na phobl ym mhen draw'r byd, mae angen gwe-
fannau Cymraeg byw a bywiog ar y Cymry, yr ifainc yn arbennig,
er mwyn iddynt fedru gwerthfawrogi'r Gymraeg fel iaith sy'n
symud gyda'r oes, ac yn iaith sy'n berthnasol i'w bywyd
beunyddiol.

Nodiadau

[1] Danny O'Brien, 'The net on trial', *Doors* in *The Sunday Times*, 14
January 2001, tt.6–8.

[2] *www.tranexp.com:2000/InterTran*

[3] *www.gomer.co.uk*

[4] *www.tegryn1.force9.co.uk* (ddim yn bodoli bellach)

[5] Claire Powell, 'Cyberlit: The Future of Books in a Changing E-conomy', *Poetry Wales*, vol.36, no.2, (2000), 57–9.

[6] *www.bydybeirdd.com*

[7] Robin Llwyd ab Owain, 'Mae'n gas gen i ddefaid', *A470*, 13 (2001), 8.

[8] *www.cymruwales.com*

[9] *www.cynghanedd.com*

[10] *www.cyfwe.org*

[11] *www.aber.ac.uk/~merwww/llcd-wla/*

[12] *www.llywelyn.com*

A CHADW I'R OESOEDD A DDÊL . . .
Y TRYDAN A FU?

R. Arwel Jones

Dadleuir bod dynoliaeth wedi brasgamu ymlaen bob tro mae cynnydd sylweddol wedi bod yng nghyfanswm yr wybodaeth y mae dyn yn gallu ei thrin a'i thrafod.[1] Y datblygiad cyntaf oedd datblygiad iaith, y gallu i gymharu'r hyn a ddigwyddai ym mhen un unigolyn gyda'r hyn a ddigwyddai oddi fewn i ben un arall, a rhannu'r wybodaeth honno gyda gweddill y teulu neu'r llwyth. Yr ail oedd y gallu i ddarllen ac ysgrifennu a rhannu gwybodaeth gydag unigolion a phobloedd eraill a rannai'r un iaith, a derbyn ar yr un pryd syniadau newydd o wahanol gyfeiriadau. Y trydydd oedd argraffu, a'r gallu i ddyblygu a rhannu'r holl wybodaeth hon yn gymharol rwydd ac yn eang. Dilyn, felly, mai'r pedwerydd datblygiad arwyddocaol yw datblygiad cyfrifiaduron, a'r We Fyd-eang yn arbennig. Nid yn unig mae cyfrifiaduron yn gallu rhannu gwybodaeth yn gyflymach ac yn ehangach nag erioed o'r blaen, ond am y tro cyntaf, mae peiriant yn gallu creu gwybodaeth graidd at ddefnydd dynoliaeth, a chynorthwyo i ddadansoddi'r wybodaeth honno. Mae'n waith a oedd y tu hwnt i allu ymarferol unrhyw unigolyn neu grŵp yn y gorffennol.

Cyfeirir yn ddieithriad at y datblygiadau diweddar hyn fel y chwyldro technolegol. Fodd bynnag, dadleua rhai nad chwyldro yw'r hyn sy'n digwydd ers degawdau bellach, eithr esblygiad, a bod hwnnw'n esblygiad arbennig o gyflym.[2] Digwydd a darfod mae chwyldroadau fel arfer, newid sydyn ond newid gweddol derfynol. Nid dyna natur y newid yr ydym yn ei brofi ar hyn o bryd. Mae'r newidiadau hyn yn lluosog ac yn gyson, ac maent yn eu porthi eu hunain: mwyaf yn y byd y 'gallu' technolegol a grëir, mwyaf yn y byd y datblygiadau posibl. Nid yw'n amhosibl, felly, mai byw mewn byd o newid cyson a chyflym fyddwn ni o hyn ymlaen.

Hyd yn ddiweddar, roedd deunydd crai'r archifydd wedi bod yr un fath ag erioed: geiriau wedi eu gosod ar glawr i gofnodi elfennau pwysicaf bywyd bob dydd corfforaeth, cymdeithas neu unigolyn. Graddol iawn fu unrhyw newid. Bu datblygiadau mewn palaeograffeg ac mewn argraffu; ond, yn gyffredinol, os oedd archifydd yn ymdrin â llawysgrif ganoloesol neu â llungopi o ddiwedd yr ugeinfed ganrif, ymdrin yr oedd â dau beth digon tebyg yn eu hanfod. Bellach, ychwanegwyd cyfrwng arall at y rhai y mae archifyddion yn gorfod ymdrin â hwy, un llawer mwy ansefydlog, sef trydan.

Cyfyd mwyafrif y problemau sydd ynghlwm wrth barhad a dilysrwydd tymor hir unrhyw archifau electronig yn sgil cyflymder esblygiad y cyfrwng. Cyfrid y llawysgrifau a'r llyfrau cynharaf yn drysorau, a chaent eu gwarchod yn ofalus o'r eiliad y'u crëwyd. Pan ddaeth llyfrau a dogfennau'n fwy cyffredin, roedd safon y deunydd yr argraffwyd hwy arno yn golygu nad oedd raid poeni am eu parhad am rai degawdau, os nad canrifoedd. Oherwydd hyn, yn raddol y datblygodd y systemau cymdeithasol angenrheidiol i'w cadw, law yn llaw â'r cyfryngau newydd. Y gwrthwyneb sy'n wir wrth drafod datblygiad archifau electronig. Mae'r esblygiad wedi digwydd – yn dal i ddigwydd – mor gyflym, ac mewn modd mor soffistigedig, nes bod cymdeithas yn cael trafferth datblygu systemau i reoli ac i sicrhau parhad y dystiolaeth amdani ei hun. Mae gofyn i unrhyw un sy'n ceisio datblygu system o'r fath ddychmygu un a fydd yn gallu cynnwys datblygiadau pellach, heb nemor ddim syniad pa ffurf fydd i'r datblygiadau hynny yn ystod y blynyddoedd – heb sôn am y degawdau – nesaf.

Dyna'r dilema sy'n wynebu archifyddion ar hyn o bryd. Nid yn unig mae'n rhaid iddynt fabwysiadu dulliau cyfrifiadurol o wneud eu gwaith, drwy ddefnyddio prosesyddion geiriau a chronfeydd data fel pawb arall, ond wrth i gymdeithas gyfan fabwysiadu'r 'dechnoleg newydd' mae natur y dystiolaeth a grëir gan y gymdeithas honno yn newid. Ac nid yn unig mae natur y deunydd yn newid, ond mae cyflymder y creu wedi cynyddu hefyd. Mae hanes wedi cyflymu. Cyn hyn, digwyddai newidiadau cymdeithasol a gweinyddol yn ôl cerrig milltir dynol, o genhedlaeth i genhedlaeth, o frenhiniaeth i frenhiniaeth, ac o lywodraeth i lywodraeth. Bellach, fe'n gyrrir fwyfwy i fyw yn ôl cenedlaethau cyfrifiadurol. Tueddu i newid bob rhyw dair blynedd a wna'r dechnoleg a ddefnyddiwn o ddydd i ddydd. Golyga hyn nad oes gennym ninnau'r moethusrwydd i fedru disgwyl i genedlaethau dynol farnu pa newidiadau gweinyddol y mae angen eu hystyried, a pha werth hanesyddol sydd i'r deunydd dan sylw. Oherwydd erbyn i ni droi ato, bydd yn gwbl annarllenadwy, yn llawer mwy annarllenadwy na'r llawysgrif ganoloesol fwyaf dyrys: ni fydd modd ei ddarllen heb beiriannau, a bydd y rheini'n beiriannau sy'n mynd yn ddiwerth yn gyflym iawn.

Does dim rhaid mynd yn ôl yn bell yn hanes Cymru i'r dyddiau tywyll hynny pan oedd y sawl a oedd ar flaen y gad dechnolegol yn defnyddio peiriannau *Amstrad*. Bellach, mae mwyafrif llethol y peiriannau hyn wedi eu taflu i'r naill du, a'r data a grëwyd ganddynt wedi eu cloi y tu hwnt i bob dadansoddiad ar ddisgiau sy'n anodd eu darllen.[3] Tybed faint o gyfrinachau a gadwyd dan glo rhwng y cloriau duon pum modfedd neu dair modfedd a chwarter hynny, heb erioed weld golau dydd na dalen wen o bapur? Faint a gollir rhwng un genhedlaeth o gyfrifiaduron *Microsoft* a'r nesaf? Faint o bobl sy'n gwneud penderfyniadau ymwybodol i gadw, neu'n wir i waredu, ffeiliau electronig? Pa ffeiliau y dylid eu cadw? A pha mor aml y dylid gwneud hynny, a sut? Dyna'r cwestiynau sy'n mynd i boeni'r archifydd yn ystod y blynyddoedd nesaf, ac ystyriaethau a ddaw yn fwyfwy pwysig i bawb sydd yn creu a chadw deunydd a all fod o ddiddordeb i genedlaethau'r dyfodol.

Yn hanesyddol, llywid egwyddorion proffesiwn yr archifydd gan yr angen economaidd a chyfreithiol i lywodraethau a chorfforaethau gadw cofnodion. Fe'u llywid hefyd gan angen sylfaenol sefydliadau, ystadau, eglwysi neu frenhiniaethau i gadw tystiolaeth amdanynt eu hunain. Mae'r un peth yn wir am gofnodion cyfoes: o du'r Archifdy Gwladol yn Llundain y daw'r arweiniad ym Mhrydain ynghylch cadw a rheoli cofnodion electronig. Gellid dadlau mai yng nghysgod y gweithgaredd hwn y datblygodd dros y canrifoedd yr arfer o gadw cofnodion personol unigolion o bwys.

Fodd bynnag, go brin fod modd cymharu'r cyd-destun

corfforaethol a llywodraethol a gynhyrchodd archifau helaeth a chofnodion di-dor canrifoedd o weithgaredd gydag archifau awduron unigol o'r cyfnod diweddar. Does dim canllawiau cyfreithiol ynglŷn â'r hyn y dylid ei gadw, nac am ba hyd. I'r gwrthwyneb, mae gan bob unigolyn yr hawl absoliwt i breifat-rwydd a'r hawl i wneud fel y myn â'i bapurau ei hun.

Hyd yn hyn, arbedwyd papurau llawer o lenorion trwy amrywiaeth o ddulliau. Aeth sefydliadau archifyddol at lenorion i ofyn yn benodol iddynt adael eu harchif yn eu gofal hwy, neu bu cyfeillion a theulu yn ddigon ymwybodol o'u gwerth i gynnig y papurau i archifdai wrth drefnu'r ystad. Ar y cyfan, mae archifyddion wedi cael digon o amser i farnu beth yn union fydd o werth: bydd y llenor wedi cyrraedd oed yr addewid ac wedi cyflawni'r addewid honno gyda chyhoeddiadau dirifedi dros res o ddegawdau, a bydd y dystiolaeth wedi goroesi ar bapur; cyfrwng cymharol ddiogel a sefydlog. Mae'r broses hon yn caniatáu'r hamdden i'r deunydd pwysicaf waelodi ac i'r arch-ifydd ei ddiogelu, ei gatalogio a hwyluso mynediad ato.

Yn y dyfodol bydd y cofnodion electronig hynny fydd yn goroesi ar hap yn brin iawn. Ond wedi dweud hynny, ni ddylid cymryd yn ganiataol nad yw awduron – awduron yn arbennig, efallai – wastad wedi bod yn ymwybodol iawn o'r dystiolaeth a adawant ar eu hôl. Er gwaethaf y sôn am gof corfforaethol, mae unigolyn yn rhwym o fod yn fwy ymwybodol o'i fodolaeth ei hun na chorfforaeth. O'r herwydd, mae'n debycach o wneud pen-derfyniadau ymwybodol ynglŷn â'r dystiolaeth y myn adael ar ei ôl. Ond mae awduron, fel pob unigolyn, yn trin eu papurau yn wahanol i'w gilydd. Bydd rhai am eu gadael ar drugaredd ffawd, heb drefnu na chadw dim yn fwriadol, ond bydd eraill yn ofalus iawn o'r hyn a gedwir ac a deflir ganddynt. O blith y garfan honno, cadwodd yr actor a'r awdur, Emlyn Williams, bron bopeth a dderbyniodd ac a gyhoeddwyd amdano,[4] tra bu Saunders Lewis dipyn yn fwy dethol, yn ôl tystiolaeth Dafydd Ifans:

> Mewn cymhariaeth, [ag archif Kate Roberts] bechan oedd yr archif a gadwyd gan Saunders Lewis. Yr oedd . . . wedi chwynnu ei archif yn llym. Dihidlwyd ei bapurau ganddo'n ofalus i adael y trysorau'n unig.[5]

Nid yw cymryd cyfrifoldeb dros y dystiolaeth a'r etifeddiaeth ddiwylliannol yn beth mor ddieithr â hynny i awduron. Yr hyn sydd yn mynd i fod yn fwy dieithr mewn cyd-destun electronig, a hynny oherwydd cyflymder yr esblygiad technolegol, yw gwneud y penderfyniadau hynny'n fuan ac yn gyson yn ystod eu gyrfa. Bydd yn rhaid nid yn unig holi pa fath o bethau sy'n cael eu creu ar gyfryngau electronig, beth sy'n cael ei argraffu ar bapur, a pha bryd yn y broses greadigol y bydd hynny'n digwydd, ond bydd yn rhaid holi beth sy'n aros ar ddisg heb ei argraffu o gwbl, pa werth sydd i'r ffeiliau hyn, ac os oes gwerth iddynt sut mae sicrhau eu diogelwch. Yma mae'r newid mwyaf yn digwydd yn y broses gasglu. Does dim modd disgwyl i weld beth fydd ar ôl ar ddiwedd oes yr awdur. Bellach, rhaid i'r awdur, yn fwy nag erioed, wneud penderfyniadau ynglŷn â'r hyn sy'n mynd i oroesi, a sut a phryd i'w drosglwyddo i ofal archifdy. Os gadewir deunydd ar ddisg feddal a'i anghofio, yna mae'n gwbl bosibl na fydd modd ei ddarllen ymhen deng mlynedd. Ar y llaw arall, os cedwir popeth ar ddisg galed, bydd ffawd y ffeiliau yn y fantol bob tro y bydd uwchraddio'n digwydd, pan fydd yr awdur yn prynu cyfrifiadur neu feddalwedd newydd. Dyna pryd mae'r 'gwerthuso' yn debyg o ddigwydd: beth fydd, a beth na fydd, yn goroesi. Mae'n newid sylfaenol rhwng dewis peidio â thrafferthu i daflu rhywbeth, a dewis peidio â thrafferthu i gadw rhywbeth. O gofio mai unig oblygiadau'r 'taflu' yw un glic ar lygoden – heb orfod gwagio'r bin, na mynd i'r sgip ailgylchu – a bod cadw yn golygu gwneud copi, uwchraddio a symud ffeiliau, mae dyfodol y ffeiliau yn gallu bod yn ansicr iawn. Ar hyn o bryd, yr hyn sydd ar goll o'r hafaliad yw'r dewis i archifo yn lleol ar gyfrifiadur personol ac yn fwy anghysbell trwy drefnu i drosglwyddo ffeiliau electronig i archifdy i'w cadw ar ryw ffurf electronig 'hyd dragwyddoldeb'.

Efallai mai'r prosesydd geiriau sy'n peri'r lleiaf o broblemau i archifyddion, a hynny am wahanol resymau. Ar hyn o bryd fe'i defnyddir, i raddau helaeth, fel teipiadur gogoneddus, i drosglwyddo geiriau ar bapur. Ychydig o ystyriaeth ddifrifol a roddir i'w rôl fel cwpwrdd ffeilio ac i arwyddocâd penodol unrhyw un fersiwn o erthygl, llythyr, cerdd, cytundeb neu nofel y gellid ei gadw yn y ffeiliau yn ei grombil. Mae'r geiriau sy'n ymrithio ar y sgrin, ac yn cael eu newid a'u dileu yn ôl dewis yr awdur, yn ymdebygu fwy i broses ymenyddol dychmygu a chreu, nag i osod inc ar bapur. Mae cyn anodded ystyried parhad un cam ar y sgrin ag ydyw i gael gafael ar y myrdd o gymhariaethau a delweddau a geiriau sy'n gwibio trwy feddwl yr awdur wrth greu. Fodd bynnag, gellid dadlau bod y broses yn cymryd cam ymlaen unwaith y dewisir arbed y ddogfen. Unwaith mae hynny'n digwydd, crëir 'drafft' electronig sy'n debycach i'r syniad o osod inc ar bapur: o leiaf arbedwyd rhywbeth y mae modd i'r awdur (neu rywun arall) ddychwelyd ato. Mae'n debyg y gellid arbed cyfres o ffeiliau drafft: <Cerdd1>, <Cerdd2>, <Cerdd3>, <Cerdd4> ac yn y blaen. Yn ymarferol, yr hyn sy'n debycach o ddigwydd yw bod y 'drafftiau' yn cael eu golygu ar y sgrin, a bod un ffeil electronig yn cael ei newid yn gyson. Rhywbryd yn ystod y broses bydd y gwaith yn 'haeddu' gweld golau dydd am y tro cyntaf, ac yn barod i gael ei argraffu (er nad yw'r broses olygyddol drosodd). Pryd a pha mor aml y mae hynny'n digwydd sydd, ar hyn o bryd, yn pennu sawl drafft sy'n goroesi. Mae'n bur debyg, felly, y bydd y dystiolaeth am esblygiad creadigol y ffeil yn ymddangos ar bapur, ac na fydd yna fawr mwy o werth archifyddol i'r ffeil electronig derfynol nag i'r fersiwn gyhoeddedig.

Wedi dweud hyn, mae'n debyg ei bod yn gwbl bosibl i awdur weithio mewn cyd-destun cyfan gwbl electronig heb argraffu dim o'i waith. Gall ysgrifennu a golygu'r cyfan ar sgrin cyn ei yrru ar ffurf electronig at y cyhoeddwr. Ond am y tro mae drafftiau o weithiau yn debyg o oroesi ar bapur. Eto, mae cof y cyfrifiadur yn cadw cyfrinachau. Nid yw byth yn argraffu'r cyfan. Er bod y gwrthwyneb yn gallu bod yr un mor wir, a bod pobl yn mynnu mai peiriant yw'r peth olaf yr ymddiriedant eu cyfrinachau iddo, mae gweithiau na chwblhawyd mohonynt a deunydd cwbl bersonol yn gallu llechu ar gyfrifiaduron, heb eu hargraffu. Y gweithiau a wrthodwyd, neu'r ymdrechion cynnar i ysgrifennu, dyddiaduron a chopïau o lythyrau a yrrwyd: o'u derbyn mewn archif mae'n ddigon posibl mai'r rhain fyddai'r perlau. Felly, unwaith eto, bydd gan fyrhoedledd y cyfrwng a natur ddarfodedig y meddalwedd ddylanwad ar y gwaddol diwylliannol a adewir i genedlaethau'r dyfodol.

Os y prosesydd geiriau sydd yn peri lleiaf o ofid ar hyn o bryd, efallai mai'r testun sy'n peri'r drafodaeth ffyrnicaf yw'r e-bost. Er nad oes modd gwadu gwerth tystiolaethol y gair 'ysgrifenedig', mae gwaith aruthrol i'w wneud i argyhoeddi pobl y dylid ystyried geiriau ar sgrin yn gyfwerth â geiriau ar bapur.

Bron nad yw pobl ar hyn o bryd yn ystyried gyrru e-bost yn gyfystyr â sgwrs ffôn. Ar y naill law, ceisiodd gweinyddiaeth llywodraeth ganolog yr Unol Daleithiau osod e-bost yn llythrennol yn yr un categori â galwadau ffôn, gan ddadlau eu bod ill dau yn ddulliau cyfathrebu electronig, a cheisio eu diystyru fel tystiolaeth hanesyddol am y weinyddiaeth.[6] Methu a wnaeth yr achos, a gadawodd gweinyddiaeth Clinton o leiaf ddeng miliwn e-bost ar ei hôl. Felly mae cyfraith yr Unol Daleithiau bellach yn cyfrif e-bost yn dystiolaeth ysgrifenedig y mae disgwyl ei chadw, ac nid yn dystiolaeth lafar. Ar y llaw arall, ac ar lefel fwy personol, sawl gwaith y daw e-bost personol i ben gyda'r geiriau 'siarada'i efo ti cyn bo hir'? Mae'n amlwg fod pobl yn tueddu i ystyried gohebiaeth electronig yn debycach i sgwrsio nac i lythyru.

O ganlyniad i hyn, tuedda e-bost i fod yn bersonol ac yn anffurfiol o ran cywair, cystrawen a chywirdeb; yn bur debyg i alwad ffôn efallai. Ar yr un pryd, gellid dadlau bod parodrwydd i fod yn fwy beirniadol mewn e-bost, neu hyd yn oed yn fwy personol, a defnyddio pellter cymharol y gair ysgrifenedig i ddweud ambell beth na feiddid ei ddweud ar lafar. Oherwydd y rhesymau hyn mae llawer yn dychryn wrth feddwl am y syniad o gadw e-bost. Eto, mae tystiolaeth fod hyn yn digwydd, a dyna pam y dylent fod yn destun trafodaeth rhwng archifyddion, a'r byd a wasanaethir ganddynt. Mae'r hawl i waredu yn dal yn nwylo'r crëwr, fel ag erioed, ond fe ddylai'r gwaredu hwnnw ddigwydd yn ymwybodol ac yn fwriadol, ac nid yn ddamweiniol a mympwyol.

O blith yr awduron sy'n gwneud penderfyniadau ymwybodol i gadw gohebiaeth electronig, ymddengys fod y deunydd lleiaf pwysig yn cael ei gadw ar y system e-bost, y deunydd cymhedrol o ran diddordeb ar ddisg feddal, a'r deunydd pwysicaf ar bapur. Ymddengys fod o leiaf ddau reswm am hyn: (i) ystyrir nad yw geiriau ysgrifenedig electronig o unrhyw werth gwirioneddol nes eu bod wedi eu hymgnawdoli ar ddalen wen o bapur; a (ii) credir bod papur, er gwaethaf ei ffaeleddau, yn dal yn gyfrwng arbennig o sefydlog a hawdd i'w drin.

Nid pawb sy'n ystyried gwerth hanesyddol eu gohebiaeth electronig, ac mae llawer yn cadw popeth, neu, yn wir, yn dileu popeth; dwy sefyllfa sydd bron cyn waethed â'i gilydd. Rhaid cofio bod cymaint o angen 'chwynnu' gohebiaeth electronig â gohebiaeth draddodiadol, ac os haedda llythyr fynd ar ei ben i'r bin daearol, haedda fynd ar ei ben i'r bin rhithiol yn yr un modd. Dylid cofio hefyd fod llawer yn dal i fod yn defnyddio cenhedlaeth gyntaf eu system e-bost: gallem fod yn wynebu sefyllfa lle bydd cannoedd o lythyrau difyr a phwysig yn diflannu mewn cliciad wrth i'r ail genhedlaeth ddod i oed.

Gosodwyd y tudalennau llenyddol Cymraeg a Chymreig cyntaf ar y We yn 1996. Maent yn amrywio o lenorion sy'n cyhoeddi ar y We, i rai sydd am rannu gwybodaeth amdanynt eu hunain neu grynhoi gwybodaeth am lenor arbennig, i restrau trafod. Mae rhai yn cynnwys gwaith sydd eisoes wedi ei gyhoeddi ar bapur, ac eraill yn cynnwys gwaith gwreiddiol a chasgliadau sydd ond i'w gweld ar y We. Mae'r tudalennau hyn yn cynnig tystiolaeth i ni o un wedd ar weithgaredd llenyddol y Cymry ar ddechrau canrif newydd. Yn aml, cynhwysant ddeunydd cwbl 'unigryw', tebyg i'r cywyddau seibr a ysgrifennir ar y cyd gan feirdd o bedwar ban byd a'u cyhoeddi ar 'Annedd y Cynganeddwyr'. Dyma i chi'r cyntaf:

Cywydd Seibr Rhif 1

Cyfraniad *Reufardd*	Yn niwloedd y dechnoleg
Cyfraniad *Bolfardd*	a dau yn edrych fel deg
Cyfraniad *Geufardd*	o rith i rith crwydro'r wyf
Cyfraniad *Gwlco*	hen ffoadur cloff ydwyf
	ar wibdaith y rhwydweithiau
Cyfraniad *Cathal*	i bwll hud rwy'n ymbellhau
	a dysgu tra rwy'n disgyn
Cyfraniad *bardd y we*	nad yw yn hawdd mynd yn hŷn
	a mynd yn hŷn pob munud
Cyfraniad *bedo*	yr wyf, gan farw o hyd.
Cyfraniad *wbath*	A daw ambell linell od
Cyfraniad *prifardd*	a rhyfedd o'r seibr-ofod
Cyfraniad *Hilma Edwards*	fel mellten o'r gorffennol
Cyfraniad *llwch*	y daw, ac ehangu'n dôl
Cyfraniad *wbath*	(neu 'nôl' fel y gwedwn ni

Cyfraniad *Gog*

a'r we'r De, cyn distewi).
Ewch â hwy dros drothwy'r drws,
diheintio'r rhwyd o hwntws
a wnawn, ac fe ddaw yn ôl
i'n hannedd hedd gogleddol.[7]

Beth yn union sydd yma? A fydd hwn yn cael ei weld ymhen degawdau neu ganrifoedd yn ddechrau *genre* newydd o farddoniaeth, ynteu yn nonsens anaeddfed un neu ddau o feirdd oedd wedi gwirioni ar y 'dechnoleg newydd'? A fydd rhywun cyn diwedd y ganrif hon yn pwyso a mesur amlder y gynghanedd sain i geisio gweld ôl bysedd prifardd arbennig ar y cywydd ffurfiannol hwn, a'r seiat frwd – a ffyrnig ar brydiau – sy'n digwydd ochr yn ochr â'r creu ar yr un wefan? A fydd rhywun yn gweld rhyfel rhwng y beirdd a rhwyg rhwng de a gogledd, neu'n gweld casgliad arobryn Cadair Eisteddfod Genedlaethol Llanelli, 2000 yn egino yma; pwy a ŵyr? Yn sicr, nid digwydd a darfod fu eu hanes, a gwnaed gwaith ardderchog gan berchennog y safle arbennig hwn yn diogelu 'archif' o'r deunydd a ymddangosodd arno. Ond a oes cyfrifoldeb ehangach ar gymdeithas i ddiogelu'r safleoedd hyn fel tystiolaeth o ddiwylliant cyfnod? Ac os felly, ym mha ffurf?

Unwaith eto, er mai mewn amgylchedd electronig y dylid cadw'r tudalennau hyn yn ddelfrydol, gellid dadlau ei bod yn bosibl, hyd yn oed os yw'n gwbl anymarferol, trosglwyddo'r cyfan o'r wefan i fynydd o bapur, gan fod pob tudalen yn weddol annibynnol ar ei gilydd o ran ystyr. Fodd bynnag, ewch gam ymhellach ac ystyried llenyddiaeth uwch destun,[8] ac fe gyrhaeddwn fyd lle nad oes bodolaeth ystyrlon i'r llenyddiaeth ond mewn cyd-destun electronig, a llif y naratif yn dibynnu ar y dolenni a ddewisir a'r drefn y dewisir hwy. Does dim ystyr, neu ychydig iawn o ystyr sydd, i'r math hwn o lenyddiaeth ar bapur.

Wrth ystyried diogelu presenoldeb llenorion ar y We mae perygl i ni, yn broffesiynol, fentro i dir neb. Ai archifyddion, llyfrgellwyr, cyfrifiadurwyr ynteu rhywun arall a ddylai fod yn ymboeni yn y maes hwn? Mae amrywiaeth y deunydd a gyhoeddir ar y We mor eang nes rhoi amrywiaeth yr un mor eang o gyfrifoldebau proffesiynol, cyfnodolion a nofelau, cerddi a straeon 'byw', celfyddyd a cherddoriaeth. Rhai wedi eu barnu'n drwyadl gan gyfoedion, cyhoeddwyr a golygyddion, eraill wedi eu gosod ar y We gan unigolion sydd am ymwrthod â threfn arferol cyhoeddi, neu sydd wedi eu gwrthod ganddi. Beth bynnag am y diffiniadau traddodiadol, y tudalennau hyn yw un o brif greadigaethau yr oes newydd hon, a go brin yr ymrannant yn daclus i unrhyw flychau a grëwyd gan yr oesoedd a fu. Beth felly yw'r ffordd orau i'w diogelu?

Does dim gofod yma i drafod problemau dyrys hawlfraint, parhad a chatalogio tudalennau'r We. Nodwn yn unig fod cynlluniau uchelgeisiol ar y gweill i archifo'r We – rhai tebyg i PANDORA yn Llyfrgell Genedlaethol Awstralia,[9] *Kulturarw*[3] yn Sweden,[10] neu'r *Internet Archive* yn yr Unol Daleithiau.[11] Dyma gasgliadau enfawr o dudalennau ar raddfa genedlaethol a rhyngwladol. Ond un gwahaniaeth sylfaenol y dylid cyfeirio ato efallai yw'r gwahaniaeth rhwng catalogio'r cyfeiriad, yr URL, ac archifo'r cynnwys, dwy agwedd gwbl wahanol sydd yn esgor ar ddau ganlyniad cwbl wahanol.

Un ffordd i fynd ati i 'ddiogelu' y gwefannau hyn fyddai catalogio cyfeiriad pob un, gan ddechrau, er mwyn gwneud y defnydd gorau o adnoddau, gyda'r mwyaf sefydlog: hynny yw, o'r llywodraeth i lawr. Dyma'r dull a fabwysiadwyd gan gynlluniau cydweithredol tebyg i CORC.[12] Er bod y cynllun yn sicrhau y cedwir y cysylltiad gydag URL sy'n newid, nid yw'n cadw copi o gynnwys unrhyw URL; ac os yw'n diflannu fe'i collir am byth. Dan y drefn hon yr union gyfeiriadau sy'n mynd i oroesi yw'r rhai mwyaf sefydlog, a'r rhai sy'n perthyn i'r sefydliadau sydd fwyaf tebygol o ddiogelu eu tudalennau eu hunain. Y gwrthwyneb i'r dull hwn fyddai chwilio'n benodol am y tudalennau llai sefydlog sy'n perthyn i unigolion a grwpiau llai, yn ogystal â sefydliadau a chymdeithasau mwy hirhoedlog, a chadw copïau cyflawn o'r cynnwys. Ymddengys mai hwn yw'r dull a fabwysiadwyd gan yr archifau mawr a grybwyllwyd uchod. Ond pa un bynnag a ddewisir, fydd dim modd gweithredu heb adnoddau sylweddol. Yn y cyfamser bydd y 'cyfrifoldeb cymdeithasol' o ddiogelu'r deunydd yn disgyn ar ysgwyddau'r unigolion sy'n creu ac yn cynnal y safleoedd.

O safbwynt dilysrwydd gwybodaeth, mae goblygiadau pell-gyrhaeddol i hirhoedledd gwefannau. Dibynna dilysrwydd unrhyw wybodaeth ar sawl elfen. Ymhlith yr elfennau hynny mae profiant, parhad, cyd-destun a chyfeiriadaeth. Saith deg a phump diwrnod yw oes tudalen ar y We ar gyfartaledd.[13] O'r herwydd, mae'r cyd-destun a rhyng-gyfeiriadaeth yr wybodaeth a gyflwynir ar y We yn dirywio yr un mor gyflym. Mewn un arbrawf bychan mewn llyfrgell yn yr Unol Daleithiau roedd 40 y cant o gyfeiriadau URL mewn llyfryddiaeth traethawd a gyflwynwyd yn 1998 wedi diflannu flwyddyn yn ddiweddarach, tra oedd 80 y cant o lyfryddiaeth traethawd a gyflwynwyd yn 1876 yn dal ar gael yn y llyfrgell honno.[14] Ac mae'n bur debyg y byddai 100 y cant ar gael o chwilio mewn llyfrgelloedd eraill. Felly, yn ogystal ag ystyried archifo deunydd a gyhoeddir ar y We o ran diddordeb a phwysigrwydd y cynnwys, dylid ystyried hefyd ddilysrwydd system a chymdeithas sy'n dibynnu cymaint ar y We – a'r wybodaeth a gyflwynir arni – am eu deunydd crai.

Hyd yma, mae'r ateb cyntaf a gynigir wrth drafod archifau electronig personol wedi bod yn un digon syml ac adweithiol: cael mynediad at y ffeiliau a'u hargraffu. Er bod yr ateb hwn yn un digon derbyniol ar un wedd, mae'n anodd dadlau gydag unrhyw argyhoeddiad ei fod yn bolisi derbyniol yn y tymor hir. Gellid dadlau dros gadw amgueddfa o galedwedd a meddal-wedd,[15] ond i ba raddau y gellid cyfiawnhau cost y gofod i'w storio, ac i ba raddau y mae amgueddfa beiriannau yn mynd i barhau yn weithredol heb ddarnau i'w hatgyweirio na'r gallu mecanyddol i wneud y gwaith? Mae modd cyfiawnhau argraffu cynnwys ambell i ddisg, ond i ba raddau y gellid argraffu degau o ffeiliau? Ac onid oes gennym gyfrifoldeb tuag at ddilysrwydd y cyfrwng, yn ogystal â dilysrwydd y cynnwys? Felly, er bod dadleuon cwbl ddilys dros sicrhau parhad y caledwedd angen-rheidiol i gael mynediad at ffeiliau electronig a'u hargraffu yn eu crynswth, diniwed fyddai credu bod hynny'n bolisi digonol ar gyfer y dyfodol yn y tymor hir.

Ac eithrio argraffu, yr hyn y mae awduron yn ei wneud yn ymarferol i ddiogelu deunydd yw adnewyddu'r data a'i gopïo o'r naill genhedlaeth dechnolegol i'r llall wrth i honno esblygu.[16] Dibynna hyn ar fodolaeth y meddalwedd priodol i drin y data, ac ar ei gydweddiad ôl-syllol, yn ogystal â rhyngweithrediad peiriannol y caledwedd. Dyma gyfleusterau sy'n gostus i gwmnïau. Enghraifft berffaith o'r gadwyn adnewyddu yn torri oedd y newid o dechnoleg *Amstrad* i dechnoleg *Microsoft*: doedd dim math o gydweddiad ôl-syllol yn bodoli, a'r unig ffordd i sicrhau parhad yr wybodaeth oedd ei dynnu allan o'r naill amgylchedd a'i drosglwyddo, neu ei 'fudo', i'r llall. Dengys hyn fod newid meddalwedd yn gallu bod yn llawer mwy o fygythiad na byrhoedledd caledwedd. Dyna pam fod rhaid datblygu systemau archifol electronig dibynadwy sy'n caniatau i ddata fodoli'n annibynnol ar y systemau y'u crëwyd hwy ar eu cyfer. Mae 'mudo' yn golygu trosglwyddo'r data yn gyfangwbl o un cyfluniad caledwedd/meddalwedd i un arall i'w gadw a'i ddefnyddio yn ei gyflawnder. Dull arall o gadw data yw efelychiad. Golyga hyn ail-greu meddalwedd sydd wedi peidio â bod, ei redeg ar lwyfan cyfoes, a'i ddefnyddio i drin dogfennau a grëwyd ganddo'n wreiddiol, gan gadw ffwythiant, swyddogaeth, golwg a theimlad y ddogfen wreiddiol.[17]

Unwaith eto rydym yn wynebu sefyllfa lle mae'r polisi goddefol presennol yn gwneud y tro yn y tymor byr (a chofio bod tymor byr yn gallu golygu ychydig flynyddoedd yn unig). Ond mae'n rhaid datblygu polisïau a systemau ar gyfer y tymor hir; a hynny ar fyrder. Yn ymarferol, ac yn eironig ddigon, gwna'r arfer presennol o adnewyddu y tro tra pery monopoli *Microsoft*: wedi hynny, mae'r cwbl yn dibynnu i ba raddau y bydd y cwmnïau mwyaf yn gorfod, neu'n dewis, sicrhau rhyngweithio rhwng eu systemau.

Gellir rhagweld derbyn archifau electronig oddi wrth awduron trwy gyfrwng disgiau a chryno-ddisgiau neu hyd yn oed dros y We, a'r rheini'n cynnwys amrywiaeth eang o ffurfiau. Y problemau a ddaw yn sgil hynny fydd sicrhau parhad a dilysrwydd: heb sicrhau hynny, does dim diben dechrau ar y broses.

Yn y gorffennol, mae'n debyg fod cadwraeth ddigidol wedi cael llawer mwy o sylw na dilysrwydd digidol;[18] ond pam cadw deunydd annilys? Yn ogystal â hynny, dylid ystyried bod y broses o gadw deunydd annilys yn cynnig elfen o ddilysrwydd iddo, felly mae cyfrifoldeb ar yr archifydd i sicrhau dilysrwydd y deunydd cyn ymgymryd â'i gadw. Dylem, mewn oes a gaiff ei hystyried yn 'Oes Wybodaeth', gofio mai craidd archifyddiaeth fel proffesiwn yw tystiolaeth ac nid gwybodaeth,[19] a bod rhaid i'r dystiolaeth honno, felly, fod yn ddilys.

Mae i'r meini prawf hyn – cynnwys, sefydlogrwydd, cyfeiriadaeth, profiant a chyd-destun – berthnasedd arbennig i weithiau llenyddol. Yn draddodiadol, a thu hwnt i faes cyhoeddi, mae archifau wedi cynnig y gwasanaeth hwn i lenorion a beirniaid fel ei gilydd. Mae'r cynnwys yn gallu amrywio o ddeunydd gwel-edol i ddeunydd deallusol. Mae ffurf y tudalen, y papur a'r ysgrifen, wedi cynnig dilysrwydd i waith awdur erioed. Yn y dyfodol, does dim dwywaith na fydd gwyddor palaeograffeg yn datblygu i gynnwys adnabod gwahanol fathau o ffont cyfrifiadur fel rhai sy'n perthyn i wahanol gyfnodau. Onid ydym eisoes yn gwneud hynny'n anymwybodol wrth adnabod 'daisywheel' yr hen *Amstrad*, 'courier' y cyfrifiaduron cynnar, â'r 'Times New Roman' a oedd yn hollbresennol yn nawdegau'r ugeinfed ganrif? Yn yr un modd, mae diwyg y tudalen yn gallu bod yn nodweddiadol o feddalwedd a oedd yn gyffredin i gyfnod arbennig. Ond yn amlach na pheidio, y cynnwys deallusol a ddylai gael blaen-oriaeth wrth dderbyn deunydd electronig i archifdy, ac nid y cynnwys esthetig. Rhaid i ddefnyddwyr allu bod yn dawel eu meddwl fod yr wybodaeth a drafodir ganddynt yr hyn yr honnir ei fod.

Wrth drin a thrafod technoleg mor ansefydlog, mae'n dilyn mai'r sefydlogrwydd hwn yw un o'r elfennau mwyaf allweddol y bydd ymchwilwyr y dyfodol yn chwilio amdano. Yn y byd technolegol, sydd ddim yn annhebyg i'r un welodd ddatblygu ffurfiau ysgrifenedig o dystiolaeth am y tro cyntaf, lle nad oes y fath beth â llaw unigryw na llofnod, mae'n rhaid chwilio am ffyrdd i gynnig y sicrwydd hwn. Rhaid gwahaniaethu rhwng y newidiadau niferus a wneir gan awdur, ac ymdrechion eraill i newid ac ystumio'r gwaith. Dylai hyn fod yn un o'r gwasan-aethau sylfaenol a gynigir i unrhyw awdur cyn iddo ef neu hi ystyried gadael deunydd electronig yng ngofal sefydliad archifyddol.

Yn union fel roedd gweinyddwyr cynnar yn mynnu gweld sêl ar ddogfen, mae'n deg disgwyl y bydd defnyddwyr y dyfodol yn disgwyl gweld rhyw brawf 'allanol' o ddilysrwydd dogfennau electronig. Gellid dadlau fod holl broses archifo a chatalogio yn cynnig gradd o ddilysrwydd ynddi ei hun. Mae gair yr archifydd proffesiynol sy'n cofnodi profiant a chyd-destun archif pan y'i derbynnir mewn archifdy yn rhywbeth y mae pob defnyddiwr yn dibynnu arno, i raddau helaeth. Does dim rheswm pam na all hynny fod yn wir yn yr un ffordd mewn cyd-destun electronig.

Bydd y data a'r metadata a grëir gan archifydd wrth dderbyn dogfen yn rhan allweddol o'i dilysrwydd. Ond gan fod y cofnodion electronig hyn yn arddangos llai o'r nodweddion unigryw traddodiadol, mae galw cynyddol am greu ffyrdd o sicrhau'r dilysrwydd hwnnw.

Yn y gorffennol trafodwyd, ymysg dulliau eraill, y defnydd o ddyfrnodau electronig fel modd i ddilysu dogfen. Byddai dyfrnod yn gallu trosglwyddo gwybodaeth am ffynhonnell, awdur, crëwr, perchennog neu ddosbarthwr dilys unrhyw gread-igaeth ddigidol, boed yn ddogfen neu'n dâp. A hynny tra pery'r ddogfen ddigidol.[20] Fodd bynnag, mae'n dod yn gynyddol amlwg mai llofnodion digidol sy'n ennill eu plwyf fel modd i brofi dilysrwydd yng ngolwg y gyfraith. Er nad ydynt eto wedi eu profi gerbron llys barn, mae llywodraethau ledled y byd yn eu mabwysiadu.[21] Honnir bod llofnodion electronig yn cynnig mwy o sicrwydd o ddilysrwydd na llofnod traddodiadol ar bapur, hyd yn oed. Gall y sawl sy'n derbyn dogfen wedi ei llofnodi yn y fath fodd gadarnhau fod y ddogfen wedi ei gyrru gan yr unigolyn dan sylw ac nad yw wedi ei newid mewn unrhyw ffordd, yn fwriadol nac yn anfwriadol, ers ei llofnodi. Does dim modd chwaith i'r sawl sydd wedi llofnodi wadu mai hwy a lofnododd y ddogfen.[22]

Wrth i lywodraethau fabwysiadu'r dull hwn o weithredu, ac wrth iddo gael ei brofi fwyfwy gerbron y llysoedd, mae'n bur debyg y bydd yn datblygu'n ffordd a dderbynnir yn gyffredin i ddilysu deunydd digidol. Yn hwyr neu'n hwyrach, wrth iddo ennill ei blwyf mewn cylchoedd llywodraethol a chorfforaethol, fe'i derbynnir yng nghyd-destun archifau personol.

Pa arferion bynnag a fabwysiedir, mae'n allweddol bwysig fod cymdeithas yn gyffredinol, a'r rhai hynny sy'n ymboeni am oroesiad unrhyw dystiolaeth electronig am fodolaeth a chydberthynas llenorion Cymraeg a Chymreig y cyfnod hwn, yn effro i'r posibiliadau a'r bygythiadau sydd ynghlwm wrth y dechnoleg. Mae'n rhaid datblygu dulliau catalogio a dulliau o gadw, a dulliau sicrhau dilysrwydd a pharhad y dystiolaeth ddigidol, er mwyn gallu sicrhau adneuwyr a defnyddwyr fel ei gilydd fod y deunydd a adewir yng ngofal yr archifdai yn ddiogel hyd 'dragwyddoldeb'.

Nodiadau

[1] Douglas S. Robertson, *The New Renaissance: Computers and the Next Level of Civilization* (Oxford, Oxford University Press, 1998), tt.8–36.

[2] Margaret Hedstrom, 'Understanding Electronic Incunabula: A Framework for Research on Electronic Records', *American Archivist*, 54 (1991), 342.

[3] Oni nodir i'r gwrthwyneb, seilir unrhyw osodiad ystadegol a wneir yn y bennod hon ar holiadur a yrrwyd gan yr awdur at dros 70 o awduron yn ystod haf 2000 at ddibenion traethawd a gyflwynwyd ym mis Hydref y flwyddyn honno ar gyfer gradd uwch mewn Gweinyddu Archifau. Derbyniwyd dros 50 o ymatebion gan awduron o bob oed a weithiai yn Gymraeg ac yn Saesneg, yn wŷr ac yn wragedd, yn feirdd, llenorion ac academyddion. Mae dadansoddiad manwl o'r canlyniadau i'w gweld yng nghorff y traethawd.

[4] Sally McInnes, 'Emlyn Williams Papers' (National Library of Wales, 1995), i.

[5] Dafydd Ifans, *Annwyl Kate, Annwyl Saunders* (Aberystwyth: Llyfrgell Genedlaethol Cymru, 1992), t.xi.

[6] Florence Olsen, 'Facing the Flood of E-mail, Archives Seeks Help From Supercomputer Researchers', *The Chronicle of Higher Education* (24 August 1999). Ar gael, Rhagfyr 2001: *http://chronicle.com/ free/99/08/ 99082401t.htm.*

[7] Cyd-gyfansoddwyd y cywydd hwn gan feirdd yr Annedd rhwng 1 Gorffennaf 1999 a 30 Medi 1999. Ar gael, Rhagfyr 2001: *http://www. cynghanedd.com/index.shtml*

[8] Fy nghyfieithiad i o *'hypertext fiction'*. Mae'r safle isod yn cynnig man cychwyn i unrhyw un sydd â diddordeb yn y maes. Ar gael, Rhagfyr 2001: *http://www.duke.edu/~mshumate/hyperfic.html*

[9] *Pandora Archive: Preserving and Accessing Networked Documentary Resources of Australia*, National Library of Australia and Partners. Ar gael, Rhagfyr 2001: *http://pandora.nla.gov.au/pandora/documents.html*

[10] *Kulturarw³*. Ar gael, Rhagfyr 2001: *http://kulturarw3.kb.se/html/ projectdescription.html*

[11] *The Internet Archive*. Ar gael, Rhagfyr 2001: *http://www.archive. org/index.html*

[12] *CORC (Cooperative Online Resource Catalog)*. Ar gael, Rhagfyr 2001: *http://www.oclc.org/oclc/promo/10520corc/index.html*

[13] Brewster Kahle, 'Archiving the Internet', *Scientific American* (March 1997). Ar gael, Rhagfyr 2001: *http://www.sciam.com/ 0397issue/ 0397kahle.html*

[14] Jim Beaven, 'Should we archive the web and how do we do it?',

ARCHIVES archives, week 2, no.76, 13 September 1999. Ar gael, Ionawr 2001: *http:listserv.muohio.edu/archives/archives.html*

[15] Gwelwyd enghraifft yn ddiweddar yn Amgueddfa Ceredigion pan y derbyniwyd deunydd unigryw ar ddisgiau 5¼. Bu rhaid sicrhau rhodd o beiriant addas i'w darllen. Bydd y peiriant hwn bellach yn cael ei gynnal a'i gadw ar gyfer y diben o ddarllen disgiau tebyg i'r rhain.

[16] Mae 'mudo' wedi ei ddefnyddio ar lafar ar gyfer y tair proses a drafodir yma: 'adnewyddu' (*refreshing*), 'mudo' (*migration*) ac 'efelychu' (*emulation*). Am drafodaeth ar y termau hyn ac ar gydweddiad ôl-syllol (*backward compatibility*) a rhyngweithrediad peiriannol (*interoperability*) gweler 'Preserving Digital Information: Final Report and Recommendations of the Task Force on Archiving Digital Information'. Ar gael Ionawr 2002: *http://www.rlg.org/ArchTF/tfadi.index.htm*

[17] Am gyflwyniad i'r maes a dolennau defnyddiol gweler *CAMiLEON – Creative Archiving at Michigan and Leeds: Emulating the Old on the New*. Ar gael, Rhagfyr 2001: *http://www.si.umich.edu/CAMiLEON/*

[18] Charles T. Cullen, 'Authentication of Digital Objects: Lessons from a Historian's Research', yn *Authenticity in a Digital Environment*, May 2000. Ar gael, Rhagfyr 2001: *http://www.clir.org/pubs/reports/ pub92/cullen. html*

[19] Glenda Acland, 'Managing the Record Rather than the Relic', *Archives and Manuscripts*, 20 (1) (1996), 58.

[20] Alessandro Piva, 'Digital Watermarking'. Ar gael, Rhagfyr 2001: *http://cosimo.die.unifi.it/~piva/Watermarking/watermark.html*

[21] Digital Signature Law Survey, 'What's New' & 'United Kingdom'. Ar gael, Rhagfyr 2001: *http://rechten.kub.nl/simone/ds-lawsu.htm*

[22] VeriSign Internet Trust Services, 'Digital Signatures'. Ar gael, Rhagfyr 2001: *http://digitalid.verisign.com/client/help/introSignature.htm*

MYNEGAI

Aaron, Jane 73–4, 76
ab Owain, Robin Llwyd 194–5
Aberdaron 167
Abergwaun 132
Abertawe 25, 64
Aberystwyth 71
'Absence, The' 158
Academi Gymreig 195
ACCAC 192
'After the Lecture' 164
Aled, Siôn 89
Almaeneg 116, 119, 182, 192, 193, 196
Althusser, Louis 112
Amdani 133
Andronicus 67
Aneirin 42
Animated Tales, The 139–40
'Ann' 71
Annedd y Cynganeddwyr 195–6, 206–7
Annibynwyr 64, 76
Anweledig 94, 98
ap Glyn, Ifor 196
A470 195
'Approaches' 159
Arberth 152
Archifdy Gwladol (Llundain) 201
Aristotle 23
Austen, Jane 116, 117, 123, 124
Awstralia 89; Llyfrgell Genedlaethol 208
Azteciaid, yr 7–8

Bae Cemaes 161
Bangor 92
Bala, y 65, 66, 67, 70, 73, 74
Balcon, Jill 163
BBC Cymru 13, 88, 89, 90, 131, 139, 140

Beckett, Samuel 120
Bedyddwyr 76
Beibl, y 7, 48, 49, 59, 62, 65, 75
Beirdd Answyddogol y Lolfa 9
Benjamin, Walter 4–5
Bennett, J. W. 41
Betjeman, John 163
Blaeu, Willem Janszoon 67
Blake, William 101, 102–3, 106
'Blodeugerdd Rhydychen' 73
Bluestone, George 125
Blwyddyn yn Llŷn 159, 160
Bodedern 67
Bowen, D. J. 40–1
Brad y Llyfrau Gleision 74
Branwen uerch Lyr 27–8, 140
Breuddwyd Macsen Wledic 25, 170
Breuddwyd Rhonabwy 25, 170
Bride of Frankenstein 128
Bridget Jones 123
Britain, *gweler* Prydain
British Screen 140
Brontës, y 123, 124
Byd y Beirdd 194, 196
Byrdir, y 74
Bywgraffiadur Cymreig, Y 65

Cadwedigaeth yr Iaith Gymraeg 65
Caer 65
Caerfyrddin 64, 73
Caergrawnt 38, 47
Caesar, Julius 18
Cale, John 155
Caledfryn, *gweler* Williams, William
Cambrian Press 67
Canada 89
Canterbury Tales 23–4

Capel Celyn 164
Cardiff 120
Carroll, Lewis 104
Cartŵn Cymru 14, 140, 152
Casgliad o Hymnau 64–5, 66–8, 69, 73
Catalan, *gweler* Catalaneg
Catalaneg 118, 196
CBAC 192
Cegidfa 70
Cegin y Diafol 94
Cervantes, Miguel de 140
Charles, Sally 65
Charles, Thomas 56–7, 62, 64, 65, 66, 67, 69, 70, 75
Chaucer, Geoffrey 21, 23–4, 140
Christie, Agatha 128
Christmas Films 152
Clanchy, Michael 19, 20, 43
Clinton, William J. 205
'Cofiant a Llythyrau Ann Griffiths' 69
Cofiant Mrs Ann Griffiths 71
Collected Poems 168
Columbia 128
Comisiwn Loteri Cymru 140
Comiwnyddiaeth 110
Communism, *gweler* Comiwnyddiaeth
'Conductor, The' 167
Conquest of America, The 7
Conrad, Joseph 120, 125
CORC (*Cooperative Online Resource Catalog*) 208
Corseg 113–15, 117, 119
Corsica 113–15, 119
Corsican, *gweler* Corseg
Cortez, Hernan 7
Craig-y-gath 61, 74
'Cred, Barddoniaeth a Thechnoleg' 158
Culhwch ac Olwen 25, 26, 139, 152, 154, 170
Cwm Ogwr 102
Cwmafan 76
Cydymaith i Lenyddiaeth Cymru 73
Cyfarfod Teledu Plant y Byd (Melbourne) 140
Cyfranc Lludd a Llefelys 25, 170, 175
Cyfres y Fil 68
Cyfwe 195, 196
Cyngor Llyfrau Cymru 192

Cymdeithas yr Iaith Gymraeg 9
Cymraeg (yr iaith) 5, 6, 7, 8, 11, 12, 13, 15, 38, 40, 42, 45, 46, 49, 51, 61, 65, 66, 73, 87, 89–90, 91, 110, 111, 112–13, 116, 117, 120, 134, 139, 155, 159, 182, 190–1, 193–4, 195, 196, 197; a *passim*
Cymru 87
Cymru'r Byd 13, 87–93, 95
Cynulliad Cenedlaethol Cymru 87, 113
Cynwal, Wiliam 36–7, 38, 40, 41, 42, 43, 44, 45, 47
Cysgod y Cryman 131
Cysgodion 8–9

Chwalfa, Y 131
Chwyldro Diwydiannol 4, 95, 102, 105, 110

Daneg 196
Dante 115, 119
Davies, Geraint Talfan 139
Davies, Grahame 194
Davies, Morris 54, 56, 63
Davies, Robert (Llanwyddelan) 59
Davies, Sioned 43, 44, 148, 155
Deffyniad Ffydd Eglwys Loegr 39
Deleuze, G. 116, 117, 118
Denmarc 134
Denver (Colorado) 191
Derrida, Jacques 110
Desperate Poaching Affray, A 127
Dewi Emrys, *gweler* James, David Emrys
Dickens, Charles 124, 127–8
'Dickens, Griffith and the Film Today' 128
Dictionary in Englyshe and Welshe, A 48
Dinbych-y-Pysgod 152
Diwrnod Hollol Mindblowing *Heddiw* 14, 133–4, 137
DNA 2, 106
Dolwar Fach 56, 61, 62, 74
Dover 120
Dracula 128
Dŵr Mawr Llwyd, Y 195
Dylan, Bob 166

Eames, Marion 123
East, Thomas 41
Echoes Return Slow, The 162
Edward, Jane 73
Edwards, O. M. 68, 87, 89
Edwards, Peter 133
Efrog Newydd 155
Eglwys-fach 163, 167
'Eheu! Fugaces' 157
Eidal, Yr 115
Eidaleg 114, 115, 119, 196
Eirian, Siôn 10, 94, 95
Eisenstein, Sergei 127–8
Eisteddfod Genedlaethol Abergwaun
    132
Eisteddfod Genedlaethol Llanelli 207
Elfyn, Menna 196
Eliot, George 123, 124, 127
Eliot, T. S. 95, 96, 164–5
Elis, Islwyn Ffowc 87, 93
Elizabeth I 48, 49
Ellesmere manuscript, *gweler*
    llawysgrifau
'Emerging' 160
Emlyn, Endaf 129
Empire Writes Back, The 7, 8
Enoc Huws 131, 132
'Esgyrn Hyn, Yr' 103–4
Eurolang 92
Evans, Christmas 76
Evans, Daniel 64
Evans, Elizabeth 58, 70, 71, 72
Evans, Gwynfor 139
Evans, John (Bala) 66
Evans, John (Caerfyrddin) 64
Evans, John (Capten) 142, 153
Evans, Marc 153
Evans, Ray 132
Evans, Ruth, *gweler* Hughes, Ruth
Evans, Siwan 167
Ewrop 1, 91, 195
eXtensible Mark-up Language (XML)
    178–85
eXtensible Stylesheet Language (XSL) 182

Feather, John 48–9
Fielding, Helen 123
'Film of God, The' 167

Financial Times 196–7
Finnegans Wake 10
First World War, *gweler* Rhyfel Byd
    Cyntaf
'Fisherman, The' 161
Fleming, Ian 128
Four Quartets 164–5
Frankenstein 128
French, *gweler* Ffrangeg
Frost, Robert 165

Ffilmiau Llifon 123, 124
Ffilmiau'r Nant 133
Ffrainc 95, 113, 120
Ffrangeg 24, 113, 114, 119, 192, 193, 196

Garner, Alan 142
Geiriadur Ysgrythurol 62, 65
George, W. R. P. 54
George, William 54
Gerald of Wales 22–3
Gereint 25, 26, 170, 171
German, *gweler* Almaeneg
'Gifts' 161
Gilchrist, Alexander 101
Goethe, J. W. von 104
Goleuad Cymru 69
Gone with the Wind 124
'Gorwel, Y' 103
Gower, John 21
Grace, Chris 139–40
Graith, Y 124
Grawn-sypiau Canaan 65, 66–8
Great Expectations 11
Great Train Robbery, The 127
Gregg, W. W. 49
Griffith, D. W. 125, 127–8
Griffith, Hugh 129
Griffiths, Ann 13, 54–76
Griffiths, Sara 71
Groeg 196
Gruffudd ab yr Ynad Coch 194
Gruffudd Hiraethog 40–1
Gruffudd Hiraethog a'i Oes 41
Gruffydd, R. Geraint 54, 58
Guattari, F., 116, 117, 118
Gutenberg, Johannes 45
Gwaith Ann Griffiths 68

'gwaith celfyddydol yn oes ei atgynhyrchu technolegol, Y' 4
Gwanas, Bethan 133
Gwared y Gwirion 132
'Gwartheg ar y Draffordd' 195
Gwasg Gomer 191
Gwasg Gregynog 195
Gwasg y Lolfa 9, 133
Gwe Fyd-eang 5, 12, 13, 15, 88–9, 91–4, 98, 101–2, 105–6, 109, 122, 179, 189–97, 199, 206, 207–8, 209
Gweld y Llun 94
Gwen Tomos 131, 132
Gwenallt, *gweler* Jones, David James
Gwerful Mechain 74
Gweriniaeth Tsiec 89
Gŵr y Gwyrthiau 140
'Gŵr y Plas' 195
Gŵyl Ffilm Ryngwladol Cymru 133

Haggar, William 127
Halliday, Michael 27, 33
Hardy, Thomas 127
Harlech 152, 153
Harri VIII 48–9
Harris, Joseph (Gomer) 64
Harry Potter 123
Hayes, Derek 140, 152–3, 154, 155
Hedd Wyn 128
Hefin, John 130
Heidegger, Martin 111
History of British Publishing, A 48–9
Hitchcock, Alfred 128
Hollywood 123, 124, 128
Hopcyn ap Tomos 25
Hopwood, Mererid 74
HTV 123, 131
Hughes, James (Iago Trichrug) 69
Hughes, Jane (Pontrobert) 57, 58, 62, 63
Hughes, Jane (Rhyd-wyn) 76
Hughes, John (Pontrobert) 55–6, 57–8, 62–3, 64, 66, 68, 69–70, 71–2, 74
Hughes, Ruth 57, 60, 62, 63, 64, 66, 70
Hughes, T. Rowland 124
Hughes, Ted 163
Hull 163
Huws, Dafydd 10
Huws, Daniel 24

Hwngari 152
Hywel Fychan ap Hywel Goch 25
Hywyn, Gwenno 132

Iago Trichrug, *gweler* Hughes, James
Ifans, Dafydd 202
'In Church' 167
Industrial Revolution, *gweler* Chwyldro Diwydiannol
Internet, the, *gweler* Rhyngrwyd, y
Internet Archive 208
InterTran 190–2, 193
Imram Brain 26
Iolo Morganwg, *gweler* Williams, Edward
Ireland, *gweler* Iwerddon
Ishiguro, Kazuo 128
Israel 89
Italian, *gweler* Eidaleg
Italy, *gweler* Eidal, Yr
Itinerarium Kambriae 22–3
Iwerddon 17, 18, 19, 24, 27, 31, 145, 147, 154

Jabas 132
James I 49
James, David Emrys (Dewi Emrys) 103
Japan 89
Jarvis, Branwen 46
Jenkins, R. T. 65
John, Gwen 8, 9
Jones, Dafydd Glyn 92
Jones, David James (Gwenallt) 97, 98, 105
Jones, Jane (Llanfyllin) 58, 59, 62
Jones, John (Llanfyllin) 58
Jones, John D. (Swyddfa'r Albion) 71
Jones, John Gwilym 131
Jones, Naomi 140, 155
Jones, Penri 132
Jones, R. Brinley 46
Jones, R. Gerallt 126, 132
Jones, Robert (Rhos-lan) 65, 66
Jones, Thomas (Dinbych) 62
Jones, W. C. 65
Joni Jones 132
Joyce, James 10, 120

Kafka, Franz 116, 119
Kant, Immanuel 110
Kapital, Das 109
Kellgren, Nina 153
Keneally, Thomas 128
Keystone Kops, The 127
Kiberd, Declan 10
King Kong 128
Kosovo 164
Kreisler, Fritz 158
Kristeller, Paul Oskar 38
Kulturarw³ 208
Kyffin, Morris 39

'Lake Isle of Innisfree, The' 163
Larkin, Philip 163
Latin, *gweler* Lladin
Lawrence, D. H. 121
Leavis, F. R. 164–5
Leberman, Walter 104
Lehman, Ernest 129
Leigh, Mike 134
Lewis, C. Day 163
Lewis, Ceri 40
Lewis, Emyr 196
Lewis, Gwyneth 196
Lewis, Saunders 60, 95, 96, 98, 99, 131, 202
Lloyd-Morgan, Ceridwen 59
Lyn, Euros 133

Lladin 24
Llandwrog 157
Llanfair Caereinion 74
Llanfihangel-yng-Ngwynfa 55, 57, 61, 74
Llanfrothen 161, 195
Llanfyllin 58, 66, 71
Llanwyddelan 59
llawysgrifau
    Caerdydd 7 44
    Caerdydd 38 36–7
    Coleg Iesu III 170, 176, 184
    Ellesmere 23
    LlGC 694D 70
    Peniarth 4 170, 175–6, 183, 185
    Peniarth 16 176
'Llenyddiaeth ar Draws Ffiniau' 196
Llenyddiaeth Cymru Dramor 195, 196

Lloegr 38, 43, 47, 73, 89, 159
Llun y Felin 131
Llundain 6, 67, 69, 152, 190
Lluniau Lliw 124
Llwyd, Iwan 196
Llyfr Aneirin 172, 186
Llyfr Bicar Woking 44
Llyfr Coch Hergest 24–32, 170, 172, 178
Llyfr Gweddi Gyffredin 49, 62
Llyfr Gwyn Rhydderch 170, 172, 175
Llyffant, Y 132
Llŷn 159, 160, 162
Llythyr Martha Philopur 75
Llywelyn, Robin 10, 121, 195

Mabinogi, Y (Mabinogion, Y) 5, 14, 15, 25, 26, 27–30, 31, 139–55, 170–87
Mabinogi, Y (ffilm) 139–55
McGregor, Ian 110
McLuhan, Marshall 4, 10, 11
Macmillan (gwasg) 162
Mad Max 123
Madam Wen 131
Magniffikont 9
Mahabharata, y 155
Making of the English Working-Class, The 109
'Man a'r Lle, Y' 195
Manga 140
Manuel, Ann 74
Manuel Dafydd 74
Manuel, Malen 74
Marcsiaeth 14, 109–11, 112, 116, 118
Mari I 49
Marx, Karl 109
Marxism, *gweler* Marcsiaeth
Mathafarn 71
Mawndfil, Siôn 41; gweler hefyd *The Rediscovery of Sir John Mandeville*
Mechanic's Magazine 101
'Meditations' 159–60
Meliès, George 127
Melville, Herman 140
Merch Gwern Hywel 132
Meredith, Owain 14, 133
Mérimée, Prosper 115
Methodistiaeth 55, 56, 59, 60, 61, 62, 65–6, 69, 70, 75

Meurig, Roland 44
'Mewn Dau Gae' 161
MGM 128
Milan 38
Minafon 132
Mis o Fehefin 14, 132
Mistral, Frédéric 115, 119
Mitchell, Margaret 124
Morgan, Derec Llwyd 72
Morgan, Elena Puw 124
Morgan, Eluned 54
Morgan, John ('Rambler') 57
Morris, Edward 61
Morrisiaid Môn 7
Morys, Huw 61
Morys, Twm 10, 196
Moscow 139, 152
'Movement' 158
Moving Picture Company 152
'Musician, The' 158, 168
Mynydd Grug, Y 131

Napoleon I 115
National Assembly for Wales, *gweler*
    Cynulliad Cenedlaethol Cymru
'Navigation' 160
Newyddion 88
Notes and Queries 162
'Nuance' 159

Ogwen, John 130
'One culture and the new sensibility'
    4, 5
'One Way' 158, 166–7
Ong, Walter J. 6, 8, 11, 12, 13, 17, 26, 27,
    28, 33, 43
Orality and Literacy 8
Orlando 128
Orwell, George 122
'Other' 159
Otherworld 155
Owein 25, 26, 171
Owen, Daniel 57, 127
Owen, Mary 76

Owen, W. D. 131
Owen Pughe, William 65–6
Owl Service, The 141

Pacistan 89
Palmant Aur, Y 124
PANDORA 208
Pannonia 152
Paramount 128
Paris 19
Parkes, Malcolm 22, 23
Parri, Harri 61, 74
Parrog 153
Parry, Charles 48
Parry, Gwenlyn 131
Parry, Thomas 45, 73
Parry-Williams, T. H. 55, 71, 103–4
Pembrokeshire County Guardian 142
Pentrefelin 161
Peredur 25, 26, 171
Perthillwydion, y 61
Pirsig, Robert M. 96
Plato 23
Poetry Wales 194, 196
Pontrobert, 55, 56, 57, 58, 62
Porter, Edwin 127
Porth Clais 153
Powell, Clare 194, 195, 196
Price, Angharad 121
Prichard, Caradog 14, 129
Prichard, Rhys 194
Profensaleg 115, 119
Provençal, *gweler* Profensaleg
Prydain 17, 18, 19, 88, 91, 105, 155, 189
Prys, Edmwnd 38, 41, 42, 45, 47
Prys, Syr John 39, 40
Pulp Fiction 141

'Questions' 162

R. S. Thomas Reading the Poems 158, 163,
    164, 167, 168
Radio Cymru 88, 89
Rare Bird, A 161

Red Book of Hergest, *gweler* Llyfr Coch Hergest
Rediscovery of Sir John Mandeville, The 41
Rees, Martyn 102–3
Reformation, the 24
Reich, Wilhelm 113
Remains of the Day 128
'Reservoirs' 163–4
Ricks, Christopher 166
RKO 128
Robert, Gruffydd 38–9, 45
Roberts, Angela 131
Roberts, Brynley F. 64
Roberts, Eigra Lewis 14, 124, 132
Roberts, Kate 130–1, 202
Roberts, Wiliam Owen 10, 196
Rossi, Tino 115
Rowland, John 67
Rowlands, Sioned Puw 196
Rowling, J. K. 123
Rwsia 139, 140

Rhandir Mwyn, Y 131
Rhyfel Byd Cyntaf 114
Rhyngrwyd, y 15, 88, 90, 91, 105, 109, 118, 174, 179, 180, 181, 185, 189
Rhys, Manon 8, 10, 124
Rhys, Maureen 130
Rhys, Siôn Dafydd 39, 46

Saesneg 6, 7, 9, 10, 61, 91, 92, 111–12, 113, 116, 118, 119–20, 155, 166, 182, 192, 193, 194, 195, 196
Sain (Stiwdios) 157, 161, 164
Salesbury, William 39–40, 41, 45, 48, 49, 50
San Steffan 189
St David's, *gweler* Tyddewi
Saunderson, Robert 65, 67, 73
Sbaeneg 118, 196
Scargill, Arthur 110
Schindler's Ark 128
Schindler's List 128
Schrödinger, Erwin 102
Sefyll yn y Bwlch 95
Selborne 163
Selznick, David O. 124
Seren Wen ar Gefndir Gwyn 10–12

Sgrin 133
Shakespeare, William 139
Shelley, Mary 128
Siân ach Ifan 74
'Silence' 165, 167–8
Simwnt Fychan 36
Solomon a Gaenor 128
Song at the Year's Turning 162, 163, 166
Sontag, Susan 4, 5
Spanish, *gweler* Sbaeneg
S4C 92, 123, 124, 129, 130, 131–2, 139, 140
Spielberg, Steven 128
Stafell Ddirgel, Y 123, 131
Standard Generalized Mark-up Language (SGML) 178
Stationer's Company 49
Stevens, Wallace 163
'Suddenly' 159
Sunday Times, The 189
Swansea, *gweler* Abertawe 25
Swedeg 196
Sweden 208
Swp o Ffigys 64

Táin Bó Cuailnge 26
Taliesin 42
Tarantino, Quentin 131
Te yn y Grug 131
Testament 140
Thackeray, H. M. 127
Thatcher, Margaret 110, 139
'They flee from me that sometime did me seek' 163
'Thicket in Lleyn, A' 161–2
Thomas, Dylan 109
Thomas, Edward (bardd) 163
Thomas, Edward (brawd Ann Griffiths) 56, 58, 62
Thomas, Graham 40
Thomas, Gwydion 163
Thomas, Gwyn 133, 148, 153, 155
Thomas, R. S. 15, 95, 96, 97, 98, 99, 157–68
Thompson, E. P. 109
'Times, The' 157
Titrwm 8, 9
Todorov, Tzvetan 7–8

Tomos, Angharad 8, 9, 10, 196
Tomos, Derec 9
Tottel, Richard 49
Traed Mewn Cyffion 124, 130, 131
Traethodydd, Y 55, 69, 71
'Tree, The' 167
Trefeglwys 74
Triads, *gweler* Trioedd Ynys Prydain
Trier, Lars von 134
Trioedd Ynys Prydain 25
Trysorfa Ysprydol 62
Tryweryn 164
20th Century Fox 128
2001: A Space Odyssey 123
Two Ways of Seeing, The 125
Tydi Bywyd yn Boen? 132
Tyddewi 24, 153
Tywyll Heno 130

Ulysses 10
Un Funud Fach 130
Un Nos Ola Leuad 14, 129–30
Under Milk Wood 119–20
United Artists 128
United States of America, *gweler* Unol
     Daleithiau America
Universal 128
Unol Daleithiau America 1, 89, 110, 128,
     159, 189, 194, 195, 205, 208, 209

Vogel, Steven 2, 3

Wahlverwandschaften 104
Waley, John 48
Warner Brothers 128
Wayne, John 109
Web, the, *gweler* Gwe Fyd-eang

Weil, Simone 95, 96
Western Mail 164
Whitsun Weddings, The 163
William Jones 124
Williams, Edward (Iolo Morganwg) 65
Williams, Emlyn 202
Williams, Esther 71
Williams, Gruffydd Aled 36, 41
Williams, J. E. Caerwyn 73
Williams, Jane 58
Williams, Philip 71
Williams, Rhydwen 122
Williams, Waldo 161
Williams, William (Caledfryn) 76
Williams, William (Pantycelyn) 60–1,
     72, 75
Williams Pantycelyn 60
Wisg Sidan, Y 124
Woolf, Virginia 128
Wordsworth, William 105, 109
Wyatt, Thomas 163
Wyddgrug, Yr 57
Wylan Deg, Yr 130
Wythnos yng Nghymru Fydd 86–7

Ychydig Hymnau 73
Yeats, W. B. 162, 163
Yny lhyvyr hwnn 6, 38, 39, 40
Ynysforgan 25
Young Frankenstein 128
Ysgol Tegryn 192–3

*Zen and the Art of Motorcycle
     Maintenance* 96, 98